Ebbe Volquardsen

Die Anfänge des grönländischen Romans

Ebbe Volquardsen

Die Anfänge des grönländischen Romans

Nation, Identität und subalterne Artikulation in einer arktischen Kolonie

Tectum Verlag

Ebbe Volquardsen

Die Anfänge des grönländischen Romans
Nation, Identität und subalterne Artikulation in einer arktischen Kolonie

ISBN: 978-3-8288-2812-4

Umschlagabbildung: © Katharina Bock
Druck und Bindung: CPI buchbücher.de, Birkach
Printed in Germany

Besuchen Sie uns im Internet
www.tectum-verlag.de

Bibliografische Informationen der Deutschen Nationalbibliothek
Die Deutsche Nationalbibliothek verzeichnet diese Publikation in der Deutschen Nationalbibliografie; detaillierte bibliografische Angaben sind im Internet über http://dnb.ddb.de abrufbar.

Watch out where the huskies go,
and don't you eat that yellow snow.

Frank Zappa

Inhaltsverzeichnis

1 Einführung

Der Nationalismus konstituiert die Nation, lautet einer der wesentlichen Schlüsse, die aus Ernest Gellners einflussreicher Studie *Nations and Nationalism* zu ziehen sind.[1] Eine von mehreren Nationalismusdefinitionen Gellners geht mit einer kritischen Feststellung einher. Obwohl der Nationalismus als politische Ideologie in der Regel im Namen einer vermeintlich reinen und vitalen »Volkskultur« in Erscheinung trete, sei er dennoch als »the general imposition of a high culture on society, where previously low cultures had taken up the lives of the majority [...] of the population«[2], zu definieren und enthalte daher eine Ebene des Selbstbetrugs. Anthony D. Smith, der sich – anders als Gellner – in *National Identity* auch dem Sonderfall des ethnischen Separatismus in kolonialen Konstellationen zuwendet, und dessen Überlegungen schon aus diesem Grund fruchtbarer für die Analyse der Anfänge der grönländischen Nationalliteratur zu sein scheinen, kommt bezüglich der Entstehung literarischer »Hochkulturen« als Fundament ethnischer Nationalismen zu anderen Schlüssen. Smith erkennt in der Etablierung einer landessprachlichen Nationalliteratur durch eine intellektuelle Elite eine Aufwertung der traditionellen »Volkskultur«, die die nationale Mobilisierung einer bislang passiven ethnischen Gruppierung zur Folge haben und auf diese Weise Anteil an der Konstruktion einer dieser Gruppe eigenen nationalen Identität nehmen kann. Smith schreibt:

> [T]he beneficiaries of [...] re-constructed ethno-history are the members of the mobilized *ethnie* at large. For their status is reversed through the process of vernacular mobilization [...]. [I]t is a form of *their* folk culture that is appropriated by the historicist intellectuals and elevated into a literary »high« culture. For the first time the masses become a subject of history, under the slogan of popular sovereignty.[3]

Unabhängig von den unterschiedlichen Schlussfolgerungen messen beide Studien der Entstehung dessen, was man gemeinhin unter dem gerade in einem (post-)kolonialen Zusammenhang problematischen Begriff der »Hochkultur« versteht, einen erheblichen Stellenwert für die

---

[1] Vgl. Gellner 2006, S. 56.

[2] Ebd., S. 57.

[3] Smith 1991, S. 129 [Hervorhebungen im Original].

Herausbildung eines Nationalismus und – so man Gellners Argumentation folgen will – die Konstituierung einer Nation zu. Es dürfte unstrittig sein, dass der Roman als Bestandteil einer solchen »Hochkultur« zu bezeichnen ist. Eine nationale Mobilisierung durch literarische Texte, von der Smith spricht, setzt das Vorhandensein einer intellektuellen Elite voraus, aus deren Reihen die Autoren derartiger Werke hervortreten können. Auf welche Weise und unter welchen Bedingungen eine solche gebildete Bevölkerungsschicht, zu der die Autoren der ersten grönländischen Romane zu zählen sind, trotz kolonialer Machtasymmetrien im Grönland des späten 19. und frühen 20. Jahrhunderts entstehen konnte, ist eines der Themen dieser Arbeit. Obwohl sich partiell durchaus Parallelen zu diesen literarischen Epochen entdecken lassen, spricht dennoch vieles dagegen, die hier behandelten Romane als späte grönländische Entsprechungen der europäischen Nationalromantik oder des Biedermeier zu interpretieren, deren Werke insbesondere Gellner bei seiner Verhandlung der Begegnung von »Volks-« und »Hochkultur« vor Augen gehabt haben dürfte. Auch finden sich weder in den ersten grönländischen Romanen noch in den nichtfiktionalen Texten der Romanautoren Stellen, die ein Streben nach Souveränität und staatlicher Unabhängigkeit von Dänemark explizit zum Ausdruck bringen, so dass es fraglich erscheint, ob man bereits vom Geist des Nationalismus sprechen kann, sofern man die politische Strömung, innerhalb derer sich die in der Kolonialzeit entstandenen grönländischen Romane verorten, klassifizieren möchte.[4]

Weniger strittig hingegen ist, dass die grönländische Literatur – inklusive der ersten Romane, die sie hervorgebracht hat – von Beginn an einen Ort der diskursiven Verhandlung[5] von Identität und Nation beschreibt, und dass die hier behandelten Werke als Beiträge zu einem grönländischen Nationsbildungsprozess gelesen werden können, der – wie im Folgenden nachvollzogen werden soll – seinen Anfang um die Mitte des

---

4 Ernest Gellner etwa vertritt – Bezug auf Max Weber nehmend – die These, dass der unabhängige Staat dem Nationalismus vorausgehe, beziehungsweise dass – wenn dies einmal nicht der Fall ist – die Bildung eines souveränen Staates das Ziel einer jeden Nation sei (vgl. Gellner 2006, S. 3–5).

5 Ich orientiere mich hier und im Folgenden an Michel Foucaults Diskursbegriff (vgl. u. a. Foucault 1981 u. 1991), der sich als eine Menge sanktionierter Aussagen beschreiben lässt, denen eine bestimmte institutionelle Kraft innewohnt, die nachhaltigen Einfluss auf das Denken und Handeln von Individuen nimmt (vgl. hierzu auch Mills 2007, S. 66).

19. Jahrhunderts nahm, und mit der Implementierung der weitgehenden Selbstverwaltung im Jahr 2009 seinen vorläufigen Höhepunkt erreichte. Die Literaturwissenschaftlerin Karen Langgård stellt zur grönländischen Literatur der ersten Hälfte des 20. Jahrhunderts fest, »dass die Literatur zu einem Bestandteil der Nationsbildung wurde, sowohl aufgrund ihrer bloßen Existenz als auch auf Grund der Tatsache, dass sie in grönländischer Sprache verfasst war und in hohem Maße das Ethnisch-nationale zum Thema hatte.«[6] Auf welche Weise Nationsbildung literarisch verhandelt wird, inwiefern die über einen Zeitraum von rund 25 Jahren zwischen 1914 und 1938 erschienenen Romane als Beiträge innerhalb eines internen Dialogs um Identität gelesen werden können, und wie sich die grönländischen Romanautoren zu den wirkmächtigen Heterostereotypen und dänischen Sichtweisen auf *grønlandskhed* – das »Wesen der grönländischen Nation« – verhalten, sind einige der Fragen, die bei den nachfolgenden Romananalysen im Zentrum stehen. Um das komplizierte Geflecht aus zuweilen widersprüchlich erscheinenden im kolonialen Diskurs generierten Repräsentationspraktiken und Fremdbildern zu entschlüsseln, innerhalb dessen sich die in der Kolonialzeit erschienenen Romane verorten, und das sie einerseits teilweise reproduzieren und andererseits versuchen zu korrigieren und zu modifizieren, ist eine umfassende ideengeschichtliche, kultur- und kolonialhistorische Kontextualisierung ein unentbehrlicher Bestandteil dieses Buches.

Wenn im Folgenden an mehreren Stellen von Hybriden die Rede ist, so ist dies ein Begriff, der auch für die Charakterisierung dieser Arbeit tauglich erscheint. Die Frage, ob es sich um eine kulturwissenschaftlich inspirierte literaturwissenschaftliche Studie oder um eine auf Romane zurückgreifende kulturwissenschaftliche Untersuchung handelt, kann und soll an dieser Stelle nicht erörtert werden. Meine Arbeit, die Ansätze und Methoden der literaturwissenschaftlichen Textanalyse, der Diskurs-

---

[6] »[at l]itteraturen blev en del af nationsbygningen, både ved i det hele taget at findes, ved at være skrevet på grønlandsk og ved i indhold i den grad at omhandle det etnisk-nationale.« Langgård 2003, S. 269. Bei allen Übersetzungen aus dem Dänischen, Schwedischen und Norwegischen handelt es sich – sofern nicht anderweitig gekennzeichnet – um Übersetzungen des Autors. Zitate aus englischsprachiger Fachliteratur bleiben unübersetzt. Vor allem bei den Übersetzungen aus literarischen Texten bin ich nicht darum bemüht, feste nur in der dänischen Sprache vorhandene Wendungen möglichst wörtlich wiederzugeben, sondern ersetze diese – wo es mir zum Erhalt des literarischen Charakters des Texts geboten erscheint – durch passende deutsche Äquivalente.

analyse sowie übergeordneter Kulturtheorien miteinander verbindet, verortet sich somit in der transdisziplinären Tradition des Berliner Nordeuropa-Instituts und ist darum bemüht, die Anfänge der grönländischen Romanliteratur und die Bedingungen, unter denen sie entstanden, aus einer mehrere Fachbereiche der Skandinavistik übergreifenden regionalwissenschaftlichen Perspektive zu untersuchen.

1.1 Präludium: Knud Rasmussen und die Anfänge grönländischer Romanliteratur

Wenige Monate vor seinem Tod verfasst der Polarforscher Knud Rasmussen im Juni 1933 einen Brief an die dänische Kolonialverwaltung in Grönland. Darin setzt er sich für die Veröffentlichung eines Romanmanuskriptes des jungen Autors Frederik Nielsen ein, der zwei Jahre zuvor als erster Grönländer das Examen an einem dänischen Lehrerseminar im südjütischen Tønder abgelegt hatte und nun als Lehrer im grönländischen Egedesminde, dem heutigen Aasiaat, arbeitete. In dem Schreiben heißt es unter anderem:

> Die Disposition des gesamten Buches wurde von einem Künstler geschaffen, der im Besitz guter literarischer Fähigkeiten zu sein scheint. Doch missbraucht er sein Können an keiner Stelle. Ganz im Gegenteil hat er es verstanden, zu jeder Zeit echte grönländische Farbe und Stimmung auf seine Bilder zu legen.
>
> Hele Bogens Disposition er bygget op af en Kunstner, der synes i Besiddelse af gode litterære Kundskaber, men ingensinde misbruger han sin Kunnen, tværtimod har han forstaaet hele Tiden at lægge ægte grønlandsk Farve og Stemning over sine Billeder.[7]

Warum allein das Zeichnen »authentischer« literarischer Grönlandbilder nach Knud Rasmussens Auffassung den Missbrauch der künstlerischen Begabung eines grönländischen Autors abwenden konnte, wird an späterer Stelle noch zu erörtern sein. Vom Erfolg seines Protegés sollte der Mentor jedenfalls nicht mehr erfahren. Frederik Nielsens Roman *Tuumarsi* erschien erst nach Rasmussens Tod im Jahr 1934, herausgegeben von Grönlands Kolonialverwaltung. Das Buch sollte somit nach Mathias Storchs *Sinnattugaq* (*En grønlænders drøm*; »Eines Grönländers Traum«) aus dem Jahr 1914 und Augo Lynges *Ukiut 300-nngornerat* (*Trehundrede*

---

[7] Knud Rasmussens Brief ist in voller Länge abgedruckt in Berthelsen 1980, S. 5–9, hier: S. 9.

år efter...; »Dreihundert Jahre danach ...«) aus dem Jahr 1931 als dritter Roman eines grönländischen Autors in die noch junge Literaturgeschichte der damaligen dänischen Kolonie eingehen.[8] In seinen Memoiren, die er anlässlich seines siebzigsten Geburtstags im Jahr 1975 veröffentlichte, geht Frederik Nielsen auf die Entstehungsgeschichte seines ersten Romans ein.[9] Dort schildert der Autor, der zu diesem Zeitpunkt bereits als »*grand old man* der grönländischen Literatur«[10] auf ein umfassendes Œuvre zurück blicken konnte, wie er bereits zu Beginn seiner Ausbildung in Dänemark um 1927 mit der Arbeit an dem Romanmanuskript begonnen hatte, diese aber bald ruhen ließ, da er sich keine Chancen ausmalte, den Roman jemals veröffentlichen zu können.[11] »Damals war es sehr schwer, Bücher zu veröffentlichen«[12], stellt Juaaka Lyberth zu den Rahmenbedingungen grönländischer Literatur in der späten Kolonialzeit fest. Erst infolge guter Zurede und Insistierens Knud Rasmussens, dem der junge Seminarist Frederik Nielsen bei Übersetzungsarbeiten behilflich war, brachte er sein Debüt im Jahr 1933 zum Abschluss. »Seine Empfehlung kam in derart lobenden Worten daher, dass sie mich zunächst beinahe verlegen machte«[13], schreibt Nielsen in seinen Memoiren in

---

8 Ich verwende bei der Besprechung der in grönländischer Sprache verfassten Romane nach einmaliger Nennung des Originaltitels – in der seit 1972 gültigen »neuen« grönländischen Rechtschreibung – die Titel der dänischen Übersetzungen, auf die ich mich beziehe. Storchs Roman *En grønlænders drøm* (Originalausgabe: Storch, Mathias: *singnagtugaĸ*. København, 1914) erschien 1915 in Übersetzung Knud Rasmussens (Storch, Mathias: *En grønlænders drøm*. Kjøbenhavn/Kristiania, 1915). Eine Übersetzung von Lynges *Trehundrede år efter ...* (Originalausgabe: Lynge, Avgo: *Ukiut 300-nngornerat*. København, 1931) erschien 1989; Übersetzerinnen sind Trine Graversen und Kirsten Thisted (Lynge, Augo: *Trehundrede år efter...* Nuuk, 1989). Nielsen übersetzte seinen Roman *Tuumarsi* (Originalausgabe: Nielsen, Frederik: *Tûmarse*. Nûk, 1934) im Jahr 1980 selbst ins Dänische (Nielsen, Frederik: *Tuumarsi. Roman om en vestgrønlandsk fangerfamilie*. København, 1980). Tuumarsi ist der Eigenname des Protagonisten in Nielsens Roman, eine grönländische Form von Thomas (vgl. Berthelsen 1980, S. 5).

9 Frederik Nielsens Memoiren sind unter dem Titel *uvdlùne ingerlavigisavne* (Nuuk, 1975) – zu Deutsch etwa »Tage in meinem Leben« – nur in grönländischer Sprache erschienen. Die für diesen Kontext relevanten Passagen sind in dänischer Übersetzung wiedergegeben in Lyberth 1985.

10 Thisted 2006a, S. 467 [Hervorhebung im Original].

11 Vgl. Lyberth 1985, S. 265.

12 »Dengang var det meget svært at få udgivet bøger« ebd.

13 »Hans anmeldelse var i så rosende vendinger, at jeg i første omgang nærmest blev genert over dem« Nielsen 1975 (ohne Seitenangabe zitiert in Lyberth 1985, S. 266).

dankbarer Erinnerung an Knud Rasmussens oben dokumentierte Fürsprache.

Diese Episode aus Frederik Nielsens autobiographischem Werk lässt zum einen die durch spärliche Infrastruktur und koloniale Hierarchien bedingten Schwierigkeiten erahnen, unter denen die frühesten Romane grönländischer Autoren entstanden. Zum anderen illustriert sie die zentrale Position Knud Rasmussens als Förderer grönländischer Literatur und als Vermittler zwischen dänischer Kolonialverwaltung und einer sich im Entstehen befindlichen kulturellen Elite in Grönland. Es darf vermutet werden, dass sich die Herausbildung einer eigenständigen (und verlegten) grönländischen Romanliteratur ohne Rasmussens Zutun um Jahre, wenn nicht um Jahrzehnte, verzögert hätte. Knapp drei Jahre bevor sich der Polarforscher für das Erscheinen von Frederik Nielsens Romandebüt einsetzte, war schon Augo Lynges Roman *Trehundrede år efter ...* auf Empfehlung Rasmussens von der Kolonialverwaltung herausgegeben worden.[14] Mathias Storchs *En grønlænders drøm* erschien bereits 1914 als erster Roman eines grönländischen Autors im Verlag der 1908 gegründeten *Grønlandsk litteraturselskab* (»Grönländische Literaturgesellschaft«), deren Mitbegründer und Vorsitzender Rasmussen war.[15] Schon im September 1915 lag dann – erschienen im *Nordisk Forlag* des *Gyldendalske Boghandel*[16] – Knud Rasmussens dänische Übersetzung von Storchs Roman vor, von dem er glaubte, »dass dieser auch Dänen, die die Entwicklung in unserem großen nordischen Beiland verfolgten, über so manches aus ersthafter und einsichtsvoller erster Hand belehren könnte.«[17]

Um Knud Rasmussen, zu dessen Leben und Wirken vielfältige Forschungsliteratur vorliegt[18], soll es in dieser Studie, deren Untersu-

---

[14] Vgl. Berthelsen 1980, S. 8.

[15] Vgl. Oldendow 1957, S. 195.

[16] *Gyldendal* ist damals wie heute eines der größten und renommiertesten dänischen Verlagshäuser.

[17] »at den [...] ogsaa kunde belære Danske, der fulgte med Udviklingen i dette vort store nordiske Biland, om et og andet fra en alvorlig og indsigtsfuld Førstehaand.« Rasmussen 1915a, S. vii.

[18] Es seien hier lediglich einige zentrale Werke neueren Datums erwähnt. Zu Rasmussens Wirken als Polar- und Entdeckungsreisender vor allem in Nordgrönland siehe Frederiksen 2009. Zu dänischem Umfeld und Korrespondenz des jungen Knud Rasmussen in Kopenhagen siehe Forchhammer 2004. Seit kurzem liegt mit Hastrup 2010 zudem eine umfassende Darstellung vor, die Rasmussens Leben und Wirken in einem kulturhistorischen Kontext platziert.

chungsgegenstand die ersten grönländischen Romane bilden, höchstens am Rande gehen. Dennoch führt kein Weg an der Person des prominenten Polarforschers vorbei, will man die Anfänge der grönländischen Romanliteratur in ihrem kulturhistorischen Kontext analysieren. Nicht nur muss Rasmussen zu den zentralen Akteuren bei der diskursiven Konstruktion grönländischer Fremd- und Selbstbilder gezählt werden, deren Verhandlung, so möchte ich argumentieren, Gegenstand aller Romane ist, die in diesem Buch behandelt werden. Auch gelang es ihm offenbar, eine Position zwischen der Gesellschaft der dänischen Kolonialmacht und der kolonisierten grönländischen Gesellschaft einzunehmen, die ihn mit einem einzigartigen Maß an Handlungsmacht[19] ausstattete, das ihn – wie eingangs gezeigt – unter anderem direkten Einfluss auf die Entstehung einer grönländischen Nationalliteratur nehmen ließ.

Homi Bhabha hat uns mit seiner Essaysammlung *The Location of Culture*[20] einige theoretische Konzepte an die Hand gegeben, mittels derer sich das Bild der Welt als binäres System einer imaginären Geografie, das laut Edward Said zur Zeit von Kolonialismus und Imperialismus in Europa entstand[21], aufbrechen lässt, ohne hegemoniale Hierarchien und Asymmetrien von Macht grundsätzlich infrage zu stellen. Bhabha lenkt den Blick auf die Zwischenräume, »in-between the designations of identity«[22], die der Ort sind, an denen »cultural hybridities [...] emerge in moments of historical transformation.«[23] Bhabhas zentrale Konzepte wie Hybridität, »dritter Raum«, *in-between* und Ambivalenz sind positiv konnotiert. Ein essentialistisches Kulturverständnis ablehnend, verwirft Bhabha die Vorstellung von einem dichotom strukturierten Verhältnis zwischen Herrschenden und Beherrschten in einer kolonialen Situation und beschreibt Räume, in denen die Angehörigen der vermeintlichen Subalterne durch bewusste und unbewusste Anwendung ambivalenter Strategien die Möglichkeit erhalten, in den kolonialen Diskurs einzutre-

---

[19] Ich wähle hier und im Folgenden den Begriff Handlungsmacht als Übersetzung des vor allem in der poststrukturalistischen Theorie geläufigen Konzepts von *agency*, das – kurz gefasst – den Möglichkeitsrahmen eines Individuums beschreibt, unabhängig zu handeln und freie Entscheidungen zu treffen (vgl. etwa Butler 1997, insbesondere S. 127–165 sowie Foucault 1982).

[20] Vgl. Bhabha 2004, insbesondere S. 1–27, 94–120 u. 121–131.

[21] Vgl. Said 2003.

[22] Bhabha 2004, S. 5.

[23] Ebd., S. 3.

ten und diesen zu modifizieren.[24] Bill Ashcroft stellt in Anlehnung an Bhabha fest:

> A common view of colonization, which represents it as an unmitigated cultural disaster, disregards the often quite extraordinary ways in which colonized societies engaged and utilized imperial culture for their own purposes.[25]

Homi Bhabhas Konzepte der Hybride und Zwischenräume werden an verschiedenen Stellen dieses Buches eine Rolle spielen. Sie lassen sich in unterschiedlicher Weise für die Analyse aller hier zu behandelnden Werke fruchtbar machen. Auch möchte ich argumentieren, dass sich der Ort, von dem aus die Autoren der ersten grönländischen Romane, allesamt Angehörige einer sich im frühen 20. Jahrhundert formierenden Bildungselite, als Akteure innerhalb eines Identitäts- und Nationsbildungsprozesses agieren, als ein »dritter Raum« im Sinne Bhabhas beschreiben lässt.

Als der virtuoseste Akteur innerhalb jenes »dritten Raumes«, der sich um den Wechsel vom 19. zum 20. Jahrhundert zwischen dänischer Kolonialverwaltung und Wissenschaft auf der einen und grönländischer Bevölkerung auf der anderen Seite auftat, muss allerdings der Polarforscher und Literaturförderer Knud Rasmussen bezeichnet werden. Ein Vergleich der erlangten Handlungsmacht Rasmussens mit der Mathias Storchs, Augo Lynges oder Frederik Nielsens, denen ich ebenfalls den Status von Mittelsmännern zwischen Kolonialverwaltung und grönländischer Bevölkerung zuschreiben möchte, ist jedoch nicht angebracht. Denn anders als die Pioniere der grönländischen Romanliteratur wurde Rasmussen von dänischer Seite qua Abstammung mehr oder weniger als Europäer betrachtet. Seine grönländischen Wurzeln gereichten dem Forscher, der sich im Kopenhagen des frühen 20. Jahrhunderts gern mit Künstlern und Intellektuellen umgab, allenfalls zu exotisierenden Selbst-

---

[24] Innerhalb der Postkolonialen Theorie hat vor allem Gayatri Chakravorty Spivak den Begriff der Subalterne geprägt (vgl. Spivak 1994). Ursprünglich geht der Begriff auf Antonio Gramsci zurück, der ihn in seinen *Gefängnisheften* (Gramsci 1975) als Synonym für die Arbeiterklasse verwendete, um so im faschistischen Italien die Zensur umgehen zu können. In der neueren Theoriebildung meint Subalterne all jene gesellschaftlichen Gruppen, die der Hegemonie einer herrschenden Klasse unterworfen sind.

[25] Ashcroft 2001, S. 2.

inszenierungen.[26] Dennoch ist es für die Analyse der sich in einem stark von Rasmussen beeinflussten Diskursgeflecht verortenden Romane interessant zu untersuchen, auf welche Weise Rasmussen seine einzigartige Position als Mittelsmann zwischen Kolonie und Kolonialmacht erreichte, und wozu er sie nutzte.

Knud Rasmussen wurde als Sohn einer Grönländerin und eines dänischen Pastors und Missionars 1879 in Jakobshavn, dem heutigen Ilulissat, geboren und zweisprachig erzogen, ein Umstand, der ihn zum geborenen Vermittler und Übersetzer zwischen dem Dänischen und Grönländischen machte. Rasmussens Mutter sowie auch seine Großmutter waren selbst Kinder aus – in der mehrere Jahrhunderte währenden Kolonialgeschichte nicht seltenen – dänisch-grönländischen Verbindungen. Somit war Knud Rasmussens »eskimoisches Blut«, um es im Stil des zu seinen Lebzeiten virulent werdenden Rassendiskurses auszudrücken, auf lediglich ein Sechszehntel verdünnt.[27] Dennoch definierte er sich zuweilen selbst in etwa als das, was Bhabha knapp hundert Jahre später als kulturellen Hybrid bezeichnen würde. In einem Brief an seine Kopenhagener Freundin Ellen Hallas schreibt Knud Rasmussen im Jahr 1906, freilich nicht von Bhabhas postkolonialen Denkfiguren, sondern von einem zeittypischen deterministischen Kulturverständnis geprägt: »Ich bin gespalten durch meine zwei Naturen – oder besser ausgedrückt: zwei Rassen streiten um meine Persönlichkeit, und haben ihr ihre jeweilige Prägung verliehen. [...] Ich selbst glaube, dass ich mehr Eskimo als Europäer bin.«[28]

Aussagen wie diese, in denen Knud Rasmussen ein inneres Hadern mit seiner dänisch-grönländischen Herkunft zum Ausdruck bringt, sind von verschiedenen Forschern genutzt worden, um ein Bild des Polarforschers als gespaltene und tragische Person zu zeichnen,[29] ein Topos, der innerhalb des dänischen Diskurses über Grönland als kulturelle Kontaktzone bis heute eine erstaunliche Tenazität besitzt. Kirsten Thisted hält dies für fehlleitend, da sie nach ausgiebigem Studium Rasmussens umfangreicher Werke glaubt feststellen zu können, dass der Polarforscher selbst

---

[26] Vgl. u. a. Harbsmeier 2001, S. 15.

[27] Vgl. Hastrup 2010, S. 277f.

[28] »Jeg splittes af mine to naturer – eller rettere: to racer strides om min personlighed, og har givet den hver sit præg. [...] Selv tror jeg, at jeg er mere eskimo end europæer.« Zitiert in Forchhammer 2004, S. 28.

[29] Vgl. Thisted 2009, S. 242.

seine Zugehörigkeit zu zwei Kulturen als eine privilegierte Position begriff, die es ihm ermöglichte, die Arktis einerseits mit dem von außen kommenden Blick des europäischen Anthropologen und andererseits von innen heraus – »mit den eigenen Augen der Inuit« – zu betrachten.[30] Auch Ole Høiris konstatiert, dass Rasmussen es verstand, »die beiden Seiten seiner selbst zu nutzen, um an Informationen zu gelangen, die für einen gewöhnlichen europäischen Feldforscher unzugänglich gewesen wären.«[31] Für eine solche Auslegung von Rasmussens Selbstverständnis spricht, dass sich neben zweifelnden Passagen wie dem zitierten Briefausschnitt, dem zudem der Verdacht der Koketterie anhaftet, in seinem Werk auch zahlreiche Stellen finden lassen, an denen er sich zweifelsohne als Däne definiert.[32]

Wie wohl niemandem sonst in der gemeinsamen Geschichte Dänemarks und Grönlands ist es Knud Rasmussen gelungen, in beiden Ländern bereits zu Lebzeiten den Status eines nationalen Helden einzunehmen. Mit der Sammlung und Dokumentation von über Jahrhunderte hinweg mündlich überlieferten Sagen und Erzählungen aus allen Teilen des Landes[33] sicherte der in dänischer und grönländischer Sprache publizierende Rasmussen das zu Beginn des 20. Jahrhunderts verloren zu gehen drohende grönländische Kulturerbe für die Nachwelt und schuf mit dieser Verschriftlichung einen Kanon genuin grönländischer Erzähltradition, der in unterschiedlichen Phasen des Identitäts- und Nationsbildungsprozesses in Grönland erhebliche Bedeutung erhalten sollte und zudem als ein Appell an die europäische Leserschaft zu verstehen ist, der Jahrhunderte alten Inuit-Kultur mit Respekt zu begegnen.[34] Als Leiter zahlreicher spektakulärer Expeditionen, vor allem in das von Europäern bislang kaum erkundete Nordgrönland, schuf Rasmussen der dänischen Anthropologie darüber hinaus einen Platz in der Spitzenklasse dieser europaweit aufstrebenden Disziplin, zu deren zentralen Desi-

---

30 »med Inuits egne øjne« ebd.

31 »at bruge de to sider af sig selv [til at få] adgang til informationer, som ikke ville være tilgængelige for en almindelig europæisk feltforsker.« Høiris 2009, S. 32.

32 So etwa im Vorwort zu Storchs *En grønlænders drøm*, wo Rasmussen von sich selbst und seinem dänischen Publikum in Abgrenzung zum Autor und »den Grönländern« durchgehend in der ersten Person des Plural spricht (vgl. Rasmussen 1915a).

33 Besonders prominent ist das dreibändige Werk Rasmussen, Knud: *Myter og Sagn fra Grønland*. København, 1921–1925.

34 Vgl. Thisted 2009, S. 243.

deraten gegen Ende des imperialistischen Zeitalters die Erkundung der letzten weißen Flecken auf der Weltkarte zählte.[35] Zu Beginn des 20. Jahrhunderts waren dies in erster Linie die Polarregionen.[36] Der Status, den Knud Rasmussen innerhalb der Polarforschung erlangte, wurde zudem durch zeittypische Ideale um Sport und die Ertüchtigung des Körpers befördert, die sich aus bestimmten Vorstellungen von Lebenskraft und einer vitalen Männlichkeit speisten, denen ein sich den Gewalten der sublimen arktischen Natur stellender Entdeckungsreisender wie Rasmussen gänzlich entsprach.[37]

In zwei äußerst unterschiedlichen Ländern – noch dazu in einer Kolonialmacht und ihrer Kolonie – als nationaler Held verehrt zu werden[38], ist eine ungewöhnliche Position, der zwangsläufig Ambivalenzen innewohnen. So fallen die Repräsentationen der Grönländer und die Sichtweise auf die Kolonialisierung in Rasmussens Schriften äußerst unterschiedlich aus, je nachdem, ob er sich an ein grönländisches oder ein (nord-)europäisches Publikum wendet. In Grönland war er darum bemüht, ein auf Sozialdarwinismus und Evolutionismus fußendes Kulturverständnis zu vermitteln, das die Grönländer dazu ermutigen sollte, nach dem Vorbild europäischer Völker aus eigener Anstrengung innerhalb einer imaginierten Hierarchie der Kulturen aufzusteigen. In Dänemark hingegen zählte er zu den einflussreichsten Vermittlern eines idealisierenden und exotisierenden Bildes grönländischer Kultur und Lebensweise. In diesen Beschreibungen erscheinen die Grönländer als friedliebende »edle Wilde«, die ein hartes aber freies Dasein in barscher Natur fristen, das zunehmend durch schädliche Einflüsse der Zivilisation gefährdet sei. Auf diese Weise trug Knud Rasmussen in erheblichem Maße dazu bei, ein bis weit ins 20. Jahrhundert hinein stark verbreitetes Grönlandbild zu zeichnen, das dazu führte, dass die Grönländer von dänischer Seite nur selten

---

[35] Insbesondere durch seinen zweibändigen Bericht über die 5. Thule-Expedition (1921–1924), während der er die Nord-West-Passage nach Kanada und Alaska per Hundeschlitten passierte, erlangte Rasmussen weltweite Berühmtheit (vgl. Rasmussen 1926/1927).

[36] Vgl. Hastrup 2010, 28f.

[37] Vgl. ebd., S. 275 sowie Harbsmeier 2001, S. 15. Ausführlich zum Sport- und Vitalismusdiskurs zu Beginn des 20. Jahrhunderts in Dänemark siehe u. a. Bonde 2008.

[38] Die mit meinen obigen Ausführungen zu Rasmussens Wirken und dessen Rezeption verbundene Absicht ist keinesfalls eine erschöpfende Nachzeichnung, sondern allenfalls eine grobe und punktuelle Skizze der Genealogie dieses doppelten Heldenstatus.

einem negativen Rassismus ausgesetzt waren, das aber gleichzeitig die europäische Kultur als erwachsen und somit überlegen erscheinen, und den Dänen eine Beschützerrolle gegenüber den als infantil konnotierten Grönländern zukommen ließ.[39]

Einer derartigen paternalistischen Sichtweise auf die Grönländer kann sich Knud Rasmussen auch in seinem Vorwort zu Mathias Storchs Roman *En grønlænders drøm* nicht erwehren. Obwohl er Storchs Buch, das er im Übrigen zu den »ersten Blüten dänischer Kolonisationsarbeit«[40] zählt, für wichtig und selbst für ein dänisches Publikum interessant hält, verzichtet er nicht darauf, seine einleitenden Worte mit einer an die dänische Leserschaft gerichteten Warnung abzuschließen, mittels derer er sich schützend vor den Autor stellt, dem man aufgrund seiner Herkunft nicht mit allzu großen Erwartungen begegnen sollte:

> Wenn nun sein [Mathias Storchs] Buch der dänischen Öffentlichkeit übergeben wird, scheint es nur recht und billig zu sein, davor zu warnen, es in dem Glauben zu lesen, dass wir es hier mit etwas Ausgegorenem und Fertigem oder in Form und Bearbeitung völlig Tadellosem zu tun haben; denn damit würde man zu große und unberechtigte Forderungen an einen grönländischen Autoren stellen.
>
> Naar nu hans [Mathias Storchs] Bog overgives til den danske Offentlighed, vil det være billigt at advare mod at gaa til Læsningen af den i den Tro, at man her skal finde noget afgæret og færdigt eller noget i Form og Tilrettelæggelse ganske dadelløst; thi da vilde man stille for store og uberettigede Fordringer til en grønlandsk Autor.[41]

Dafür wie und ob überhaupt Mathias Storch, der zu diesem Zeitpunkt immerhin eine mehrjährige Ausbildung in Dänemark absolviert hatte, im Jahr 1911 als erster Grönländer zum Priester geweiht worden war und somit zu den ersten Vertretern einer neuen grönländischen Bil-

---

39 In diesem Abschnitt beziehe ich mich auf Thomsen 1998, S. 29f. sowie Høiris 1989, S. 61f. Zum vergleichsweise geringen Stellenwert eines negativen Rassismus in Bezug auf die dänischen Repräsentationen von und Sichtweisen auf Grönländer siehe Duedahl 2003.

40 Vgl. Rasmussen 1915a, S. xiv.

41 Ebd., S. xv-xvi.

dungselite zählte[42], auf diese letztendlich doch recht herabwürdigende Präsentation seines Romans reagiert hat, habe ich keinen Beleg finden können. Es ist jedoch zu vermuten, dass ihm der paternalistische Habitus, der Knud Rasmussens Vorwort durchzieht, missfallen haben dürfte. Wie kaum ein Grönländer in den ersten Jahrzehnten des 20. Jahrhunderts stellte auch Storch die dänische Präsenz in Grönland keineswegs grundsätzlich infrage. Ich möchte jedoch argumentieren, dass es sein Vorhaben war, mit *En grønlænders drøm* in einen Dialog mit den in dänischen Kreisen vorherrschenden Diskursen zur Kolonialpolitik und zur Repräsentation der Grönländer einzutreten und ein Gegennarrativ zu dem auch in Rasmussens Vorwort transportierten verbreiteten Bild der Kolonisierten als beschützenswerte, da letztendlich unmündige Subalterne zu etablieren.

1.2 Zur Auswahl der Texte

Während der gut 230 Jahre währenden Kolonialzeit, die 1721 mit der Ankunft des ersten dänisch-norwegischen Missionars in Grönland begann und 1953 mit der Eingliederung der Kolonie als de facto gleichberechtigtes *amt*[43] in das dänische Königreich ihr offizielles Ende nahm, sind fünf Romane grönländischer Autoren erschienen. Diese zunächst gering wirkende Zahl erscheint in einem anderen Licht, wenn man bedenkt, dass alle fünf Veröffentlichungen in die Zeit zwischen 1914 und 1944 fallen und die Einwohnerzahl Grönlands um 1930 bei lediglich 14.000 lag.[44] Hinzu kommen die eingangs erwähnten widrigen Bedingungen für die Entwicklung einer eigenständigen grönländischen Literatur. Zwar wurden schon ab Mitte des 19. Jahrhunderts grönländischsprachige Bücher in Godthåb, dem heutigen Nuuk, gedruckt. Doch jede

---

42 Vgl. Petersen ca. 1980, S. 81f. Petersens umfangreiches Manuskript ist undatiert und unpubliziert. Es wurde Kirsten Thisted zufolge um 1980 geschrieben und umfasst zahlreiche wertvolle Anekdoten und viele biografische Details enthaltende Autorenportraits. Diese wurden Petersen (geb. 1928) durch persönliche Bekanntschaften mit vielen grönländischen Autoren zugänglich (vgl. Thisted 2005b, S. 237). Das Manuskript liegt einigen Forschungsbibliotheken in Kopie vor. So auch der Bibliothek des *Institut for Eskimologi* an *Københavns Universitet*, wo ich im September 2010 Einsicht nehmen konnte.

43 Ein *amt* war bis zur Kommunalreform im Jahr 2007 eine in etwa mit den deutschen Landkreisen vergleichbare Gebietskörperschaft in Dänemark.

44 Vgl. Storch 1930, S. 69.

Veröffentlichung unterlag den Zensurmechanismen der dänischen Kolonialverwaltung.[45] Wohl war es vor allem nach weit reichenden Reformen in den ersten Jahren des 20. Jahrhunderts ein Anliegen der Dänen, den Bewohnern ihrer Kolonie Bildung und Aufklärung zu verschaffen. Doch hierbei ging es in erster Linie um die Erziehung zu guten Christen und die Ausbildung zu nützlichen Mitarbeitern in Handel, Schule und Mission. Dass sich einige Vertreter der auf diese Weise entstandenen neuen Bildungselite – wie etwa Mathias Storch, Augo Lynge und Frederik Nielsen – gleichzeitig zu aktiv handelnden Subjekten innerhalb der kolonisierten Gesellschaft entwickelten, die Ideen und Strategien zur Erlangung von Handlungsmacht und Gleichberechtigung zwischen Dänen und Grönländern formulierten, muss eher als Nebeneffekt denn als Intention der Bildungspolitik der Kolonialverwaltung gewertet werden, die, um es mit Bhabha zu sagen, somit ein »desire for a reformed, recognizable Other, as a subject of difference that is almost the same, but not quite [white]«[46] zum Ausdruck brachte.

Autoren, die ein Buch veröffentlichen wollten, waren auf die Unterstützung und Fürsprache einer vermittelnden Instanz angewiesen, die ein höheres Maß an Handlungsmacht gegenüber der dänischen Verwaltung besaß. In meinen vorherigen Ausführungen habe ich gezeigt, dass diese Instanz im Falle der ersten drei Romane grönländischer Autoren Knud Rasmussen war, der seine Unterstützung zuweilen durchaus verwehrte, wie aus den Aufzeichnungen des grönländischen Autors Peter Gundel hervorgeht, dem es nie gelungen ist, eines seiner heute bedauerlicherweise verlorenen Romanmanuskripte zu veröffentlichen.[47]

Ob die Tatsache, dass der vierte publizierte grönländische Roman, Hans Lynges *Ersinngitsup piumasaa* (*Den usynliges* vilje; »Der Wille des Unsichtbaren«)[48] aus dem Jahr 1938, der heute zu den Klassikern der grön-

---

[45] Siehe hierzu Thisted 2004b, insbesondere: S. 108–111.

[46] Bhabha 2004, S. 122.

[47] Vgl. Thisted 2004b, S. 109f. Thisted bezieht sich hier auf eine Sammlung persönlicher Briefe Peter Gundels an den dänischen Arzt Jørgen Hvam, die in Buchform vorliegt und wertvolle Informationen zu Zensur und Selbstzensur sowie den Rahmenbedingungen grönländischer Literatur in der Kolonialzeit liefert (Tolbøll 2004).

[48] Hans Lynges Roman *Den usynliges vilje* (Originalausgabe: Lynge, Hans: *erssingitsup piumassâ*. Godthåb, 1967) liegt seit 1990 in einer dänischen Übersetzung von Kirsten Thisted vor (Lynge, Hans: *Den usynliges vilje*. Nuuk, 1990).

ländischen Literatur zählt[49], erst lange nach dem Ende der kolonialen Ära im Jahr 1967 einen Verleger fand, tatsächlich damit zu begründen ist, dass nach Knud Rasmussens Tod im Jahr 1934 niemand mehr da war, der sich für eine Veröffentlichung hätte einsetzen können, ist eine spekulative Annahme, würde allerdings – so sie sich denn belegen ließe – die Bedeutung Rasmussens für die Förderung der frühen grönländischen Literatur nochmals in ein neues Licht rücken. Denkbar ist aber auch, dass Lynges Roman in den Dreißiger Jahren zu großen Anstoß erweckte, und ihm die Zustimmung der Kolonialverwaltung aus diesem Grund verwehrt blieb. Als eine Botschaft von *Den usynliges vilje* kann die Vereinigung des christlichen Glaubens mit vorchristlichen schamanischen Traditionen als Vision für eine Wertegrundlage einer modernen grönländischen Gesellschaft verstanden werden. Letzteren standen die aus der lutherischen Mission hervorgegangene Kolonialverwatung und mittlerweile auch große Teile der christianisierten grönländischen Bevölkerung äußerst ablehnend gegenüber.[50] Dennoch sollte *Den usynliges vilje* zu den in der Kolonialzeit erschienenen Romanen gezählt werden, da Hans Lynge sein Werk – aufgeteilt in zwei Hefte – 1938 selbst duplizierte und in einer Auflage von rund 200 Stück in Umlauf brachte[51], eine Zahl, die angesichts der Tatsache, dass Grönlands politisches und kulturelles Zentrum Godthåb (Nuuk) zu dieser Zeit erst wenige hundert Einwohner zählte[52], nicht zu unterschätzen ist.

Der fünfte und letzte in der Kolonialzeit erschienene grönländische Roman ist Pavia Petersens *Niuvertorutsip pania*[53], der posthum ein Jahr nach dem Tod des Autors im Jahr 1944 publiziert wurde. Bedauerlicherweise wurde dieser Roman, dessen Titel Kirsten Thisted und Christian Berthelsen in ihren Analysen mit *Udstedsbestyrerens datter* (»Die Tochter des Außenpostenverwalters«) wiedergeben[54], nie ins Dänische (oder eine

---

[49] Vgl. Thisted 1992, S. 197.

[50] Zur ausführlicheren Analyse von *Den usynliges vilje* siehe Kapitel 4.3.

[51] Vgl. Petersen ca. 1980, S. 118.

[52] »Godthåb er Grønlands Hovedstad og har over 400 Indbyggere« (»Godthåb ist Grönlands Hauptstadt und hat über 400 Einwohner«), schreibt Sophie Petersen im Jahr 1928. (Petersen 1928, S. 18).

[53] Originalausgabe: Petersen, Pavia: *niuvertorutsip pania.* ohne Ortsangabe, 1944.

[54] Vgl. Thisted 2002b, S. 215–218 sowie Berthelsen 1983, S. 301.

andere mir zugängliche Sprache) übersetzt[55], so dass er an dieser Stelle lediglich der Vollständigkeit wegen genannt wird.

Damit ist der dieser Untersuchung zugrunde liegende Literaturkorpus beschrieben. Jeweils ein Hauptkapitel wird von Mathias Storchs *En grønlænders drøm* und Augo Lynges *Trehundrede år efter ...* beziehungsweise von Frederik Nielsens *Tuumarsi* und Hans Lynges *Den usynliges vilje* handeln. Die Einteilung der vier ersten publizierten grönländischen Romane in zwei Gruppen erfolgt nach den Topoi, die Christian Berthelsen 1988 als »[the] two main themes in Greenlandic literature«[56] benennt, »namely the old and the new society.«[57] Im Grundsatz ist nichts gegen diese Kategorisierung einzuwenden. Die Romane Mathias Storchs und Augo Lynges spielen – im Falle Storchs zumindest teilweise – in der Zukunft und sind, da sie Szenarien eines gleichberechtigten Zusammenlebens von Dänen und Grönländern entwerfen, häufig als getarnte politische Schriften interpretiert worden.[58] Karen Langgård etwa spricht von den ersten grönländischen Romanen als »utility literature«[59] und wirft die Frage auf, ob Literatur den Grönländern in dieser Zeit ausschließlich als Instrument der politischen Meinungsäußerung diente.[60]

Hans Lynges Roman und das Erstlingswerk Frederik Nielsens hingegen spielen in der Vergangenheit und sind Erzählungen aus der vormodernen Gesellschaft der autarken Robbenfänger. Im Fall von Lynges Roman liegt die Zeit der Handlung sogar vor der Christianisierung durch die dänische Mission. Gemeinsam mit Pavia Petersen hatten sich die Freunde Nielsen und Lynge vorgenommen, »eine grönländische Literatur zu schaffen, die der im Unterricht [am Katechetenseminar in Godthåb (Nuuk)] präsentierten dänischen Literatur – Werke der Nationalromantik von Autoren wie Andersen, Ingemann und Grundtvig – ebenbürtig

---

55 Lediglich eine Übersetzung eines Teils des ersten Kapitels findet sich in Thisted 1999, S. 56–59.

56 Berthelsen 1988, S. 134.

57 Ebd.

58 »The first two Greenlandic novels, which appeared in 1914 and 1931 respectively, are concerned with the future and are, in reality, political writings in the form of novels.« (Berthelsen 1986, S. 341); »[Augo Lynges roman] kan betragtes som et politisk manifest i litterær form.« (»Augo Lynges Roman kann als politisches Manifest in literarischer Form betrachtet werden.«) (Larsen 1992, S. 374).

59 Langgård 2002, S. 21.

60 Vgl. ebd., S. 26.

sein sollte.«[61] Es wäre allerdings zu kurz gegriffen, die in der Vergangenheit spielenden Romane lediglich als romantisierende und idealisierende Schilderungen einer guten, alten Zeit zu lesen, und ich möchte hier – zumindest teilweise – der grönländischen Literaturwissenschaftlerin Birgit Kleist Pedersen zustimmen, die in Bezug auf Werke Frederik Nielsens und Ole Brandts[62] feststellt,

> dass Literatur zu jedweder Zeit jene Gedanken, Träume, Hoffnungen und Probleme wiederspiegelt, die eine Gesellschaft zum Zeitpunkt der Niederschrift umtreiben – selbst dann, wenn die Fiktion in einer fernen Vergangenheit inszeniert wird, wie zum Beispiel in der vorkolonialen Periode.
>
> [at l]itteraturen til enhver tid [afspejler] de tanker, drømme, forhåbninger og problemer, der fokuseres på i samfundet på det tidspunkt fiktionen nedskrives – også selvom fiktionen iscenesættes i en fjern fortid som f. eks. [...] den førkoloniale periode.[63]

Nicht zueigen machen möchte ich mir allerdings das in dieser Aussage transportierte Bild von Literatur als Spiegel einer Gesellschaft, da es innerhalb einer post-hermeneutischen Literaturwissenschaft spätestens mit der Formulierung der Ansätze des *New Historicism* deutlich geworden sein sollte, dass literarische Texte nicht allein als Repräsentationen von Identitäten und kollektiven Vorstellungswelten zu verstehen sind, sondern dass sie zugleich eine eigene Wirkung auf die diskursive Konstruktion kollektiver Identitäten und aus ihnen resultierenden sozialen Praktiken entfalten. Anders ausgedrückt bedeutet dies, dass es bestenfalls nur eine Seite derselben Medaille sein kann, literarische Texte als Medialisierungen gesellschaftlicher Gegebenheiten oder wie auch immer gearteter historischer Lebensrealitäten zu lesen, da sie allein durch ihre Existenz und Rezeption Einfluss auf letztere ausüben und einen Beitrag dazu leisten, kulturelle Selbstverortungen einer Gesellschaft zu modifi-

---

[61] Thisted 2006a, S. 467.

[62] Von den Romanen des grönländischen Autors Ole Brandt, der erst nach dem offiziellen Ende der Kolonialzeit debütierte, ist bislang keiner in eine andere Sprache übersetzt worden. Brandts Thema ist ebenfalls der Alltag in der vorkolonialen grönländischen Robbenfängergesellschaft (vgl. u. a. Thisted 1992 zu Brandts berühmtesten Roman *Qooqa*).

[63] Pedersen 2004, S. 63.

zieren oder gar neu zu erschaffen.[64] Unter diesen Prämissen und unter Zuhilfenahme von Ansätzen der *Postcolonial Studies* soll meine Analyse der Anfänge der grönländischen Romanliteratur erfolgen.

1.3 Zur Sprache und Definition grönländischer Literatur

Wenn hier von grönländischer Literatur die Rede ist, so sind damit literarische Texte gemeint, die von Grönländern in grönländischer Sprache verfasst wurden. Diese zunächst etwas banal erscheinende Definition bedarf einiger Erläuterungen. Die Tatsache nämlich, dass bereits die grönländischen Autoren der Kolonialzeit in ihrer Muttersprache publizierten, und dass bis in die Siebziger Jahre hinein kaum ein Grönländer ein literarisches Werk in der Sprache der Kolonialmacht verfasst hat, ist ein Umstand, der die grönländische Literatur von den Literaturen vieler ehemaliger Kolonien unterscheidet. Anders als etwa im Fall der meisten afrikanischen Länder, bei deren Eroberung durch die Europäer es in erster Linie um die Ausbeutung natürlicher und menschlicher Ressourcen ging, nahm die Kolonialisierung Grönlands ihren Ursprung in der lutherischen Mission, deren Maxime es war, der zu missionierenden Bevölkerung die Lehren der Bibel in deren Muttersprache zu vermitteln. Anstatt den Grönländern das Grönländische zu nehmen und etwa die dänische Sprache aufzuzwängen, waren die Missionare seit dem 18. Jahrhundert darum bemüht, selbst die Sprache der indigenen Bevölkerung zu lernen. So waren es europäische Missionare, die im 19. Jahrhundert die grönländische Schriftsprache entwickelten, und auch die ersten literarischen Werke in grönländischer Sprache – zunächst hauptsächlich Umdichtungen von dänischen Psalmen – gehen auf europäische Autoren zurück.[65]

Rund zwanzig Jahre nach Unabhängigwerdung der letzten afrikanischen Kolonien stieß der kenianische Autor und Literaturwissenschaftler Ngũgĩ wa Thiong'o mit seiner Essaysammlung *Decolonising the Mind*[66] zu Beginn der Achtziger Jahre eine Debatte darüber an, in welcher Sprache Literatur verfasst zu sein habe, um als afrikanisch definiert werden zu

---

[64] Ich beziehe mich hier auf die anschauliche Darstellung der reziproken Wirkung von Literatur und Gesellschaft aufeinander im einleitenden Kapitel von Wolfgang Behschnitts Habilitationsschrift (vgl. Behschnitt 2006, S. 24f.).

[65] Vgl. Berthelsen 1983, S. 24f.

[66] Ngũgĩ 1986, insbesondere S. 4–33.

können. Ngũgĩ kommt zu dem den Schluss, dass eine mentale Entkolonialisierung, mit der er die Überwindung von in der Zeit des Kolonialismus entstandenen und in der post-kolonialen Ära fortwirkenden verinnerlichten Machtasymmetrien meint, innerhalb der Literatur allein durch eine Abkehr vom Englischen, Französischen oder Portugiesischen und durch eine Rückkehr zu denjenigen Sprachen vollzogen werden kann, die in Afrika bereits vor der Zeit der Kolonialisierung gesprochen wurden. Dafür, eine vergleichbare Debatte in Grönland zu führen, hat es nie einen Grund gegeben, da grönländische Autoren seit Mitte des 19. Jahrhunderts in ihrer Muttersprache – ab Anfang des 20. Jahrhunderts auch Romane – geschrieben haben und »somit in Bezug auf die Sprache keine Situation eines *displacement* erlebt haben, die so viele andere koloniale Literaturen prägt.«[67] Aufgrund dieser Besonderheiten fällt es schwer, eine koloniale Literatur ausfindig zu machen, die sich bezüglich der Sprachsituation mit der grönländischen vergleichen lässt. Gleichzeitig scheint die grönländische Literatur der Kolonialzeit gerade wegen dieses Alleinstellungsmerkmals ein für die Untersuchung von Strategien zur Aneignung von Handlungsmacht innerhalb einer kolonisierten Gesellschaft besonders ertragreicher Untersuchungsgegenstand zu sein, da sie primär als ein Kommunikationsmittel von Grönländern untereinander verstanden werden muss.[68] Kirsten Thisted warnt dennoch davor, die Sonderstellung der grönländischen Literatur so zu interpretieren, als dass das Verfassen literarischer Texte in der Muttersprache für die Grönländer eine Möglichkeit dargestellt habe, frei von Restriktionen und Zensur in einen politischen oder Identität stiftenden Diskurs einzutreten. Sie stellt fest:

> Auch in Grönland waren die Veröffentlichungsmöglichkeiten während der Kolonialzeit der Kolonialmacht unterstellt, die zu dieser Zeit über zahlreiche des Grönländischen kundige Personen verfügte. Ich meine, dass dieser Umstand bei der Analyse von Werken aus der Kolonialzeit zu berücksichtigen ist. Es gab ganz einfach Grenzen dafür, zu was zu drucken und zu verteilen man die Kolonialmacht bewegen konnte. Schriftsteller mussten sich daher einer gewissen Selbstzensur unterwerfen.

---

[67] »således ikke [har] oplevet den situation af *displacement* i forhold til sproget, som præger mange andre koloniale litteraturer.« Thisted 2002a, S. 116 [Hervorhebung im Original].

[68] Vgl. ebd.

> Også i Grønland var udgivelsesmulighederne under kolonitiden imidlertid underlagt kolonimagten – som på den tid besad adskillige personer som kunne grønlandsk. Dette forhold mener jeg bør medregnes under analyse af værker fra kolonitiden. Der var ganske enkelt begrænsninger for, hvad der kunne lade sig gøre at få kolonimagten til at trykke og distribuere, og forfatteren var derfor nødt til at underlægge sig en vis selvcensur.[69]

Es ist also davon auszugehen, dass die Autoren der hier behandelten Romane, anders als beispielsweise der oben erwähnte glücklose Peter Gundel, diese Mechanismen von Selbstzensur beherrscht haben. Vor diesem Hintergrund mögen einige Aspekte der in der Kolonialzeit erschienenen grönländischen Romane noch kritischer und grenzüberschreitender erscheinen, als einem dies beim ersten flüchtigen Lesen vorkommen mag. Es gilt also, ein besonderes Augenmerk auf die leisen Formulierungen zu richten und auch das zu entschlüsseln, was möglicherweise zwischen den Zeilen zu lesen ist. Was Edward Said in *Culture and Imperialism* als Prämisse für eine kontrapunktische Lesart europäischer Literatur aus dem Zeitalter des Imperialismus formuliert – »to draw out, extend, give emphasis and voice to what is silent or marginally present or ideologically represented [...] in such works«[70] – scheint somit auch für das Studium der in der kolonialen Ära in Grönland erschienenen Romane relevant zu sein.

Wenn bei der Eingrenzung der Textauswahl von fünf Romanen die Rede war, die während der Kolonialzeit in Grönland entstanden sind, so ist diese Zahl nicht als eine Anspruch auf Vollständigkeit erhebende Auflistung des tatsächlichen literarischen Schaffens grönländischer Autoren in dieser Zeitspanne zu verstehen. Angesichts der Zensurproblematik und der zuvor erwähnten schwierigen Bedingungen für die Publikation von Büchern ist davon auszugehen, dass weitaus mehr Grönländer in der ersten Hälfte des 20. Jahrhundert an Romanmanuskripten gearbeitet haben, von denen wir heute nichts wissen. Die nie veröffentlichten und heute verlorenen Manuskripte Peter Gundels habe ich bereits erwähnt. Kirsten Thisted berichtet zudem von einem bereits kurz nach Erscheinen von Mathias Storchs *En grønlænders drøm* begonnenem Romanmanuskript des Autors Gerth Lyberth, das den Titel *Qipingassormiut sussârna-*

---

[69] Ebd., S. 123.

[70] Said 1994, S. 78.

vêrqutât atuagagssînermut. imaitoq: Johansip angumerissai trage und 1981 in sehr kleiner Auflage als Faksimile erschienen sei.[71]

Man mag es als glücklichen Umstand bezeichnen, dass ausgerechnet die vier ersten der um die Zeit ihres Entstehens erschienenen grönländischen Romane in dänischer Übersetzung vorliegen.[72] Auf diese Weise ist es mir möglich, vier Fünftel des Teils der kolonialen grönländischen Romanliteratur zu untersuchen, der tatsächlich zeitnah von Grönländern rezipiert worden ist und somit Gelegenheit hatte, eine Wirkung auf die diskursive Konstruktion kollektiver Identitäten in einer von Identitätsdebatten geprägten Zeit zu entfalten. Dass es mir mangels Übersetzung nicht möglich ist, auch Pavia Petersens einzigen Roman mit in die Analyse einzubeziehen, ist bedauerlich, da das Thema von *Udstedsbestyrerens datter* – wie aus der Sekundärliteratur hervorgeht, die Überwindung des persönlichen Identitätskonfliktes einer Tochter aus dänisch-grönländischer Ehe[73] – auch im Vergleich mit den in den anderen Romanen verhandelten Identitätsfragen äußerst interessant erscheint. Auch dass Petersen, anders als seine vier Vorgänger, eine weibliche Hauptfigur wählt, ist Grund genug, darauf zu hoffen, dass eines Tages auch der fünfte in der Kolonialzeit erschienene grönländische Roman in Übersetzung vorliegen und damit einem größeren Kreis an Lesern (und Literaturwissenschaftlern) zugänglich sein wird.

1.4 Zur Arbeit mit Übersetzungen

An dieser Stelle ist es notwendig, eine Grenze dessen aufzuzeigen, was dieses Buch leisten kann, und eine Problematik zu benennen, die meinem Vorhaben innewohnt. Da ich nicht zum kleinen Kreis derjenigen zähle, die außerhalb Grönlands zu grönländischen Themen forschen und die grönländische Sprache beherrschen, bin ich bei meiner Analyse der Anfänge der grönländischen Romanliteratur auf dänische Übersetzungen angewiesen. Da es sich bei den Ausgaben, auf die ich Bezug nehme,

---

[71] Vgl. Thisted 2002a, S. 118. Den Titel des Manuskripts übersetzt Thisted mit »Det hidtidligt eneste litterære indlæg fra Qipingasoq: Johannes liv og oplevelser« (»Der bislang einzige literarische Beitrag aus Qipingasoq: Johannes' Leben und Erlebnisse«).

[72] Die zahlreicheren nach 1953 erschienenen grönländischen Romane liegen nur sehr viel vereinzelter in Übersetzung vor.

[73] Vgl. Thisted 2002b, S. 215f.

also nicht um die Originale handelt, verbietet sich eine Analyse unter sprachlichen oder textästhetischen Gesichtspunkten, die allerdings auch nicht im Zentrum meines Forschungsinteresses steht. Dennoch sollte insbesondere ein einer kulturwissenschaftlichen Literaturwissenschaft verpflichteter Zugang die höchst unterschiedlichen Zeitpunkte, Kontexte und Beweggründe reflektieren, zu und in sowie in deren Rahmen die Übersetzungen der hier analysierten Romane entstanden sind.

Knud Rasmussens Übersetzung von Mathias Storchs *En grønlænders drøm* ist mit großem Abstand die älteste der dem folgenden Analyseteil zugrunde liegenden Romanausgaben. Da die dänische Ausgabe von Storchs Roman in der Kolonialzeit erschienen ist und Rasmussen – wie oben gezeigt – abhängig davon, ob er sich an ein grönländisches oder dänisches Publikum wandte, äußerst unterschiedliche Repräsentationspraktiken vertrat, kann nicht ausgeschlossen werden, dass er in seiner Übersetzung, die wie die Sammlung der Mythen und Sagen zu seinem Lebensprojekt der Dokumentation grönländischen Kulturerbes zu rechnen ist, besonders kritische Passagen veränderte oder entschärfte. Fragt man der grönländischen Sprache kundige Literaturwissenschaftlerinnen nach ihrer Meinung zur Qualität von Rasmussens Übersetzung, erhält man unterschiedliche Antworten. Während Birgit Kleist Pedersen kritisiert, dass sich Rasmussen in seiner Übersetzung oft sehr weit von Storchs Original entferne[74], vertritt Kirsten Thisted den Standpunkt, dass es Rasmussen, gerade weil er nicht immer wörtlich übersetzt, wie niemanden zuvor gelungen sei, grönländische Texte in ein literarisch-ästhetisches Dänisch zu übertragen. Rasmussens Übersetzungen hätten daher vielen späteren Übersetzern grönländischer Literatur als Vorbild gedient.[75]

Gayatri Chakravorty Spivak hat Übersetzer aus nicht-europäischen Literaturen davor gewarnt, die Sprache des Originals ästhetisch an den Charakter der (meist europäischen) Sprache der Übersetzung anzugleichen, da dies einer Form von Neokolonialismus gleichkomme: »Without a sense of the rhetoricity of language, a species of neo-colonist construction of the non-Western scene is afoot. No argument for convenience can be persuasive here.«[76] Spivaks Warnung erscheint gerade im Kontext

[74] Gespräch mit Birgit Kleist Pedersen am 2. Juni 2010 in Nuuk.

[75] Gespräch mit Kirsten Thisted am 17. Mai 2010 in Berlin. Vgl. auch Thisted 2005c, S. 230f.

[76] Spivak 2009, S. 203.

von Übersetzungen aus der grönländischen Sprache äußerst relevant, da diese sich, zu den polysynthetischen eskimo-aleutischen Sprachen zählend, in ihrer inneren Logik in besonderem Maße von allen europäischen Sprachen unterscheidet und zudem erst spät eine Schriftsprache entwickelt hat, weswegen es – so man Spivaks Argumentation folgen will – bei einer Übersetzung gilt, behutsam mit dem möglicherweise durch die orale Tradition geprägten Charakter der grönländischen Sprache umzugehen.[77]

Auch wenn Kirsten Thisted die sprachliche Ästhetik der von Birgit Kleist Pedersen als verfremdend kritisierten Übersetzung Knud Rasmussens lobt, kann – anders als im Fall des während der Kolonialzeit lebenden Polarforschers – bei ihren eigenen Übersetzungen von Augo Lynges *Trehundrede år efter ...*[78] und Hans Lynges *Den usynliges vilje* ein im Sinne Spivaks sensibler Umgang mit der Sprache der kolonialen Literatur vorausgesetzt werden. Neben den Übersetzungen mehrerer grönländischer Romane hat die Grönlandforschung Thisted nämlich auch einen großen Teil der dezidiert mit Ansätzen der postkolonialen Theorie arbeitenden Sekundärliteratur zu den Werken grönländischer Autoren zu verdanken. Zudem hat Thisted die Herausforderungen bei der Übersetzung grönländischer Texte ins Dänische an mehreren Stellen selbst problematisiert.[79] »Wenn man keine grönländischen Texte lesen mag, entgeht einem die Stimme der Kolonisierten – sowie die Tatsache, dass die Kolonisierten tatsächlich eine Stimme *haben*, sogar in einer langen historischen Perspektive betrachtet«[80], schreibt Thisted in einem ihrer Essays, auf

---

77 Inwieweit der grönländischen Romanliteratur narratologische Elemente aus der mündlichen Tradition innewohnen, ist allerdings eine kontrovers diskutierte Frage. Während Thisted die Grenze zwischen mündlicher und schriftlicher Literatur als fließend beschreibt und in grönländischen Romanen durchaus aus der oralen Tradition resultierende Erzähltechniken erkennt (vgl. Thisted 1992 u. 2002a), lehnt Langgård diese Sichtweise ab und warnt davor, mit einer unscharfen Trennung von mündlicher und schriftlicher Kultur eine Essentialisierung und Exotisierung der grönländischen Literatur des 20. Jahrhunderts zu betreiben (vgl. Langgård 1996).

78 Thisted übersetzte Augo Lynges Roman im Jahr 1989 gemeinsam mit Trine Graversen.

79 Siehe dazu Thisted 2005d.

80 »Hvis man ikke gider læse grønlandske tekster, går man glip af de koloniseredes stemme – og selve det faktum, at de koloniserede altså faktisk *har* stemme, også set i et langt historisk perspektiv« Thisted 2006b, S. 70. [Hervorhebung im Original].

Spivaks berühmte Frage nach dem Artikulationsvermögen der Subalterne anspielend.[81] Die Motivation hinter Thisteds Übersetzungen – insbesondere der frühesten grönländischen Romane – lässt sich somit als eine akademische beschreiben. Thisted eröffnet mit ihrer Übersetzungsarbeit der grönländischen Literatur die Möglichkeit, Gegenstand einer dänischen beziehungsweise nordeuropäischen Kultur- und Literaturwissenschaft zu werden. Die Erweiterung der philologischen Kurrikula um die Literaturen ehemaliger Kolonien ist eines der grundsätzlichen Postulate der *Postcolonial Studies*, innerhalb derer sich Thisted verortet.[82] Dass dafür zunächst eine Sprachbarriere zu überwinden ist, muss – wie oben gezeigt – als ein dänisch-grönländischer Sonderfall gesehen werden.

Die dänische Version von Frederik Nielsens Roman *Tuumarsi* schließlich ist nicht als eine Übersetzung im engeren Sinne zu betrachten, da der Autor sein Debüt rund 45 Jahre nach Erscheinen des grönländischen Originals selbst ins Dänische übertrug. Wenn sich ein grönländischer Autor zu Beginn der Achtziger Jahre die Mühe macht, eine dänischsprachige Version seines eigenen Romans zu verfassen, so ist der Grund für die Motivation hinter diesem Vorhaben im Kontext einer Entwicklung zu suchen, innerhalb derer sich im nach Aufhebung des Koloniestatus von einer »Danisierungspolitik« geprägten Grönland eine Gesellschaftsschicht herausbildete, die die grönländische Sprache nur leidlich beherrschte. Grund dafür ist, dass sich vor allem in den Sechziger bis Achtziger Jahren viele Grönländer dafür entschieden, ihre Kinder in eine mit höherem gesellschaftlichem Prestige konnotierte dänischsprachige Schulklasse zu schicken[83], was zur Folge hatte, dass sich eine »linguistic elite«[84] entwickelte, für die die Muttersprache zur Fremdsprache wurde. Die in dieser Zeit nicht unüblichen Übertragungen grönländischer Literatur ins Dänische durch die Autoren selbst interpretiere ich als ein Bemühen darum, auch dieser gesellschaftlichen Gruppe Zugang zu den

---

[81] Gemeint ist Spivaks Essay »Can the Subaltern Speak?«, in dem die im Titel formulierte Frage zwar letztendlich verneint wird, jedoch nicht um marginalisierten Gruppen die Fähigkeit der Artikulation abzusprechen, sondern um darauf hinzuweisen, dass die Stimmen der Subalterne innerhalb einer hierarchisch organisierten globalen politischen Herrschaftsstruktur kein Gehör finden (vgl. Spivak 1994).

[82] Vgl. Ashcroft u. a. 2002, S. 2–4.

[83] Vgl. dazu Gad 2009, S. 145–147 sowie ausführlicher Gad 2005.

[84] Gad 2009, S. 145.

alten und neuen Klassikern der grönländischen Nationalliteratur zu ermöglichen.

Schon die unterschiedlichen Kontexte, innerhalb derer die dänischen Ausgaben der in dieser Studie analysierten Romane entstanden sind, lassen erahnen, dass die Beschaffenheit der einzelnen Übersetzungen von recht heterogenem Charakter sein dürfte. Allein dies wäre ein Grund dafür, die wissenschaftliche Auseinandersetzung mit grönländischer Literatur lieber denjenigen zu überlassen, die in der Lage sind, die Texte im Original zu lesen. Wenn ich mich dennoch dafür entscheide, eine Studie zu den Anfängen einer nationalen Literatur auf der Grundlage von Übersetzungen durchzuführen, so begründe ich dies mit der Überzeugung, dass die grönländische Literatur der Kolonialzeit mit den ihr innewohnenden diskursiven Verhandlungen von Identität, Ethnizität, Macht und Machtlosigkeit, Tradition und Fortschritt einen für das Verständnis der postkolonialen grönländischen Gesellschaft und des komplizierten Verhältnisses zwischen ehemaliger Kolonie und Kolonialmacht äußerst interessanten Analysegegenstand darstellt. Untersagte man sich ob der offensichtlichen Sprachbarriere die wissenschaftliche Beschäftigung mit grönländischer Literatur, überhörte man nicht nur die vorhandenen – zuweilen sogar recht kräftigen – Stimmen der Kolonisierten, sondern übersähe zudem wertvolle Belege dafür, dass Grönländer »sowohl Mitproduzenten von Fremdbildern als auch in hohem Maße Produzenten von Selbstbildern sind«[85], durch deren Zusammenspiel sich zu Beginn des 20. Jahrhundert eine grönländische Nationalidentität diskursiv formiert. In ihrem Plädoyer für eine verstärkte wissenschaftliche Beachtung grönländischer Literatur schreibt Thisted:

> Die Selbst-Repräsentationen der Inuit treten in einen Dialog mit externen Repräsentationen, ebenso wie die Selbst-Repräsentationen der Inuit auch in hohem Maße als interner Dialog geführt werden, von Bereich zu Bereich und von Generation zu Generation. Dieses ganze äußerst komplizierte Zusammenspiel ist es wert, analysiert zu werden.
>
> Inuits selv-repræsentationer indgår i en dialog med [...] eksterne repræsentationer, ligesom inuits selv-repræsentationer også i høj grad føres som en intern dialog, fra område til område og fra

[85] »både [er] medproducenter på omverdenens billeder og i høj grad producenter af selvbilleder« Thisted 2006b, S. 75.

> generation til generation. Der er hele dette, dybt komplicerede, samspil, der er værd at analysere på [...].[86]

Diese Einschätzung Thisteds deckt sich mit meiner Lesart der vier ersten publizierten grönländischen Romane, die meinem Kenntnisstand nach, von einigen Übersichtsdarstellungen und Anthologien abgesehen[87], nie zuvor gemeinsam und in ihrem Verhältnis zueinander den Gegenstand einer ausführlicheren wissenschaftlichen Arbeit gebildet haben.[88] Ein Grund dafür mag sein, dass die sehr unterschiedlichen Themen und Schauplätze der Romane – allein die Zeit der Handlungen reicht schätzungsweise vom 18. Jahrhundert (Hans Lynge) bis in ein imaginiertes Jahr 2105 (Mathias Storch) – einen komparatistischen Zugang zu den Anfängen der grönländischen Romanliteratur nicht unbedingt nahe legen. So scheint es in der Tat eine Sichtweise auf die Romane als Beiträge innerhalb verschiedener Dialoge zu sein, die die hier behandelten Werke Mathias Storchs, Augo Lynges, Frederik Nielsens und Hans Lynges auf fruchtbare Weise zusammenführen kann. Eine Gemeinsamkeit der ersten vier grönländischen Romane ist, dass sie allesamt innerhalb eines Diskurses um Identitätskonstruktionen, kulturelle Selbstverortungen, Nationsbildung sowie Hetero- und Autostereotype gelesen werden können. Sie sind als beeindruckende Beiträge innerhalb einer internen grönländischen Gesellschaftsdebatte sowie innerhalb eines Dialogs mit den im dänischen Diskurs generierten Repräsentationen der nordatlantischen Kolonie und ihrer Bewohner zu interpretieren.

---

[86] Ebd.

[87] Hier sind vor allem Petersen ca. 1980, Berthelsen 1983 und Thisted 2006a zu nennen.

[88] Zu den einzelnen Romanen liegt jedoch in unterschiedlichem Umfang Forschungsliteratur vor, am meisten zu Mathias Storchs *En grønlænders drøm*, am wenigsten zu Frederik Nielsens *Tuumarsi*. Kirsten Thisted (*Københavns Universitet*) und Karen Langgård (*Ilisimatusarfik*, University of Greenland) können dabei als die produktivsten Autorinnen innerhalb der gegenwärtigen grönländischen Literaturwissenschaft bezeichnet werden. Da es sich insgesamt um eine recht große Zahl von Aufsätzen vor allem in einschlägigen grönländischen und skandinavischen Fachzeitschriften sowie in Sammelbänden handelt, deren Auflistung unangemessen viel Platz in Anspruch nehmen würde, verzichte ich an dieser Stelle auf eine detaillierte Skizzierung des Forschungsstandes. Ich werde mich aber bei den Romananalysen auf alle relevanten Beiträge beziehen.

1.5 Zur Notwendigkeit einer Kontextualisierung

Sowohl Kirsten Thisted als auch Karen Langgård weisen darauf hin, dass sich die grönländische Literatur seit einiger Zeit in einer Krise befände, da sie vor allem von jüngeren Generationen immer weniger rezipiert werde. Karen Langgård schreibt in Bezug auf ein nachlassendes Interesse junger Grönländer an den Klassikern der grönländischen Literatur:

> Apart from that the literature has faced a crisis for a decade or more because the youth was not that interested in ethno-national themes, a further problem is that older generations were socialized into a culture dominated by Christianity. Many of the authors [...] make a lot of allusions to the Holy Book. Since the majority of the younger generation does not have any Biblical knowledge, there is a barrier in this for the younger readers.[89]

Ganz ähnliche Lesehemmungen attestiert Kirsten Thisted dänischen Studierenden bei deren erster Begegnung mit grönländischer Literatur. Über eigene Erfahrungen aus ihrer Lehre an der Kopenhagener Universität schreibt sie: »Es falle ihnen schwer [von der Literatur] ergriffen zu werden, sagen sie [die Studierenden], denn die Werke seien nicht besonders herausfordernd, jedoch zugleich schwer zugänglich; d. h., es sind zahlreiche Fußnoten und Erläuterungen vonnöten.«[90]

In der Tat scheint der Zugang zu den ersten grönländischen Romanen ein umfangreiches Wissen über die dänisch-grönländische Kolonialgeschichte sowie die Kenntnis der Diskurse, innerhalb derer sich die Werke Storchs, Nielsens und der beiden Lynges verorten, vorauszusetzen. Je intensiver man sich mit den historischen, sozialen und politischen Kontexten der Romane befasst, umso interessanter erscheinen diese selbst, und es tun sich immer wieder neue Aspekte auf, die beim ersten Lesen noch im Verborgenen geblieben waren. Aus diesem Grund ist der in zwei Hauptkapitel unterteilten Analyse der vier ersten grönländischen Romane ein kontextualisierendes Hauptkapitel vorangestellt. Hier werden die wichtigsten Stationen der dänischen Kolonialgeschichte in Grönland erläutert, der Wandel der dänischen Repräsentationspraxis in Be-

---

[89] Langgård 2002, S. 26.

[90] »Det er svært for dem at blive grebet af, siger de, for værkerne er ikke specielt udfordrende, men samtidig svært tilgængelige, dvs. der skal mange fodnoter og forklaringer til.« Thisted 2006b, S. 70.

zug auf die grönländische Bevölkerung nachgezeichnet sowie einige zentrale Institutionen des kolonialen Grönlands vorgestellt. Letztere sind – so möchte ich argumentieren – von der kolonisierten Bevölkerung auf ambivalente Weise zur Generierung von Handlungsmacht genutzt worden. Nur so konnte sich zu Beginn des 20. Jahrhunderts eine meinungsstarke grönländische Bildungselite formieren, zu der auch die Autoren der in dieser Arbeit analysierten Romane zu rechnen sind.

2 Diskurs und Kontext

2.1 Ein wirkmächtiges Selbstbild und der vergessene Kolonialismus

In den einleitenden Worten zu ihrer 1928 erschienenen landeskundlichen Darstellung *Grønland i hverdag og fest* (»Grönland in Alltag und Fest«) schreibt die Geografin Sophie Petersen:

> Die dänische Kolonisierung und Erforschung Grönlands ist in der Kolonisierungsgeschichte der Nationen ohne Entsprechung. Sie hat Bewunderung hervorgerufen und außerordentlich viel für unseren Ruf in der kulturellen Welt bedeutet. Und von Mal zu Mal ist von außen hervorgehoben worden, dass Dänemark das einzige Land ist, das es verstanden hat, ein Naturvolk vor der Ausrottung zu beschützen.
>
> Danmarks Kolonisation og Udforskning af Grønland er uden Sidestykke i Nationernes Kolonisationshistorie; den har fremkaldt Beundring og betydet overordentlig meget for vort Omdømme i den kulturelle Verden, og Gang paa Gang er det udefra blevet fremhævet, at Danmark er det eneste Land, som har forstaaet at beskytte Naturfolk mod Udryddelse. [91]

Petersens Sichtweise auf die dänische Kolonisation Grönlands kann als symptomatisch für einen bereits im 19. Jahrhundert eingeleiten und bis zum heutigen Tage nicht gänzlich abgeschlossenen Konstruktionsprozess eines dänischen Selbstbilds bezeichnet werden, infolge dessen sich das Land, wenn auch nicht ausschließlich als Wohltäter, dann doch zumindest als eine besonders humane Kolonialmacht inszeniert, die in den rund 230 Jahren, in denen Grönland offiziell dänische Kolonie war, weder gemordet noch versklavt, sondern vielmehr die grönländische Sprache und Kultur bewahrt und den Grönländern Bildung und moderne Infrastruktur beschert hat. Es muss sogar bezweifelt werden, dass die historische dänische Präsens im Nordatlantik im heutigen Dänemark konsensual als Kolonialismus gefasst wird, wenn etwa Per Stig Møller, ehemaliger dänischer Außenminister und promovierter Geisteswissenschaftler, im Jahr 2005 in seinem Vorwort zur dänischen Ausgabe von

---

[91] Petersen 1928, S. 5.

Marc Ferros *Le livre noir du colonialisme* (»Das Schwarzbuch des Kolonialismus«) zwar auf Dänemarks Kolonialgeschichte im indischen Tranquebar, an der so genannten afrikanischen Goldküste und in der Karibik eingeht, die gemeinsame Geschichte Dänemarks und Grönlands jedoch mit keinem Wort erwähnt.[92]

Dass Fremdbilder zu Selbstbildern werden, ist ein insbesondere in durch Machtasymmetrien gekennzeichneten kolonialen und postkolonialen Konstellationen häufig anzutreffendes Phänomen. Die Internalisierung der im dänischen Diskurs generierten Repräsentationen von Grönländern durch diese selbst wird noch an unterschiedlichen Stellen eine Rolle spielen, zumal – so meine These – die hier behandelten Romane als Bemühungen zu lesen sind, internalisierten Fremdbildern entgegenzuwirken, beziehungsweise diese durch ein aktives Eintreten in von dänischer Seite vorgegebene Diskurse zu modifizieren. Dass im Falle des Narrativs von der besonders humanen Kolonialmacht auch ein Selbstbild zum Fremdbild werden kann, zeigt die grönländische Sozialanthropologin Aviâja Egede Lynge, die in der gegenwärtigen grönländischen Gesellschaft eine »mentale Entkolonialisierung«[93] im Sinne Ngũgĩs vermisst und über eine dem dänischen Selbstbild entsprechende grönländische Sichtweise auf die Kolonialisierung nicht ohne Ironie feststellt:

> Wir in Grönland sind stets darüber belehrt worden, dass wir eine der besten Kolonien der Welt waren. Hier gab es keine Sklaverei und kein Morden. Dies lernten wir aus dänischen Geschichtsbüchern und von dänischen Lehrern, die an unseren Schulen unterrichteten. Doch die Bücher, die uns vermittelten, welch eine fantastische Kolonie wir gewesen waren – Bücher über die primitiven Eskimos, geschrieben aus eurozentrischen, ökonomischen und selbstgerechten Blickwinkeln – haben uns nicht tiefer als bis zur historischen Unterdrückung blicken lassen.
>
> Vi, i Grønland, er altid blevet belært om, at vi var en af de bedste kolonier i verden. Her var intet slaveri og ingen drab. Det lærte vi igennem de danske historiebøger og fra danske lærere, der underviste i vores skoler. Men de bøger, der foltalte os, hvilken fantastisk koloni vi var – bøger om de primitive eskimoer, skrevet

---

92 Dieser Hinweis ist zu finden in Jensen 2008, S. 60.

93 So meine Übersetzung von Ngũgĩs Konzept des »Decolonizing the Mind«, das auch Titel seiner berühmten nicht ins Deutsche übersetzten Essaysammlung ist (vgl. Ngũgĩ 1986).

> fra eurocentriske, økonomiske og selvretfærdige vinkler – har ikke ladet os se dybere end til den historiske undertrykkelse.[94]

Das von dem Kenianer Ngũgĩ wa Thiong'o geprägte Konzept der »mentalen Entkolonialisierung« wird gegenwärtig häufig bemüht, wenn in Grönland über die noch bevorstehenden Herausforderungen der seit 2009 selbst verwalteten grönländischen Gesellschaft diskutiert wird.[95] Den Erfolg der Überwindung von zu Kolonialzeiten verinnerlichten tiefenstrukturellen Wahrnehmungs- und Werteparadigmen, wie man den Prozess der »mentalen Entkolonialisierung« mit anderen Worten beschreiben könnte, knüpft Ngũgĩ – wie oben gezeigt – an die Abkehr von der Sprache der Kolonialmacht zugunsten der ursprünglichen vorkolonialen Landessprache, also an den performativen Bruch mit einem zentralen Symbol kolonialer Autorität. Ich habe gezeigt, dass ein solcher an den Topos der Sprache geknüpfter Bruch in Grönland aus dem Grund nie vollzogen wurde, da das Grönländische auch zu Kolonialzeiten die dominante Sprache in Literatur, Schule und alltäglicher Kommunikation war. Diese Besonderheit ist nur einer von vielen Gründen, warum eine »mentale Entkolonialisierung« – so Lynge und andere – in Grönland bislang nicht stattgefunden hat. Ein anderer ist der fließende Statuswechsel Grönlands von Kolonie zu de facto gleichberechtigter dänischer Provinz ab 1953. Dies mag zur Folge haben, dass das dänische Selbstbild der humanen Kolonialmacht als Fremdbild auch unter den Einwohnern der ehemaligen Kolonie verbreitet zu sein scheint. Über das Studium von nationalen Fremd- und Selbstbildern schreibt der niederländische Kulturwissenschaftler Joep Leerssen:

> Image studies starts from the presupposition that the degree of truth of such commonplaces is not a necessary issue in their scholarly analysis. [...] [I]n studying national [...] reputations, an imagologist is not concerned whether that reputation is true, but how it has become recognizable.[96]

---

[94] Lynge 2010, S. 67.

[95] Vgl. ebd., S. 68. Auch Juliane Henningsen, grönländische Abgeordnete im dänischen Parlament, spricht in einer aktuellen Videobotschaft auf der Webseite der *Nordatlantisk Gruppe* im *Folketing* (ein Zusammenschluss zweier Abgeordneter aus Grönland und von den Färöer-Inseln) von einer notwenigen »mentalen Entkolonialisierung« in Grönland (vgl. Henningsen 2010).

[96] Leerssen 2003.

Die Genealogie des dänischen Selbstbilds einer humanen Kolonialmacht, die demzufolge nicht auf historischen Wahrheiten fußen muss, ist einer von mehreren Untersuchungsgegenständen eines sich seit jüngerer Zeit innerhalb der skandinavischen Kulturwissenschaften entwickelnden Forschungszweigs, der sich der Sichtbarmachung und Dechiffrierung eines Bündels von Phänomenen verschrieben hat, die sich unter dem Begriff eines *Nordic Exceptionalism*[97] subsumieren lassen. Damit sind unterschiedliche den nordeuropäischen Gesellschaften eigene Narrative gemeint, mittels derer nationale und panskandinavische Selbstbilder konstruiert werden, nach denen die skandinavischen Länder anderen gegenüber als besonders, da ethisch und moralisch überlegen, erscheinen. Von einem »nationalen Gutseinsregime«[98] spricht etwa der Historiker Terje Tvedt über die norwegische Gesellschaft. Bezug auf eine schon in der griechischen Antike verbreiteten Vorstellung von einem freien und glücklichem Volk des hohen Nordens nehmend, glaubt die schwedische Kulturgeografin Katarina Schough gar eine hyperboreische Denkfigur zu erkennen, die der »Vorstellung vom Norden als kulturell erhabener und friedlicher Kulturverbreiter«[99] zugrunde liege.

Bei der Konstruktion der als Exzeptionalismus zu fassenden skandinavischen Selbstbilder geht die Akzentuierung von Narrativen des Gutseins – wie etwa Norwegens humanitäres Engagement in globaler Friedenspolitik und Entwicklungshilfe, Schwedens oft als Modell gepriesener Wohlfahrtsstaat sowie seine weitgehende Geschlechtergleichstellung oder auch die zum Mythos taugende Rettung der dänischen Juden im Zweiten Weltkrieg – mit der punktuellen Ausblendung historischer Ereignisse aus den nationalen Diskursen und somit aus dem kollektiven Gedächtnis einher.[100] »Das Vergessen [...]«, hatte Ernest Renan bereits 1882 festgestellt, »spielt bei der Erschaffung einer Nation eine wesentliche Rolle [...]. Es macht [...] das Wesen einer Nation aus, daß alle Individuen etwas miteinander gemein haben, auch, daß sie viele Dinge vergessen

---

[97] Ich verzichte auf eine Übersetzung dieses Begriffs, da das Konzept des »Nordischen« im Deutschen historische Assoziationen hervorruft, mit denen das englische *nordic* oder das skandinavische *nordisk(a)* gemeinhin nicht konnotiert sind.

[98] »nasjonalt godhetsregime« Tvedt 2003, S. 15. Siehe hierzu auch Witoszek 2011.

[99] »föreställning om [...] det nordiska som kulturellt högstående och som fredlig kulturspridare« Schough 2008, S. 12f.

[100] Vgl. dazu Palmberg 2009 sowie Blaagaard 2010.

haben.«[101] Zu den einer solchen »cultural amnesia«[102] anheim gefallenden Geschehnissen gehört die Beteiligung der Skandinavier – und insbesondere der Dänen – am europäischen Sklavenhandel und Kolonialismus.

In Joseph Conrads Roman *Heart of Darkness* (1902) berichtet Protagonist Marlow über die Voraussetzung für seine Heuer als Kapitän auf einem Versorgungsschiff bei der belgischen Kolonialisierung des Kongo:

> It appears the Company had received news that one of their captains had been killed in a scuffle with the natives. [...] Fresleven – that was the fellow's name, a Dane – thought himself wronged somehow in the bargain, so he went ashore and started to hammer the chief of the village with a stick.[103]

Dass Conrads Roman fiktiv ist, liegt in der Natur der Sache. Es muss jedoch bezweifelt werden, dass der Autor die nur in diesem einen Satz erwähnte Figur des Kapitän Fresleven auch dann zum Dänen gemacht hätte, wenn nicht dänische Geschäftsleute gegen Ende des 19. Jahrhunderts, als er *Heart of Darkness* schrieb, entscheidende Akteure bei dieser zu den blutigsten und grausamsten Kapiteln der Geschichte des Kolonialismus zählenden Eroberung gewesen wären. Weder die Randnotiz in Conrads berühmten Roman noch die populäre Rezeption der zwischen 1967 und 1970 erschienenen »Sklaventrilogie«[104] des dänischen Autors Thorkild Hansen, eine semifiktionale Beschreibung des dänischen »Dreieckshandels« in Afrika und der Karibik und laut Hans Hauge das erste Stück dänische Literatur, das die imperialistischen Seiten dänischer Geschichte sichtbar macht[105], haben einen Beitrag zur Modifizierung des dänischen Selbstbilds der humanen Kolonialmacht leisten können. Birgitta Frello stellt zum öffentlichen Diskurs über Dänemarks historische Rolle als Akteur in der Geschichte von Sklaverei und Sklavenhandel fest, dass

> [i]n relation to slavery, the focus of Danish public narrative is not on the slave trade, nor is it on the fact of slavery, but rather it

---

[101] Renan 1993, S. 294f.

[102] Blaagaard 2010, S. 102.

[103] Conrad 1994, S. 13.

[104] Hansen, Thorkild: *Slavernes kyst.* København, 1967; Ders.: *Slavernes skibe.* København, 1968; Ders.: *Slavernes øer.* København, 1970.

[105] Vgl. Hauge 2005, S. 61 u. 63.

> concentrates on the *abolition* of slavery, granted without permission from the Danish state by the then Danish governor-general [in the Danish West Indies], Peter von Scholten, who had been strongly pressured by a slave uprising in 1848.[106]

Die etwa in Schulbüchern anzutreffende Hervorhebung der Tatsache, dass Dänemark – wie Frello zeigt, eher aus Not denn aus moralischen Beweggründen – als eine der ersten Kolonialmächte die Sklaverei abschaffte, ist ein weiterer Topos, der zu den positive Selbstbilder generierenden Narrativen zu rechnen ist, die sich unter dem Begriff eines *Nordic Exceptionalism* subsumieren lassen. Zusammen mit dem tradierten Bild von der humanen Kolonialisierung Grönlands trägt er dazu bei, dass historische Tatsachen wie, dass Dänemark im 18. und 19. Jahrhundert gemessen am Umsatzvolumen die weltweit siebtgrößte Sklavenhandelsnation war[107] und mit Kolonien, im indischen Tranquebar, im heutigen Ghana und eben in »Dänisch Westindien«[108] auch eine nicht unbeträchtliche Zahl territorialer Besitzungen im globalen Süden hatte, dem kollektiven Vergessen anheim fallen.

Dieser Exkurs zu Dänemarks Kolonien in Afrika, Asien und Amerika, zur Genealogie von noch heute wirkmächtigen Selbst- und Fremdbildern sowie zu deren – im Fall vom dänischen Autostereotyp der humanen Kolonialmacht möglicherweise als Phänomen eines *Nordic Exceptionalism* zu fassenden – Abweichung von historischen Gegebenheiten scheint für die Beschäftigung mit Dänemarks Kolonialgeschichte in Grönland, dem Wandel der Repräsentationspraxis in Bezug auf die Grönländer sowie der sich verändernden Sichtweise der Dänen auf die eigene Präsenz in Grönland aus drei Gründen relevant zu sein. Erstens lenkt er den Blick auf die Besonderheiten der dänischen Kolonialisierung Grönlands, die auf unterschiedliche Weise von den üblicherweise mit dem Begriff des Kolonialismus assoziierten Schreckensszenarien abweichen muss, um einen Beitrag zur Konstruktion des dänischen Selbstbildes einer humanen Kolonialmacht leisten zu können. Zweitens ist nicht zuletzt durch die Thematisierung von Dänemarks historischer Rolle im internationalen Sklavenhandel deutlich geworden, dass das Land in seinen Kolonien auf

---

[106] Frello 2010, S. 70. [Hervorhebung im Original].

[107] Vgl. Hauge 2005, S. 61.

[108] Das sind die heutigen Amerikanischen Jungferninseln (*US Virgin Islands*) St. Thomas, St. John und St. Croix, die Dänemark im Jahr 1917 an die Vereinigten Staaten von Amerika verkaufte.

der südlichen Halbkugel nicht wesentlich ethischer und moralischer handelte als andere Kolonialmächte. Die Tatsache, dass die Kolonialisierung Grönlands vergleichsweise friedlich, unblutig und daher humaner erscheint als die meisten anderen kolonialen Expansionen, kann daher nicht (allein) in einer ethisch-moralischen Haltung gegenüber der indigenen Bevölkerung begründet sein. Es muss vielmehr davon ausgegangen werden, dass es andere – womöglich utilitaristische – Gründe gegeben hat, die für eine vergleichsweise menschliche Behandlung der kolonisierten Grönländer gesprochen haben. Drittens gilt vor allem bei den folgenden Romananalysen zu beachten, dass sich das dänische Selbstbild, eine die grönländische Bevölkerung gut behandelnde und beschützende Kolonialmacht gewesen zu sein, nicht erst in der Retrospektive konstituierte, sondern – wie die eingangs zitierte Passage aus Sophie Petersens Landeskunde belegt – ein bereits zu Kolonialzeiten wirkmächtiges Narrativ war, zu dem sich alle am dänisch-grönländischen Diskurs partizipierenden Akteure – also auch die Autoren der ersten grönländischen Romane – zu verhalten hatten.

2.2 Hans Egede und die autarke Jägergesellschaft: Vom Anfang der dänischen Kolonialisierung Grönlands

Wer der grönländischen Hauptstadt Nuuk einen Besuch abstattet, kommt an der Person Hans Egedes nicht vorbei. Überlebensgroß thront seine Statue auf einem Felsen über den bunten Holzhäusern des historischen Koloniehafens. Am *Hans Egedes Vej*, der zentralen Straße durch das Stadtzentrum, liegt auch das erste Haus am Platz, das *Hotel Hans Egede*, von dessen oberstem Stockwerk man einen Panoramablick über die gesamte Stadt hat, so auch auf die auf einer Anhöhe unweit des Zentrums gelegene *Hans Egede Kirke* (Hans Egede-Kirche).[109] Allein die mit Graffiti-Schablonen auf die Wände der tristen aus den Sechziger Jahren stammenden Wohnblocks gesprühten Konterfeis Egedes lassen erahnen, dass es sich bei dem omnipräsenten Herren mit barocker Perücke um eine nicht unumstrittene Figur der grönländischen Geschichte handeln muss.

Hans Egede, im Jahr 1686 als Sohn einer Norwegerin und eines Dänen auf einem Hof in Nordnorwegen geboren[110], war der erste europäische Missionar, der sich in Grönland niederließ. Mit seiner Ankunft nahe dem

---

[109] Vgl. Madsen 2000.

[110] Vgl. Petersen 1928, S. 43.

Ort, an dem sich heute die grönländische Hauptstadt Nuuk befindet, beginnt im Jahr 1721 die Geschichte der dänischen Kolonialisierung Grönlands. Hinter Egedes Vorhaben stand die Motivation, in Grönland etwaige Nachfahren der so genannten *nordboer* (»Nordsiedler«) anzutreffen, die nachweislich ab 986, als der aus Island verbannte Eríkr rauði Þorvaldsson nach Grönland übersiedelte, und mindestens bis 1408, als die letzte bekannte schriftliche Quelle dieser Auswanderer verfasst wurde, in zwei Siedlungen – dem *Vesterbygd* (»Westdorf«) und dem *Østerbygd* (»Ostdorf«) – an Grönlands Küste lebten.[111] Egedes Bestreben war es – wie Sophie Petersen sich 1928 ausdrückt – »unsere Stammverwandten dort oben, die sich mit den Skraelingern [Schwächlingen] vermischt hatten und in die Dunkelheit des Heidentums hinab gesunken waren«[112] zurück auf den rechten Weg zu führen, und das reformierte Christentum unter ihnen zu verkünden. Zeitlebens gab Egede die Hoffnung, in Grönland Nachfahren mittelalterlicher skandinavischer Siedler zu begegnen, nicht auf. Nachdem er sie an Grönlands Westküste nicht angetroffen hatte, vermutete er sie nun an der Ostküste, die er allerdings nie erreichte. Indessen machte er sich an die Arbeit, getreu dem christlichen Missionsgebot– »darum gehet hin und lehret *alle* Völker und taufet sie [...]«[113], heißt es im Matthäusevangelium – unter den grönländischen Inuit zu missionieren.

Der Sichtweise Hans Egedes auf die Grönländer, argumentiert Ole Høiris, liege, obwohl er zur Zeit der Aufklärung lebte, Gedankengut aus der Spätrenaissance zugrunde. In der Renaissance seien in Bezug auf die Einordnung der den Europäern neuen Völker zwei gegenläufige Auffassungen verbreitet gewesen. Während die durch Aristoteles geprägte Sicht auf die Welt als eine Hierarchie der Geschöpfe zu beschreiben sei, die Zwischenformen – etwa zwischen Mensch und Tier – zulasse, gehe die auf Augustinus von Hippo zurückgehende Philosophie davon aus, dass alle Völker Nachkommen Adams und Noahs seien. Demnach gebe es

---

[111] Bei der Benennung unstrittiger historischer Fakten beziehe ich mich hier und im Folgenden auf Fleischer 2003. Fleischers Buch ist – neben Petersen 1991 – eine der wenigen von einem grönländischen Autor verfassten Darstellungen der grönländischen Geschichte von der Vor- und Frühgeschichte bis zur Gegenwart.

[112] »vore Stammefrænder deroppe, [som] havde blandet sig med Skrællingerne og var sunket ned i Hedenskabets Mørke« Petersen 1928, S. 44. *Skrællinger* war die unter den mittelalterlichen skandinavischen Siedlern geläufige – freilich pejorative – Bezeichnung für die Inuit, denen sie in Grönland begegnet waren.

[113] Mt 28,19 [meine Hervorhebung].

keine wilden, sondern lediglich verwilderte Menschen, deren Heidentum durch eine Abkehr vom rechten Glauben zu erklären sei. Guter Lehrer Aufgabe sei es daher, diesen Menschen dabei zu helfen, zu ihrem ursprünglichen Glauben zurückzufinden.[114] Hans Egedes Beschreibung der Grönländer deckt sich mit letzterer Sichtweise. Zwar weichen seine Ausführungen, in denen er von einem dummen und phlegmatischen Volk spricht, stark von den später weit verbreiteten idealisierenden und romantisierenden Repräsentationen der Grönländer ab. Dennoch hält Egede seine Anstrengungen als Missionar unter den Inuit keineswegs für aussichtslos, wenn er schreibt:

> Im Übrigen ist das hauptsächliche Temperament dieses Volkes phlegmatisch, weswegen sie völlig stupide, dumm und kaltblütig von Naturell sind. Und nur selten lassen sie eine Art der Erregung oder Leidenschaft erkennen. Beinahe muss gesagt werden, dass all ihr Verhalten von gefühlsloser Gemütsart ist. Dennoch behaupte ich, dass der Mangel an Bildung und den Mitteln, mittels derer ihr Gemüt poliert und geschärft wird, viel zu ihrer Stupiditet und Kaltbltigkeit beiträgt.
>
> I det øvrige, da er dette Folkes hovet Temperament Phlegmatisk, hvorfore de og ere heel Stupide dumme og koldsindige af Naturel, og sielden lader see nogen slags affect og passion hos sig, men snart at sige i al deres Adfær er af et føles-løs Sind. Dog holder jeg for, at det meget contribuerer til deres Stupidite og Koldsindighed, at dem mangler den education og de Midler, hvorved deres Sind poleres og skiærpes.[115]

Die Gesellschaft von wenigen Tausend Inuit, der Hans Egede in der ersten Hälfte des 18. Jahrhunderts an der Westküste Grönlands begegnete, lebte dezentral über die gesamte eisfreie Küste zerstreut und betrieb eine gänzlich auf den Robbenfang fokussierte Subsistenzwirtschaft. Wie in vielen traditionellen Jägergesellschaften bildete der Haushalt die höchste organisierte Einheit. Höhere Instanzen der Verwaltung oder Rechtssprechung gab es nicht.[116] Während man im Winter dauerhaft in aus Torf und Stein gebauten Langhäusern lebte, deren Wohngemeinschaft aus mehreren Generationen einer Familie, entfernteren Verwandten sowie »adoptierten« Waisenkindern bestehen konnte, ging man wäh-

---

[114] Vgl. Høiris 2009, S. 13 u. 20f.

[115] Egede 1984, S. 68.

[116] Vgl. Petersen 1993, S. 121f.

rend der Sommermonate auf Jagdreise und lebte in Zelten.[117] Das nomadische Leben des Sommers diente nicht nur der bestmöglichen Ausnutzung der natürlichen Ressourcen, sondern auch der geselligen Zusammenkunft der Bewohner verschiedener Wohnplätze in Zeltlagern, bei der der von den Eltern bestimmte Austausch von Ehepartnern eine zentrale Rolle spielte. Dabei zogen die jungen Frauen zumeist in den Haushalt der Schwiegereltern ein.[118] Die Aufgabenverteilung zwischen Frau und Mann war klar definiert. Während es die Aufgabe der Männer war, wann immer das Wetter dies zuließ, in Kajaks auf Robbenfang zu gehen, verarbeiteten die Frauen die erlegten Robben zu nahezu sämtlichen Gütern, die in einem traditionellen grönländischen Haushalt benötigt wurden. Das Fleisch wurde zu Speisen verarbeitet, in getrockneter Form diente es als Wintervorrat. Aus dem Fell wurden Kleidungsstücke gefertigt, aus der Haut Stiefel, Zelte und Boote. Der Tran diente zur Beleuchtung und Beheizung der Häuser.

Da den Männern die Rolle des Versorgers zukam, und die Frauen mit der Eheschließung den Haushalt der eigenen Familie verließen, war es in der traditionellen grönländischen Gesellschaft »deutlich, dass man mehr Aufheben von den Jungen als von den Mädchen machte«[119]. Die Gesellschaftsform muss daher als patriarchalisch bezeichnet werden, ein Umstand, an dem der Einfluss der christlichen Missionare aus Europa, die oft ein Bild der Frau als dem Mann unterlegen verbreiteten, nichts änderte, weswegen die grönländische Gesellschaft auch noch in der Zeit, in der die ersten grönländischen Romane entstanden, als eindeutig männlich dominiert bezeichnet werden muss.[120] Gitte Tróndheim vertritt sogar die These, dass die grönländischen Geschlechterrollen erst mit der Kolonialisierung in ein Ungleichgewicht geraten seien. Das von der klaren Verteilung der häuslichen Aufgaben bestimmte Verhältnis zwischen Mann und Frau in der traditionellen grönländischen Gesellschaft bezeichnet sie als »complementary relationship«[121], innerhalb derer die Frauen ihre Rolle als »supportive spouses to their hunter husbands«[122] ausfüllten. Erst dadurch, dass in Politik und Diskurs der dänischen Ko-

---

[117] Vgl. Thuesen 1988. S. 17f.

[118] Vgl. Petersen 1993, S. 126f.

[119] »tydeligt, at man gjorde mere stads af drengene end af pigerne« ebd. S. 135.

[120] Vgl. Rajala u. Thisted 1997, S. 548f.

[121] Tróndheim 2004, S. 60.

[122] Ebd., S. 59.

lonialverwaltung der den Männern vorbehaltenen Arbeit des Robbenfangs besondere gesellschaftliche Bedeutung zugemessen wurde, sei das zuvor durch ein höheres Maß an Gleichheit gekennzeichnete Geschlechterverhältnis in eine Schieflage geraten.[123] Eine erste Welle einer Frauenbewegung, die in vielen europäischen Ländern bereits zur Mitte des 19. Jahrhunderts begann, hat es in Grönland nicht gegeben. Erst in den 1960er Jahren begannen grönländische Frauen zeitgleich mit den in dieser Zeit virulent werdenden separatistischen Bewegungen für mehr Gleichberechtigung innerhalb der noch immer patriarchalisch geprägten Gesellschaft einzutreten. Als Symbol diente ihnen bezeichnenderweise das *ulu*, ein Messer, das das traditionelle Arbeitswerkzeug grönländischer Frauen in der vormodernen Robbenfängergesellschaft war.[124]

Da es – zurück im 18. Jahrhundert – häufig geschah, dass Robbenfänger im Kajak ums Leben kamen, entwickelte die traditionelle grönländische Gesellschaft eine Art lokales Versicherungssystem, das beim Tod des Familienversorgers sowie im Fall von Krankheit oder Alter das Überleben der Betroffenen sicherte. Sämtliches bei der Jagd erbeutete Fleisch wurde gleichmäßig an alle Bewohner der meist aus mehreren Langhäusern bestehenden Wohnplätze verteilt. Auf diese Weise erhielt jeder Jäger auch Robbenfleisch von anderen, und die Alten, Schwachen oder Vaterlosen wurden von den jagdtauglichen Männern am Ort mitversorgt.[125] Vor allem dieses von dänischer Seite häufig abschätzig als »eskimoischer Kommunismus«[126] bezeichnete Verteilungssystem war dem Königlich Grönländischen Handel (KGH) ein Dorn im Auge. Der KGH hatte sich schon bald nach Gründung der ersten Missionskolonien in Grönland etabliert und von 1776 bis 1908 nicht nur das Monopol auf den Handel, sondern auch die Verwaltung von Kolonie, Mission, Schule und Gesundheitswesen inne. Ökonomisches Hauptinteresse des KGH war, dass möglichst viele Robbenprodukte über seine in den Kolonien errichteten Posten gehandelt wurden. Das Verschenken von Fleisch an den Wohnplätzen widersprach diesem Interesse. Daher war die mit dem Handel verknüpfte Kolonialverwaltung darum bemüht, insbesondere

---

[123] Vgl. ebd., S. 60. Zur dänischen Idealisierung der traditionellen Robbenfänger siehe Kapitel 2.3.

[124] Vgl. ebd., S. 60f.

[125] Vgl. Petersen 1993, S. 129.

[126] »eskimoernes kommunisme« ebd.

dieser traditionellen gesellschaftlichen Ordnung die Grundlage zu entziehen.[127]

Eine weitere Instanz der vorkolonialen grönländischen Gesellschaft, die von der Kolonialverwaltung bekämpft wurde, da sie sich nach Ansicht der ersten Missionare um Hans Egede nicht mit dem christlichen Glauben vereinbaren ließ, waren die so genannten *angakkut*[128]. Dabei handelte es sich um eine Art Schamanen, die in den kleinen lokalen Gemeinschaften die religiöse Führungsrolle einnahmen. Inwieweit die Rolle der *angakkut*, deren Ausbildung fernab vom Wohnplatz in den Bergen stattfand, wo sie dem Glauben nach übernatürliche Kräfte erlangten, über die eines geistlichen Oberhaupts hinausging, ist in der Literatur umstritten. Mathias Storch schreibt, dass der *angakkok* oft gleichzeitig der stärkste und meist erfahrene Kajakjäger seines Wohnplatzes – im Dänischen *storfanger* (»Großjäger«) genannt – war, womit ihm die Position zukam »die Gesellschaft dominieren oder über den Wohnplatz, an dem er lebte, regieren zu können«[129]. Der Rat der *angakkut*, so Storch weiter, sei von allen Mitgliedern der Lokalgemeinschaft respektiert worden, so dass »sich niemand ohne ihre Erlaubnis oder jedenfalls nicht gegen ihren Willen auf die Jagd begab.«[130] Der grönländische Kulturwissenschaftler Robert Petersen hingegen hält die zu Kolonialzeiten verbreitete Auffassung, dass der *angakkok* die Position eines lokalen Häuptlings einnahm, der neue Regeln für die Gemeinschaft einführen konnte[131], für falsch, und vertritt die These, dass sich die Führungsrolle der grönländischen Schamanen auf den Bereich des Religiösen beschränkte.[132]

Mathias Storch ist nicht nur Verfasser des ersten grönländischen Romans. Sechzehn Jahre nach Erscheinen von *En grønlænders drøm* wendet er sich im Jahr 1930 als erster grönländischer Autor mit seiner politischen Streitschrift *Strejflys over Grønland* (»Streiflichter über Grönland«), die er in dänischer Sprache verfasst, explizit an ein Leserpublikum im »koloni-

---

[127] Vgl. Thomsen 1998, S. 31.

[128] Im Singular *angakkok*, im Dänischen meist als *åndemanere* (»Geisterbeschwörer«) bezeichnet.

[129] »at [kunne] dominere i samfundet eller regere over den boplads, hvor han boede.« Storch 1930, S. 35.

[130] »[i]ngen kom ud paa fangst uden deres tilladelse eller i alt fald mod deres vilje.« Ebd.

[131] Petersen nennt hier beispielhaft Rink 1871, S. 202.

[132] Vgl. Petersen 1993, S. 129f.

alen Mutterland«. Darin übt Storch nicht nur teils heftige Kritik an dänischer Mission und Kolonialverwaltung, sondern tritt, indem er Visionen für ein gleichberechtigtes Zusammenleben zwischen Dänen und Grönländern entwirft, zudem als meinungsstarker Akteur in die von dänischer Seite dominierten politischen Debatten seiner Gegenwart ein. *Strejflys over Grønland* ist ein beeindruckender Beweis für das Talent Storchs, sich durch geschicktes Nutzen seiner erlangten Position zwischen Kolonialverwaltung und Lokalbevölkerung und die virtuose Beherrschung der angesprochenen Mechanismen der Selbstzensur ein ungewöhnlich hohes Maß an Handlungsmacht zu sichern. Das Buch muss zudem als grönländische Antwort auf Sophie Petersens zwei Jahre zuvor erschienene Landeskunde *Grønland i hverdag og fest* verstanden werden, in der die dänische Autorin das verbreitete paternalistische Bild des dänisch-grönländischen Verhältnisses als eine Art Mutter-Kind-Beziehung bedient, im Rahmen dessen die Kolonisierten als kulturell unterlegen erscheinen und das zivilisatorische Einwirken der Europäer zu einem humanitären Akt erhoben wird.[133] Mit seinem Buch stellt Storch die dänische Deutungshoheit über die gemeinsame Geschichte erstmals in Frage.

Mathias Storch wurde 1928 zum Vizepropst für Grönland ernannt und bekleidete somit, als er *Strejflys over Grønland* schrieb, bereits eine der höchsten Positionen innerhalb des grönländischen Klerus. Eine direkte Kritik am rabiaten Vorgehen der ersten Missionare gegenüber der heidnischen Instanz der Schamanen verbot sich für ihn schon deswegen. Umso bemerkenswerter ist die Deutlichkeit der Kritik, die Storch rund 200 Jahre nach der Kolonialisierung Grönlands am Unverständnis Hans

---

[133] Siehe etwa Petersen 1928, S. 181: »Herved er der nemlig Mulighed for at lære Grønlænderne det, som de endnu er længst tilbage i, nemlig Forstaaelsen af Økonomi.« (»Hierin liegt die Möglichkeit, die Grönländer das zu lehren, worin sie noch am weitesten zurückliegen, nämlich ein Verständnis für Ökonomie.«) Sowie ebd., S. 156: »Der er sikkert i Tidens Løb fra Handelens og Styrelsens Side begaaet Fejl, men *ingen* har Ret til at tvivle om, at Danmark *altid* har handlet ud fra Ønsket, om at *beskytte* den indfødte Befolkning. Der er næppe noget andet Kulturfolk, der kan henvise til et lignende humant Kolonistyre, [...]« (»Sicherlich sind im Laufe der Zeit von Seite des Handels und der Verwaltung Fehler begangen worden, aber *niemand* hat das Recht daran zu zweifeln, dass Dänemark *stets* aus dem Wunsch heraus gehandelt hat, die eingeborene Bevölkerung zu *beschützen*. Es gibt kaum ein anderes Kulturvolk, das auf eine vergleichbar humane Kolonieverwaltung verweisen kann.«) [Hervorhebungen im Original].

Egedes und seiner Zeitgenossen für die traditionelle grönländische Gesellschaft übt. Er schreibt:

> Die Gesellschaftsordnung war patriarchalisch. Die Bräuche waren überall die gleichen. Doch man erkannte keine bestimmte Gesellschaftsordnung für das gesamte Land an. Deswegen glaubte Hans Egede, der die grönländische Sprache und Denkungsart nicht gänzlich verstand, dass die Grönländer gar keine Gesellschaftsordnung hatten, weswegen er die Sitten nicht respekierte – zum Schaden für die bestehende Gesellschaft.
>
> Samfundsordningen var patriarkalsk. Skikkene var ensartede overalt. Men man anerkendte ikke nogen bestemt samfundsordning for hele landet. Derfor troede Hans Egede, der ikke forstod grønlandsk sprog og tankegang tilbunds, at Grønlænderne ikke kendte nogen samfundsordning, hvorfor han ikke respekterede skikkene til skade for det bestaaende samfund.[134]

Noch deutlicher wird Storch, wenn er abschließend resümiert, »dass die Zeit von 1721 bis 1830 ein trauriger Niedergang für die grönländische Gesellschaft war.«[135]

2.3 Repräsentationspraktischer Paradigmenwechsel: Vom Barbaren zum »edlen Wilden«

Wenn Mathias Storch in seiner Kritik das Jahr 1830 als den Zeitpunkt wählt, von dem an der »Niedergang der grönländischen Gesellschaft« aus seiner Sicht gestoppt war, so mag dies damit zusammenhängen, dass sich die Sichtweise der dänischen Kolonialverwaltung auf die Grönländer zu dieser Zeit änderte. Hatten Hans Egede und seine Zeitgenossen der traditionellen Inuit-Kultur noch ablehnend gegenüber gestanden und in den Grönländern lediglich verwilderte Barbaren gesehen, deren Aberglaube und heidnischen Ritualen es mit allen Mitteln entgegenzuwirken galt, machte sich nun eine von Denkern der Aufklärung inspirierte zivilisationskritische Sicht auf das Verhältnis zwischen Kolonialmacht und Kolonisierten breit. Ann Fienup-Riordan stellt in *Eskimo Es-*

---

134 Storch 1930, S. 35.

135 »[at] tiden fra 1721 til 1830 var en sørgelig nedgang for det grønlandske samfund.« Ebd., S. 71.

says, einer Studie zu westlichen Repräsentationen der alaskanischen Yup'ik[136], fest:

> Though the concept of degeneration remained a powerful explanatory tool for human diversity into the nineteenth century, the Age of Enlightenment produced alternate possibilities. One was articulated by Jean Jacques Rousseau in his *Social Contract* of 1762. Whereas Rousseau's predecessors, among them Thomas Hobbes, depicted »natural man« as brutish and self-centered, [...] Rousseau eloquently defended the image of people as pure in a state of nature and subsequently corrupted by civilization. Although the Hobbesian viewpoint is reflected in Western thought to this day, so also is the image derived from Rousseau of the »noble savage«. Time and context determine which view is in the foreground, but its opposite is never far away.[137]

Das ambivalente Bild, das Fienup-Riordan von der Sichtweise weißer Amerikaner auf die indigene Bevölkerung Alaskas zeichnet, ist in hohem Maße auf die grönländische Situation übertragbar. Im Laufe des 19. Jahrhunderts setzte sich innerhalb der Kolonialverwaltung, der dänischen Wissenschaft und der Literatur eine von Rousseau inspirierte Repräsentationspraxis durch, die die Grönländer als von den Einflüssen der Zivilisation bedrohte »edle Wilde« darstellte. Nachdem die Missionare des 18. Jahrhunderts die Grönländer noch als verwilderte Menschen betrachtet hatten, erschienen sie in den neueren Darstellungen als eine Art idealisierte Urversion des Europäers.[138] In einer Zeit, in der der Sozialdarwinismus das Überleben des Stärksten proklamierte, lösten die traditionellen grönländischen Robbenfänger mit ihrer Fähigkeit, sich an besonders widrige klimatische Bedingungen anzupassen, große Bewunderung unter europäischen Arktisbegeisterten aus, deren Faszination für

---

[136] Die Yup'ik sind ein den grönländischen Inuit verwandtes Volk, das im südlichen Alaska lebt. Wenn Fienup-Riordan in ihrer einflussreichen Studie den in Grönland und Kanada mittlerweile als pejorativ empfundenen Begriff »Eskimo« verwendet, erklärt sich dies damit, dass die Yup'ik ethnisch nicht zu den Inuit zählen, wohl aber ihre Verwandtschaft mit den indigenen Völkern Grönlands und Kanadas markieren, und daher – anders als diese – nicht Abstand vom Oberbegriff »Eskimo« als Selbstbezeichnung nehmen (vgl. Fienup-Riordan 1990, S. 5).

[137] Ebd., S. 14.

[138] Vgl. Rud 2006, S. 492.

eine Ästhetik des Sublimen[139] sich durch den zeittypischen imperialistischen Drang, die Naturgewalten in den letzten unerschlossenen Gegenden der Welt zu bezwingen, sowie eine mit diesem Vorhaben verbundene Idealvorstellung von vitaler Männlichkeit erklären lässt.[140] »Das, was sich um die Jahrhundertwende erstmals als »männliche Identität« diskursiv formiert, ist von Anfang an »krisenhaft« konstituiert«[141], stellt Stefanie von Schnurbein in ihrer Untersuchung zu Männerfiguren in skandinavischen Romanen des späten 19. und frühen 20. Jahrhunderts fest. Vor diesem Hintergrund ist der zeitgleiche Aufbruch skandinavischer Entdecker zu Expeditionen in die unwirtlichen Polargebiete und die damit einher gehende Idealisierung der dort angetroffenen virilen Robbenfänger als eine Form des Eskapismus aus der als dekadent konnotierten Kristiania-Bohème und ihres Kopenhagener Pendants zu verstehen, und dennoch lediglich als eine andere Ausdrucksform jener Krisenhaftigkeit zu deuten, von der von Schnurbein in ihrer Habilitationsschrift spricht. Den Paradigmenwechsel der westlichen Repräsentationspraxis in Bezug auf die Völker der Arktis beschreibt Fienup-Riordan zusammenfassend wie folgt: »The publicity these arctic representatives received marked the progressive transformation of the image of Eskimos from subhuman to superhuman.«[142]

Dass es abgesehen vom Einfluss philosophischer Strömungen auch ökonomische Gründe gab, die für eine Idealisierung und daraus resultierende Beschützung des traditionellen grönländischen Jägerstandes sprachen, legt der Anthropologe und Begründer des Kopenhagener Instituts für Eskimologie, William Thalbitzer, bereits im Jahr 1910 dar. In seinen kritischen Ausführungen zum dänischen Selbstbild von der humanen Kolonialisierung Grönlands dechiffriert er die oft als ethisch-moralische Überzeugung dargestellte Bewahrung der traditionellen grönländischen Kultur als eine für die von Überschüssen des Handels abhängige däni-

---

[139] Die Erfahrung des Sublimen, das Gegenkonzept zum »Schönen«, lässt sich mit Edmund Burke als reizvolles Schaudern bzw. wohliges Gefühl der Abschreckung mit Blick auf etwas Gefährliches – etwa ein Naturereignis – beschreiben, das zu weit entfernt ist, um eine tatsächliche Bedrohung darstellen zu können (vgl. Brady 2008, S. 50). Brady bezieht sich hier auf Burkes philosophisches Hauptwerk *A Philosophical Enquiry into the Sublime and Beautiful* (1757) (Burke 2008).

[140] Zum Zusammenhang von Polarfantasien des 19. Jahrhunderts und Idealvorstellungen von vitaler Männlichkeit siehe u. a.: Heitmann 2006, S. 210f.

[141] Schnurbein 2001, S. 10.

[142] Fienup-Riordan 1990, S. 16.

sche Kolonialverwaltung wirtschaftliche Notwendigkeit. Während die Kolonisierenden die indigenen Völker der klassischen Siedlerkolonien als Konkurrenten bei der Eroberung von Land ansahen, waren die Europäer bei ihrer Expansion in den arktischen Regionen auf die Expertise der Einheimischen geradezu angewiesen. Auch wenn edle Ideale hinter der Bewahrung der traditionellen grönländischen Lebensweise gestanden haben mögen, so waren diese doch stets mit starken ökonomischen Interessen verbunden.[143] Thalbitzer schreibt:

> Ja, wir haben die Grönländer nicht ausgerottet, das ist wahr, wir hatten nur allzu gute Verwendung für sie, um uns die Robben und Bären einzuholen. Wir fanden nicht leicht dänische Arbeiter, die die Jagd für uns so billig erledigten, wie die Eskimos es tun. All unsere Edelmütigkeit besteht möglicherweise allein darin, dass wir sie freigebig mit Kaffee und Tabak belohnen, um uns den notwendigen Verdienst aus dem Meer oder vom Eis zu holen, welches zu betreten für den ungeübten Europäer mit Lebensgefahr verbunden wäre. Andernorts auf der Welt konnten die Europäer auf die Eingeborenen verzichten; in den arktischen Gebieten sind sich abhängig von ihnen.
>
> Ja, vi have ikke udryddet Grønlænderne, det er sandt, vi have haft altfor god Brug for dem til at hente os Sælerne og Bjørnene hjem. Vi fik ikke let danske Arbejdere til at gøre den Jagt saa billigt for os, som Eskimoerne gøre det. [...] Alt vor Ædelskab bestaar muligvis kun i, at vi belønne dem gavmildt med Kaffe og Tobak for at hente os vor nødvendige Fortjeneste ude fra det Hav eller den Is, hvor det for den uøvede Evropæer vilde være forbundet med Livsfare at færdes. Andre Steder i Verden kunne Evropæerne undvære de Indfødte; i de arktiske Egne ere de afhængige af dem.[144]

Die Historikerin Hanne Thomsen hat dargelegt, dass der Grund dafür, dass die bis zum heutigen Tag wirkmächtigen grönländischen Auto- und Heterostereotype stark mit Robben, Kajaks und virilen Robbenfängern konnotiert sind, in der dänischen Kolonialpolitik des 18. und 19. Jahrhunderts zu suchen ist.[145] Ein zentraler Akteur innerhalb der Kolonialpolitik der zweiten Hälfte des 19. Jahrhunderts war Hinrich Johannes Rink, der 1853 Kolonialverwalter in Godthåb (Nuuk) und später in Julianehåb

143 Vgl. Thomsen 1998, S. 23.

144 Thalbitzer 1910, S. 231.

145 Vgl. Thomsen 1998, S. 23.

(Qaqortoq) wurde und zwischen 1858 und 1868 den Posten des königlichen Inspektors von Südgrönland bekleidete.[146] Rink ist aufgrund der zahlreichen Reformen und Initiativen, die er in seiner vergleichsweise kurzen Amtszeit auf den Weg brachte, später von Dänen wie Grönländern als »Grönlands Erlöser«[147] glorifiziert worden. Selbst in Augo Lynges in der Zukunft spielendem Roman *Trehundrede år efter ...* befindet sich in der grönländischen Hauptstadt ein Denkmal, das Rink als »Pionier bei der Arbeit für grönländische Mitbestimmung«[148] ehrt. Ole Høiris schreibt Rink ein von der Philosophie Johann Gottfried Herders beeinflusstes romantisches Weltbild zu, nach dem Volk, Kultur, Sprache, Geschichte, Natur und Religion ein organisches Ganzes bilden, das nur dann funktionsfähig ist, wenn Harmonie zwischen all diesen Elementen besteht.[149] Ganz im Gegensatz zu Hans Egede und seinen Zeitgenossen »betrachtet Rink die vorkoloniale grönländische Gesellschaft als ein harmonisches Ganzes mit dem *angakkok* als Materialisation jener Geistlichkeit, jenes Wissens und jener Gewalt, die die Gesellschaft zusammen hielten.«[150] Damit nimmt Rink klaren Abstand von der dänischen Kolonialpolitik des 18. Jahrhunderts, die die *angakkut*, für ihn die zentrale Institution der Reproduktion gesellschaftlichen Zusammenhalts im vorkolonialen Grönland, aus deren Position entfernt hatte. Dass Rink den Einfluss der *angakkut* damit möglicherweise überschätzte, habe ich an anderer Stelle bereits erwähnt.[151]

---

146 Seit 1782 und bis zu seiner Eingliederung als de facto gleichberechtigtes *amt* in das dänische Königreich im Jahr 1953 war Grönland verwaltungstechnisch in zwei Distrikte geteilt. Der höchstrangige Beamte für Verwaltung, Handel und Mission war dabei bis 1908 der königliche Inspektor. Der königliche Inspektor von Südgrönland hatte seinen Amtssitz in Godthåb (Nuuk), der königliche Inspektor von Nordgrönland in Godhavn (Qeqertarsuaq).

147 »Grønlands frelser« Høiris 2009, S. 26.

148 »[p]ioneren i arbejdet for grønlandsk medbestemmelse« Lynge 1989, S. 93.

149 Vgl. Høiris 2009, S. 26.

150 »tænker Rink det førkoloniale grønlandske samfund som en harmonisk helhed med *angakokken* [sic!] som materialiseringen af den åndelighed, viden og myndighed, der holdt samfundet sammen.« Ebd., S. 27 [meine Hervorhebung].

151 Robert Petersen (Petersen 1993) sieht die Autorität der *angakkut* eindeutig auf den Bereich des Religiösen beschränkt, eine Sichtweise, die nicht mit dem Herderschen Denken vom »organischen Ganzen« vereinbar ist.

2.4 Zur diskursiven Verknüpfung von Nation und Erwerb: Der traditionelle Robbenfang als »nationales Gewerbe«

Mit seiner romantisierenden und idealisierenden Sicht auf die traditionelle grönländische Robbenfängergesellschaft, die schon bald von einem großen Teil der kolonisierten grönländischen Bevölkerung als Identität stiftendes Selbstbild übernommen wurde, war Rink der zentrale Akteur hinter der oft euphemistisch als »Beschützungspolitik«[152] bezeichneten Vorgehensweise der dänischen Kolonialverwaltung im 19. Jahrhundert, deren Anliegen es war, den als »nationales Gewerbe«[153] deklarierten Robbenfang nicht nur zu bewahren, sondern zum Inbegriff einer sich in diesen Jahren formierenden grönländischen Nationalidentität aufzubauen, und die Kolonie ansonsten nach außen hin abzuriegeln.[154] Zu letzterem Vorhaben gehörte die Aufrechterhaltung des 1776 eingeführten Handelsmonopols, das, nachdem die anderen beiden nordatlantischen Besitzungen des dänischen Gesamtstaats – Island und die Färöer – im Jahr 1856 Freihandel erhalten hatten, auch von Kopenhagener Seite zuweilen infrage gestellt wurde.[155]

Auch wenn sich die dänische Repräsentationspraxis in Bezug auf die grönländische Bevölkerung in den ersten rund 130 Jahren der Kolonialzeit merkbar gewandelt hatte, muss festgehalten werden, dass das ökonomische Interesse der von Handel und Mission bestimmten Kolonialpolitik in all den Jahren grundsätzlich dasselbe geblieben war. Es galt, das koloniale Vorhaben in der Arktis, das dem dänischen Staat nie große Reichtümer (aber auch keine Verluste) beschert hat, unter allen Umständen wirtschaftlich zu halten. Dies war aus dänischer Sicht nur dann möglich, wenn die grönländische Bevölkerung weiterhin effizienten Robbenfang betrieb und einen möglichst großen Teil des Fangs an den Monopolhandel verkaufte. Paradoxerweise hatte die Fangeffizienz zur Mitte des 19. Jahrhunderts vor allem aus dem Grund nachgelassen, dass mittlerweile viele Grönländer, die noch ein oder zwei Generationen zuvor ganz selbstverständlich Robbenfänger geworden wären, nun als Lohnarbeiter für den dänischen Handel oder die Kolonialverwaltung arbeiteten. Auch wurde an den Wohnplätzen weiterhin das traditionelle

[152] Im Dänischen *beskyttelsespolitik*.

[153] Im Dänischen *national erhverv*.

[154] Vgl. Thomsen 1998, S. 23f.

[155] Vgl. ebd., S. 25.

Verteilungssystem praktiziert, das auch diejenigen, die nicht selbst auf die Jagd gehen konnten, mit Fleisch und anderen Robbenprodukten versorgte, für den KGH jedoch wirtschaftliche Einbußen bedeutete. Es sind diese ökonomischen Hintergründe – und weniger etwaige ethisch-moralische Ideale – vor denen die politischen Reformen des 19. Jahrhunderts vor und während der Rink-Zeit zu betrachten sind. Das neue Werkzeug der Dänen, um eine Überschüsse abwerfende Kolonialwirtschaft zu festigen, war die diskursive Verknüpfung von *grønlandskhed* und dem »nationalen Gewerbe« des Robbenfangs. Man war bei allen politischen Entscheidungen darum bemüht, einen Entwurf für eine auf der Identifikation mit diesem traditionellen Wirtschaftszweig beruhende nationale Identität zu konstruieren, und hoffte, dass dieser von den Grönländern angenommen, und damit ein auf vormodernen Traditionen beruhendes nationales Selbstwertgefühl der kolonisierten Bevölkerung gefestigt würde.[156] Wie sehr die grönländische Nation im Diskurs der dänischen Kolonialverwaltung und ihrer Mitarbeiter zur Mitte des 19. Jahrhunderts mit dem Topos des traditionelles Kajakfangs verknüpft war, illustriert ein Auszug aus dem Tagebuch Louise Janssens, Gemahlin des ersten Leiters der 1845 gegründeten Katechetenlehranstalt in Godthåb, aus dem Jahr 1850:

> Ein in weltlicher Hinsicht äußerst beklagenswerter Umstand ist es, dass in der Kolonie Godthåb keinerlei *nationales grönländisches Leben* stattfindet; nicht ein einziger tüchtiger Kajakfahrer oder Jäger wohnt in der Kolonie ... Diese Männer sind sozusagen *aus der Nation ausgetreten* ... [...] ... und ihre Kinder ... werden zu Kolonietreibern [für die Kolonie typischen Faulenzern, EV] erzogen. Unter allen erwachsenen Söhnen dieser Koloniearbeiter befindet sich derzeit nicht ein einziger Kajakjäger.

> En i verdslig Henseende meget beklagelig Omstændighed er det, at der ved selve Colonien Godthaab aldeles intet *nationalt grønlandsk Liv* finder Sted; ikke en eneste dygtig Kajakmand eller Fanger boer ved Colonien ... disse Mænd er saa at sige *udtraadte af Nationen* ... [...] ... og deres Børn ... opdrages til Colonidrivere ... af alle disse Coloniarbeideres voxne Sønner findes for Tiden ikke een Kajakmand.[157]

---

[156] Vgl. u. a. Langgård 1998, S. 86.

[157] Louise Janssens Tagebuch vom 15.3.1850. Zitiert in Wilhjelm 1997, S. 356 [meine Hervorhebungen].

In Janssens Beschreibung ist die grönländische Nation gleichbedeutend mit der Gruppe von Männern, die den Robbenfang vom Kajak aus beherrschen und ihn als Haupterwerb betreiben. Männer, die einer anderen Arbeit nachgehen, sowie bezeichnenderweise auch sämtliche Frauen sind aus Sicht Louise Janssens nicht Teil der grönländischen Nation. Zugleich erscheinen diese »aus der Nation ausgetretenen« Grönländer, die als Angestellte des Handels oder dänischer Kolonialbeamter einen westlicheren Lebensstil als die traditionsbewussten Jäger pflegen, als faule Tagtreiber, denen die Bequemlichkeiten der Zivilisation Schaden zugefügt haben. Der Historiker Søren Rud stellt einen Zusammenhang zwischen dieser von dänischer Seite forcierten Aufteilung der Kolonisierten in »gute« und »schlechte« Grönländer und den ersten Expeditionen ins von Europäern bis ins 19. Jahrhundert nicht bereiste Ostgrönland her.[158]

Die erste Erkundungsreise an Grönlands Ostküste hatte im Jahr 1829 unter Leitung von Wilhelm August Graah stattgefunden, der noch immer auf der Suche nach Nachfahren mittelalterlicher skandinavischer Siedler war. Die zweite Reise – die berühmte *Konebådsekspedition* (»Frauenbootexpedition«) von 1883 bis 1885[159] – führte Gustav Holm und Vilhelm Gaarde in die den Dänen bis dahin unbekannte Inuit-Siedlung Ammassalik im Südosten Grönlands. In ihren Beschreibungen, sowie – wie Rud darlegt – auch schon in denen Graahs[160], machen die dänischen Ostgrönlandreisenden aus ihrer Bewunderung für die von jeglichem Kontakt mit Europäern unberührten Einwohner der Ostküste keinen Hehl. Im Gegensatz zu den kolonisierten und – so der vorherrschende Diskurs – von der Zivilisation verdorbenen Westgrönländern erscheinen die Inuit des Ostens in diesen Reiseberichten als die wahren Grönländer, da sie ganz dem Ideal von Rousseaus »edlem Wilden« entsprechen.[161]

---

[158] Vgl. Rud 2006 und 2008.

[159] Die Expedition erhielt ihren Namen nach dem Transportmittel, mit dessen Hilfe sie durchgeführt wurde. Das *umiaq* – im Dänischen meist mit *konebåd* übersetzt – ist ein im Vergleich zum Kajak größeres Ruderboot, das den Grönländern während ihrer sommerlichen Jagdreisen als Fahrzeug diente und – daher die dänische Bezeichnung – anders als das Kajak in erster Linie von Frauen gerudert wurde (vgl. Storch 1930, S. 39).

[160] Vgl. Rud 2006, S. 493–495.

[161] Vgl. ebd., S. 496f.

Nachdem sie die »richtigen, unbeeinflussten Heiden«[162] in Ammassalik gesehen hatten, schreiben Holm und Gaarde über die »halbzivilisierten Grönländer«[163] in Godthåb:

> Godthåb, Grönlands älteste Kolonie, ... ist eine der schlechtesten Kolonien im Land. Die Grönländer dort sind durchgehend schlechte Seehundefänger. Sie finden Gefallen an den schlechten und leicht zugänglichen Seiten der Zivilisation und geben sich dem Genuss von Kaffee und Tabak mit einer Leidenschaft hin, die jeglicher Beschreibung trotzt.
>
> Godthaab, Grønlands ældste Koloni, ... er en af de sletteste Kolonier i Landet. [...] Grønlænderne dér er gjennemgaaende daarlige Sælhundefangere [...]. De faa Smag for Civilisationen[s] [...] daarlige og lettilgængelige Sider, De hingive sig til Nydelsen af Kaffe og Tobak med en lidenskab, om trodser al Beskrivelse; [...].[164]

Wie Søren Rud feststellt, sind Beschreibungen wie diese, wie im Übrigen auch die meisten auf Grönland bezogenen Werke des norwegischen Polarreisenden Frithjof Nansen[165], als direkte Infragestellung der Legitimation der dänischen Präsens in Grönland zu lesen.[166] Dennoch waren die ersten Begegnungen der Dänen und Westgrönländer mit den auf traditionelle Weise lebenden Inuit der Ostküste der Politik der Kolonialverwaltung aus zwei beinahe widersprüchlich erscheinenden Gründen dienlich. Zum einen entsprachen die Beschreibungen der autark lebenden – von jeglichen Einflüssen der Zivilisation unberührten – Ostgrönländer ganz dem Bild des edlen Robbenfängers, um das sich nach dem von ökonomischen Interessen geleiteten Wunsch der Dänen die sich im Entstehen befindliche grönländische Nationalidentität konstituieren sollte. Zum anderen musste der Blick auf das heidnische und gänzlich den Naturgewalten ausgelieferte Dasein ihrer »neu entdeckten« Landsleute im Osten den Westgrönländern wie eine Reise in die eigene Vergangenheit erscheinen und auf diese Weise all jenen, die möglicherweise an den Vorzügen der dänischen Präsenz zu zweifeln begannen, aufzei-

---

[162] »rigtige, upaavirkede Hedninge« Holm u. Gaarde 1887, S. 96. Zitiert in Rud 2006, S. 497.

[163] »halvciviliserede Grønlændere« ebd.

[164] Holm u. Gaarde 1887, S. 36. Zitiert in Rud 2006, S. 495f.

[165] Siehe etwa *Paa Ski over Grønland* und *Eskimoliv* (Nansen 1961a u. 1961b).

[166] Vgl. Rud 2006, S. 497.

gen, wie weit die westgrönländische Gesellschaft seit Beginn der Kolonialisierung geistig und materiell vorangekommen war. Dieses Paradox ermöglichte die Konstruktion einer frühen Nationalidentität, die auf einer vermeintlich genuin grönländischen indigenen Kultur, aber nicht auf dem Wunsch nach Souveränität und einer grundsätzlichen Infragestellung der dänischen Kolonialisierung fußte.

2.5 Die Institution der Vorstandschaften: Demokratische Mitbestimmung auf niedrigem Niveau?

Als einer der Hauptgründe dafür, warum die Amtszeit von Kolonialinspektor Hinrich Rink eine besonders prominente Platzierung innerhalb der grönländischen Geschichte einnimmt, muss die durch ihn veranlasste Einführung der so genannten Vorstandschaften[167] im Jahr 1857 angesehen werden, die den Grönländern erstmals seit Beginn der Kolonialisierung demokratische Mitbestimmung auf niedrigem Niveau ermöglichte. Diese lokalen Räte, die sich in allen Kolonien konstituierten und sich aus dänischen sowie aus von den umliegenden Wohnplätzen zusammen kommenden grönländischen Mitgliedern zusammensetzten, spielen unter anderem in Mathias Storchs Roman *En grønlænders drøm* eine wesentliche Rolle. Hanne Thomsen behauptet jedoch, dass auch die Einführung dieser ersten ansatzweise demokratischen Institution in Grönland, die sich für die Konstruktion des historischen Selbstbilds der humanen Kolonialmacht besonders gut eignet, im Kontext des ökonomischen Interesses des Monopolhandels zu verstehen ist. Der in diesem Zusammenhang häufig fallende Begriff der »Beschützungspolitik« muss vor diesem Hintergrund als Euphemismus bezeichnet werden. Thomsen konstatiert:

> Rinks Reformpläne und die Einrichtung der Vorstandschaften sind klare Ausdrücke der als Beschützungspolitik garnierten Modernisierungspolitik des KGH. Zweck der Reformen ist, die Produktion der Jäger von den Fesseln der Verteilungsgesellschaft frei zu machen. Die Vorstandschaften sind die Kulmination eines langen Kampfs darum, mehr Jagdprodukte in den Handel des KGH zu kanalisieren.
>
> Rinks reformplaner og forstanderskabernes indretning er et klart udtryk for KGHs moderniseringspolitik garneret som beskyt-

---

[167] Im Dänischen *forstanderskaber.*

> telsespolitik – pointen i reformerne er at frigøre fangerens produktion fra fordelingsselskabets snærende bånd. [...] Forstanderskaberne er [...] kulminationen på en lang kamp for at få kanaliseret flere af fangstens produkter over i indhandlingen ved KGH.[168]

Dieser Einschätzung ist meines Erachtens aus drei Gründen zuzustimmen. Erstens erweiterten die Vorstandschaften den Radius der – um Benedict Andersons Begriff zu leihen – »vorgestellten Gemeinschaften«[169] der um die Mitte des 19. Jahrhunderts noch weitestgehend dezentral außerhalb der Kolonien lebenden Grönländer. Da alle Wohnplätze und Außenposten[170] Repräsentanten in die in der nächstgelegenen Kolonie tagende Vorstandschaft entsandten, erfuhren die Grönländer durch die Berichte ihrer Vertreter nun häufiger als zuvor, was in den umliegenden Siedlungen geschah, beziehungsweise welche Probleme und Schwierigkeiten dort zur Debatte standen. Da die dänischen Vorstände zudem, anders als die meisten Grönländer, Kontakte über die Grenzen des jeweiligen Kolonialdistrikts hinaus pflegten, hatte die grönländische Lokalbevölkerung durch den direkten Kontakt ihrer Vorstände mit den dänischen Repräsentanten Gelegenheit, Nachrichten aus entfernt liegenden Teilen des Landes zu erfahren. Auf diese Weise trug die Institution der Vorstandschaften zur Bildung einer – wenn auch nicht gleich nationalen, dann doch zumindest – superlokalen Identität bei. Dass die Herausbildung eines grönländischen Gemeinschaftsgefühls auf Grundlage der traditionellen Gesellschaftsformen im Interesse von Kolonialverwaltung und Monopolhandel lag, habe ich an anderer Stelle bereits erwähnt.

---

[168] Thomsen 1998, S. 25.

[169] Laut Anderson, auf dessen einflussreiche Studie ich an späterer Stelle zurückkommen werde, beruht die moderne Nation auf einer »vorgestellten Gemeinschaft« (vgl. Anderson 2006).

[170] Man unterschied im kolonialen Grönland bis ins 20. Jahrhundert hinein zwischen drei Siedlungsformen: Kolonien (*kolonier*), Außenposten (*udsteder*) und Wohnplätzen (*bopladser*). In den Kolonien lebten dänische Kolonialbeamte und vor allem bei Handel und Mission beschäftigte Grönländer. Nur die Kolonien wurden von Versorgungsschiffen des KGH angelaufen, der dort Filialen betrieb. An den Außenposten betrieb der KGH kleinere Filialen, die von grönländischen Außenpostenverwaltern (*udstedsbestyrere*) geleitet wurden; dort lebten kaum Dänen. Als Wohnplätze bezeichnete man Siedlungen, in denen keinerlei Versorgung durch den KGH bestand. Die dort lebenden Grönländer waren größtenteils auf die traditionelle Subsistenzwirtschaft angewiesen (vgl. Rasmussen 1915b, S. 137f.).

Zweitens festigte die Institution der Vorstandschaften die gesellschaftliche Position der traditionellen Jäger. Wie Søren Rud anhand der entsprechenden Gesetzestexte darlegt, durften allein Männer, die das 30. Lebensjahr vollendet hatten, schuldenfrei waren und sich als selbständige und besonders tüchtige Robbenfänger auszeichneten, in die neuen Räte gewählt werden.[171] Rud stellt dazu fest:

> Diejenigen Grönländer, die auf ihre eigenen Lebensumstände Einfluss nehmen wollten, konnten diesen nur erlangen, wenn sie die Kriterien für das ethnologisch-nationale Idealbild erfüllten, das die Kolonialmacht erstellt hatte. In dieser Ordnung wurde die Position der Jäger als die wahren Grönländer zementiert.
>
> De grønlændere, der ønskede indflydelse på deres egne forhold, kunne kun opnå denne indflydelse, hvis de opfyldte kriterierne for det etnologisk-nationale idealbillede, som kolonimagten havde opstillet. Fangernes position som de virkelige grønlændere blev cementeret i ordningen.[172]

Drittens bestand eine der Hauptaufgaben der Vorstandschaften darin, ein von der Kolonialverwaltung neu eingeführtes Sozialsystem zu verwalten, das das den Interessen des Monopolhandels widerstrebende traditionelle Verteilungsprinzip ablösen sollte. Bei jeder Abnahme von Robbenprodukten zog der KGH den Jägern fortan eine Art Steuer ab, mit der eine Sozialkasse finanziert wurde. Wer verschuldet oder unverschuldet in Not geriet, erhielt nun ein Almosen aus dieser Kasse und war nicht mehr wie früher auf die Fleischgeschenke der Nachbarn angewiesen. Was am Jahresende in der Sozialkasse zurück blieb, wurde proportional zur Menge der eingehandelten Robbenprodukte als Repartitionszahlung an die Robbenfänger zurückgezahlt. Wer Sozialhilfe in Anspruch genommen hatte, ging leer aus.[173] Auf diese Weise wurden die Jäger motiviert, einen möglichst effizienten Fang zu betreiben. Zugleich wurde die Inanspruchnahme der Sozialhilfe mit einem sozialen Stigma belegt. Erst mit Einführung des neuen Sozialsystems waren die ökonomischen Interessen des Monopolhandels und der lokalen Robbenfänger gleichgeschaltet. Hanne Thomsen stellt fest:

> Die Vorstandschaften sollten nicht so sehr den Grönländern als solchen Einflussmöglichkeiten bieten, sondern vielmehr einigen

---

[171] Vgl. Rud 2006, S. 504.

[172] Ebd., S. 504f.

[173] Vgl. Thomsen 1998, S. 25.

> Grönländern – den Jägern nämlich, die für den KGH interessant waren – ein direktes Interesse verschaffen, damit aufzuhören, ihre Jagdbeute dem Konsum der Gemeinschaft zu überlassen.
>
> Forstanderskaberne skulle ikke så meget give grønlænderne som sådan indflydelse, som de skulle give nogle grønlændere – nemlig de fangere, som var interessante for KGH – en direkte interesse i at ophøre med at lade deres fangst gå til fællesskabets konsum.[174]

Hanne Thomsens und Søren Ruds Forschung – insbesondere zur Institution der Vorstandschaften – trägt dazu bei, die tatsächlichen Interessen hinter den bis in die Gegenwart häufig als demokratische Errungenschaften und Belege für einen humanen Kolonialismus dargestellten Reformen des 19. Jahrhunderts zu markieren. Zwar wird man kaum in Abrede stellen können, dass die Grönländer nicht zuletzt wegen der Vorstandschaften über ein höheres Maß an Mitbestimmungsmöglichkeiten verfügten als die meisten anderen kolonisierten Völker dieser Zeit. Es wird jedoch deutlich, dass der teilweise Verzicht der Dänen auf das absolute koloniale Machtmonopol nicht eigentlicher Zweck der Einführung der Vorstandschaften war, sondern allenfalls ein aufgrund der ökonomischen Abhängigkeit von der Expertise grönländischer Robbenfänger tolerierter Nebeneffekt. Geht man zudem mit Fredrik Barth davon aus, dass sich eine über Bestimmungen von Ethnizität konstituierende Gruppenidentität wie *grønlandskhed* erst durch die Interaktion mit einer anderen ethnischen Gruppe beziehungsweise durch die Abgrenzung von dieser formiert[175], muss man feststellen, dass es dieser anderen Gruppe – der den Diskurs vorgebenden dänischen Kolonialmacht – durch die Akzentuierung der vermeintlichen Untrennbarkeit der grönländischen Nation und des »nationalen Gewerbes« gelungen ist, den Grönländern die Deutungshoheit über die Essenz ihrer eigenen Identität zu entziehen. Somit entpuppt sich die möglicherweise zunächst als (*nordisk*) exzeptionell erscheinende Konstellation zwischen grönländischer Bevölkerung und dänischen Beamten im 19. Jahrhundert als eine klassisch koloniale Situation, innerhalb derer die Grenzen der Handlungsmacht der Kolonisierten durch den von diesen internalisierten kolonia-

---

[174] Ebd.

[175] »[T]he ethnic *boundary* […] defines the group, not the cultural stuff that it encloses. [… A] group maintains its identity when members interact with others […].« (Barth 1998, S. 15 [Hervorhebung im Original]).

len Diskurs vorgezeichnet sind. Dies allein wäre Grund genug, auch im Falle Grönlands die Wirkmächtigkeit subalterner Artikulation mit Gayatri Chakravorty Spivak grundsätzlich in Frage zu stellen.[176] Ich möchte jedoch argumentieren, dass der Nutzung der Institutionen, die die Kolonialmacht im 19. Jahrhundert einführte, um die grönländische Gesellschaft nach ihren Interessen zu formen, ein subversives Potential innewohnt, das sich mit Homi Bhabha als ein »Third Space of enunciation«[177] beschreiben lässt, von dem aus – wie Bill Ashcroft es ausdrückt – die Nutzbarmachung der imperialen Kultur für eigene Zwecke möglich wird.[178]

2.6 Alphabetisierung und frühes Buchwesen

Nicht nur eine politische Institution wie die Vorstandschaften, sondern auch und insbesondere die Literatur muss als ein Ort begriffen werden, der Strategien zur Aneignung von Handlungsmacht Raum bietet. Eine Grundvoraussetzung für die Herausbildung einer grönländischen Nationalliteratur war die erstmals 1845 institutionalisierte Möglichkeit für Grönländer, höhere Bildung zu erlangen. Über die Absolventen der neuen Ausbildungsstätte schreibt Søren Thuesen, »dass sie sich über das ethnische Gegensatzpaar dänisch/grönländisch hinwegsetzten und an einem dritten Ort platzierten«[179], von dem aus sie eine Position erlangen konnten, die es ihnen ermöglichte, zur »treibenden Kraft bei den ersten Formulierungen einer ethnischen grönländischen Identität«[180] zu werden und »die Grundlage für jene Entwicklung [zu schaffen], die zur Einforderung der Umsetzung der heutigen grönländischen Selbstverwaltung führte.«[181]

---

[176] Vgl. Spivak 1994, S. 111.

[177] »The invention of the Third Space of enunciation, which makes the structure of meaning and reference an ambivalent process, destroys this mirror of representation in which cultural knowledge is customarily revealed as an integrated, open, expanding code.« (Bhabha 2004, S. 54).

[178] Vgl. Ashcroft 2001, S. 2.

[179] »[at de] satte sig ud over det etniske modsætningsforhold dansk/grønlandsk og placerede sig et tredje sted [...]« Thuesen 2007, S. 13.

[180] »drivende kraft i formuleringen af de tidlige bud på grønlandsk etnisk identitet« ebd., S. 8.

[181] »grundlaget for udviklingen, som ledte frem til kravene om gennemførelse af det nuværende grønlandske hjemmestyre« ebd.

Eine der Voraussetzungen für die lutherische Missionsarbeit in Grönland war, dass die Einheimischen Bibel und Katechismus in ihrer Muttersprache lesen konnten. Deswegen waren die dänischen Missionare von Anfang an darum bemüht, die grönländische Sprache zu erlernen. Während Hans Egede noch seine Schwierigkeiten mit dem Grönländischen gehabt hatte, beherrschte sein Sohn Poul, der in Godthåb zusammen mit einheimischen Kindern aufgewachsen war, die Sprache mittlerweile so gut, dass er in der Lage war, das Neue Testament ins Grönländische zu übersetzen. Seine Übersetzung der vier Evangelien erschien bereits 1744.[182] Dass die Inuit vor der Begegnung mit den europäischen Missionaren keine Schriftsprache kannten, stellte eine besondere Schwierigkeit bei der Verkündung des Christentums in Grönland dar. Somit mussten die ersten Missionare, die bis 1850 rund 50 grönländischsprachige Bücher meist religiösen Inhalts veröffentlichten[183], die mühsam im Kontakt mit den Einheimischen erlernte Sprache zunächst in eine von ihnen entwickelte Schrift umsetzen, um diese anschließend den grönländischen Kindern im Schulunterricht vermitteln zu können. Die Beschaffenheit der den Übersetzungen der Missionare zugrunde liegenden Schriftsprache muss in den ersten hundert Jahren der Kolonialzeit recht heterogener Gestalt gewesen sein. Erst im Jahr 1851 schuf der Herrnhuter Missionar Samuel Kleinschmidt[184] eine standardisierte grönländische Schriftsprache, die lange Zeit Gültigkeit behielt und noch heute die Grundlage der inzwischen mehrfach reformierten (west-)grönländischen Rechtschreibung bildet.[185] Trotz dieser und anderer – vor allem durch die breite geografische

---

[182] Vgl. Frandsen 1999, S. 203.

[183] Vgl. ebd., S. 205.

[184] Die aus Böhmen stammende pietistische Herrnhuter Brüdergemeinde betrieb von 1733–1900 Missionsarbeit in Grönland und gründete in dieser Zeit mehrere Kolonien. Der Einfluss herrnhutischen Wirkens lässt sich unter anderem an der großen Zahl noch heute in Grönland verbreiteter deutscher Familiennamen (wie etwa Chemnitz, Kleist und Fleischer) ablesen. Die Geschichte der Herrnhuter Mission kann hier allerdings nicht ausführlicher behandelt werden. Der 1814 in Grönland geborene Samuel Kleinschmidt wandte sich 1859 von den Herrnhutern ab und begab sich in den Dienst der dänischen Mission. Zu seinem Wirken in Grönland siehe Wilhjelm 2001; zur Geschichte der ältesten Herrnhuter Missionsstation in Grönland – Ny Herrnhut nahe Nuuk – siehe Kjærgaard u. Kjærgaard 2003.

[185] Bis heute werden in Ostgrönland sowie um das nordgrönländische Qaanaaq (Thule) Dialekte gesprochen, die in Schrift, Wortschatz und Aussprache erheblich vom Westgrönländischen, das den Status einer Hochsprache erhalten hat, abweichen.

Verteilung der Grönländer bedingte – Schwierigkeiten gelang es der europäischen Mission, bereits Mitte des 19. Jahrhunderts einen nahezu hundertprozentigen Alphabetisierungsgrad innerhalb der grönländischen Bevölkerung zu erreichen. Hinrich Rink zitiert 1857 in der ersten landeskundlichen Beschreibung Grönlands seit Erscheinen von Hans Egedes oben erwähnter *Perlustration* den langjährigen Missionar und Leiter der 1845 in Godthåb eröffneten Katechetenlehranstalt Carl Emil Janssen wie folgt:

> Und doch könnten wir, wenn Fragen zur Situation des Schulunterrichts und der aus ihm hervorgehenden Volksaufklärung gestellt würden, trotz aller Schwierigkeiten wahrheitsgemäß und mit froher Befriedigung das beträchtliche Resultat verkünden, dass so gut wie die gesamte eingeborene Bevölkerung in Südgrönland lesen und zu einem großen Teil zugleich schreiben kann, ein Ergebnis, das man in nicht wenigen der so hochzivilisierten und alten christlichen Staaten Europas vergebens suchen würde. Nicht allein *kann* die Nation lesen, sondern es wird auch viel und häufig gelesen, um nicht zu sagen jeden Tag; denn eine große und weitverbreitete Leselust herrscht im Volke vor.
>
> Og dog kunne vi, naar der fremsættes Spørgsmaal om Skoleunderviisningens Standpunct og den deraf fremgaaende Folkeoplysning, trods alle [...] Vanskeligheder, med fuld Sandhed og glad Tilfredsstillelse udtale det betydelige Resultat, at saagodtsom den hele indfødte Befolkning i Syd-Grønland kan læse og en stor del af samme tillige skrive, et Resultat, som man jo forgjæves vilde søge i ikke saa faa af de saa høit civiliserede, saa gammel christelige Stater i Europa. [...] Ikke blot *kan* Nationen læse, men der læses ogsaa meget og hyppigt, for ikke at sige hver Dag; thi en stor og almindelig Læselyst er fremherskende i Folket.[186]

Dass diese Einschätzung Janssens glaubwürdig ist und nicht nur – dieser Verdacht liegt bei historischen Quellen aus Reihen der Kolonialverwaltung stets nahe – ein an Kopenhagener Leser gerichtetes Lob der eigenen Missionsarbeit darstellt, belegen neuere Forschungsergebnisse. So legt Niels Frandsen in einer buchhistorischen Untersuchung dar, dass im Zeitraum zwischen 1791 und 1850 allein in den nördlichen Kolonialdistrikten zwischen Egedesminde (Aasiaat) und Upernavik über 21.000 grönländischsprachige Bücher zirkulierten, die entweder von den Missionaren an die Lokalbevölkerung verschenkt oder in den Filialen des

[186] Rink 1857, S. 269f. [meine Hervorhebung].

KGH käuflich erworben wurden.[187] Trotz des langen Untersuchungszeitraums von rund 60 Jahren ist dies bei lediglich 3000 Einwohnern in den entsprechenden Gebieten eine beachtliche Zahl. Frandsen resümiert: »Die Grönländer konnten also nicht nur lesen, sie waren auch daran interessiert zu lesen.«[188]

2.7 Grönländische Katechten im Dienst der Mission: Vom Entstehen einer nationalbewussten Bildungselite

Einen Grundkonflikt zwischen Mission und Handel stellte seit Beginn der Kolonialisierung Grönlands die Frage nach der Verteilung der grönländischen Bevölkerung im Land dar. Während aus Sicht der Missionare viel für eine Konzentration der zu bekehrenden Grönländer in den neu gegründeten Kolonien gesprochen hätte, waren Vertreter des Handels, der die Missionsarbeit finanzieren sollte, an einer möglichst breiten Streuung der Bevölkerung entlang der gesamten Küste interessiert. Nur so konnte eine den ökonomischen Interessen des KGH entsprechende effiziente Robbenjagd gewährleistet werden. Somit war die Mission vor ein in erster Linie logistisches Problem gestellt. Um auch an den zahlreichen abgelegenen Wohnplätzen Schulunterricht, die wichtigste Voraussetzung für eine erfolgreiche Missionsarbeit, realisieren zu können, schickte man zunächst konfirmierte junge Männer aus dänischen Waisenhäusern nach Grönland, wo diese zu so genannten Katecheten ausgebildet wurden. Zur Ausbildung gehörte das Erlernen der grönländischen Sprache, da der Schulunterricht und die sonntägliche Andacht, die beiden Hauptaufgaben dieser »Hilfspastoren«, in der Sprache der Einheimischen abgehalten werden mussten.[189] Da diese Vorgehensweise nicht von Erfolg begleitet war, griff man seitens der Mission bald zu einem in der Geschichte des Kolonialismus ungewöhnlichen Hilfsmittel. Man bediente sich bei der Missionierung der grönländischen Bevölkerung einheimischer Helfer, die aufgrund ihrer Zugehörigkeit zur grönländischen Nation als Nationalkatecheten bezeichnet wurden.[190] Bereits im Jahr 1796 war

[187] Vgl. Frandsen 1999, S. 208 u. 214.

[188] »Så ikke alene kunne grønlænderne læse, de var også interesserede i at læse.« Ebd., S. 215.

[189] Vgl. Wilhjelm 2008, S. 22.

[190] Vgl. Thuesen 2007, S. 8.

die Katecheteninstitution in rein grönländischer Hand.[191] Die angehenden Katecheten wurden von den Missionaren aus dem Kreis der konfirmierten jungen Männer ausgewählt, die sich im Unterricht als besonders gute Schüler erwiesen hatten. Die Ausbildung fand zunächst unter Anleitung der Missionare in den Kolonien statt. Bereits zu Beginn des 19. Jahrhunderts hatte es Pläne gegeben, eine zentrale Lehranstalt für die Katechetenausbildung zu errichten. Aufgrund Dänemarks schwieriger politischer und wirtschaftlicher Lage während und nach den napoleonischen Kriegen sollte es allerdings bis 1845 dauern, bis die als Internate betriebenen Katechetenseminare in Godthåb (Nuuk) und Jakobshavn (Ilulissat) eröffnet wurden.[192] Das Seminar in Jakobshavn wurde schon 1875 wieder geschlossen, so dass sich Godthåb, bislang nur eine von mehreren größeren Kolonien, ab dann als der Ort mit der einzigen höheren Bildungseinrichtung des Landes sukzessive zu einer Art kulturellen Hauptstadt entwickeln konnte, eine Entwicklung, die das Nationalbewusstsein der Grönländer beförderte.

Wie Henrik Wilhjelm und Søren Thuesen übereinstimmend darlegen, rekrutierte sich ein großer Teil der grönländischen »Nationalkatecheten« aus der Gruppe der in der dänischen Literatur meist als *blandinger* (»Mischlinge«) bezeichneten Söhne aus dänisch-grönländischen Verbindungen.[193] Interessant ist, wie die Gruppe dieser »Mischlinge« im *Instruks*, der 1782 verabschiedeten gesetzlichen Grundlage für alle die Kolonie betreffenden Belange, definiert wurde. Die Definition orientierte sich weniger an ethnisch-biologischen als an sozialen Kriterien. Als *blanding* galt demnach nur, wer Kind aus einer Ehe zwischen einer grönländischen oder selbst zur Gruppe der *blandinger* zählenden Frau und einem europäischen Mann war. Die zahlreichen Kinder dänischer Väter und grönländischer Mütter, die außerhalb einer Ehe geboren wurden, zählten – obwohl sie teilweise mehrheitlich europäischer Abstammung waren – nicht zu den »Mischlingen«, sondern zu den »richtigen Grönländern«.[194] Diese zunächst etwas sonderbar erscheinende Definition illustriert abermals die von der Kolonialverwaltung forcierte enge diskursive Verknüpfung von *grønlandskhed* und dem als »nationales Gewerbe« deklarierten Robbenfang. Unabhängig von der tatsächlichen ethnischen Ab-

---

[191] Vgl. ebd., S. 66.

[192] Vgl. Frandsen 1999, S. 202.

[193] Vgl. Wilhjelm 2008, S. 25 sowie Thuesen 2007, S. 68f.

[194] Vgl. Thuesen 2007, 68f.

stammung galten allein diejenigen jungen Männer als Grönländer, die ohne einen europäischen Vater aufwachsen waren, also in einem Umfeld, in dem sie vom leiblichen grönländischen Vater oder – so der Vater ein nicht mit der Mutter verheirateter Däne war – von anderen Männern aus dem näheren familiären Umfeld die Kunst der Robbenjagd erlernt hatten.

Dass unter den an den Seminaren ausgebildeten »Nationalkatecheten«, die Søren Thuesen als »eine ausgebildete und führende Klasse«[195] bezeichnet, »die zwischen der Kolonialmacht und der grönländischen Bevölkerung vermitteln und eine einzigartige und elitäre Position innerhalb des künstlerischen, politischen und meinungsbildenden Betriebs in Grönland einnehmen konnte«[196], verhältnismäßig viele der Gruppe der *blandinger* zuzurechnende junge Männer waren, lässt sich wie folgt erklären. Zum einen sind die Grönländer, nachdem sich die von Rousseau inspirierte Repräsentationspraxis vom »edlen Wilden« – »naturally peaceful until corrupted by civilization«[197] – durchgesetzt hatte, nie einem negativen Rassismus ausgesetzt gewesen. Anders als in vielen anderen kolonialen Situationen war der intime Kontakt zwischen Kolonisierenden und Kolonisierten in Grönland daher nicht tabuisiert. Ganz im Gegenteil genossen die so genannten *blandinger* – zumindest außerhalb der sich im frühen 20. Jahrhundert konstituierenden kulturradikalen Kreise, die dazu neigten, die Position »zwischen zwei Kulturen« als Identitätsverwirrung zu pathologisieren[198] – schon aus dem Grund ein hohes gesellschaftliches Ansehen, da sie wegen ihrer westlich geprägten Erziehung den grönländischen Landsleuten als Vorbilder bei der Vermittlung von Tugenden wie Fleiß, Ordnung, Reinlichkeit und Hygiene dienlich sein konnten.[199] Sophie Petersen schreibt im Jahr 1928:

> Es ist zum Nutzen der gesamten eskimoischen Gesellschaft gewesen, dass im Laufe der 200 Jahre, während derer wir

---

[195] »en uddannet og ledende klasse« ebd., S. 9.

[196] »som kunne mediere mellem kolonimagten og den grønlandske befolkning [...] [og] indtage en enestående og elitær position indenfor den kunstneriske, politiske og meningsdannende virksomhed i Grønland« ebd.

[197] Fienup-Riordan 1990, S. xv.

[198] Siehe hierzu Kirsten Thisteds Besprechung von Aage Ibsens Roman *Fjeldgænger* (1908), der den unüberwindbaren und letztendlich fatalen Identitätskonflikt eines jungen *blandings*-Grönländers zum Thema hat (Thisted 2005a, S. 26–29).

[199] Vgl. Thuesen 2007, S. 116.

> kolonisiert haben, eine beträchtliche Vermischung mit dänischem Blut stattgefunden hat, etwas, von dem man sich nur wünschen kann, dass es in der Zukunft in *noch* größerem Umfang geschieht, wenn die Grönländer an neue Wirtschaftszweige und überhaupt viele neue Gegebenheiten gewöhnt werden müssen.
>
> Det har været til Gavn for hele det eskimoiske Samfund, at der i Løbet af de 200 Aar, hvori vi har koloniseret, er sket saa stor en Opblanding med dansk Blod, noget som man kun kan ønske i *endnu* højere Grad maa kunne finde Sted i Fremtiden, hvor Grønlænderne skal vænnes til nye Erhverv og i det hele taget til mange nye Forhold.[200]

Zum anderen bestand die Ausbildung an den Katechetenlehranstalten nicht allein in der Vermittlung von Wissen über die christliche europäische Kultur. Es war das Anliegen der Kolonialverwaltung, die Internatsschüler zu Mittelsmännern zwischen der Mission und der kolonisierten grönländischen Bevölkerung zu erziehen, mit dem Nebeneffekt, dass man sich durch deren Mittlertätigkeit zusätzliche Legitimation für das koloniale Vorhaben erhoffte. Dazu gehörte nicht nur, die angehenden Katecheten zu guten Botschaftern des Christentums und gesellschaftlichen Vorbildern für ihre Landsleute auszubilden, sondern ebenfalls die Vermittlung der als genuin grönländisch konnotierten Fähigkeiten, die nach den Vorgaben des vorherrschenden Diskurses einen vorbildhaften Grönländer ausmachten. So wurden die Internatsschüler unter anderem im Umgang mit dem Kajak unterwiesen. In dieser Disziplin hatten insbesondere die *blandinger* Nachholbedarf, da ihre dänischen Väter ihnen diese Grundvoraussetzung für die Ausübung des »nationalen Gewerbes« nicht hatten vermitteln können. Die Tatsache, dass sich die Missionare bei der Auswahl der künftigen Katecheten häufig für Söhne aus dänisch-grönländischen Ehen entschieden, ist daher nicht allein damit zu begründen, dass deren europäische Erziehung eine aus dänischer Sicht günstige Voraussetzung für die mit dem Katechetenamt verbundene Vermittlung westlicher Tugenden darstellte, sondern muss zugleich als eine bewusste Entscheidung dafür verstanden werden, den »Mischlingen« den unterentwickelten Teil ihrer grönländischen Identität zu vermitteln und sie zu befähigen, ein Auskommen durch Ausübung des »nationalen Gewerbes« zu bestreiten.[201] Da der Katechetenlohn bis ins

---

[200] Petersen 1928, S. 176 [Hervorhebung im Original].

[201] Vgl. Thuesen 2007, S. 96f.

20. Jahrhundert hinein äußerst gering war, waren auch die an den Seminaren ausgebildeten Katecheten darauf angewiesen, sich durch den Robbenfang selbst mit Lebensmitteln und anderen Produkten des täglichen Bedarfs versorgen zu können.[202] Henrik Wilhjelm fasst die ambivalenten Zielsetzungen des Seminarunterrichts wie folgt zusammen.

> Für die Eltern waren die Jagdaktivitäten nur ein notwendiges Übel. Das waren sie jedoch nicht für die europäischen Vorstandschaftsmitglieder und Lehrer. Ja für manche machten sie einen ganz entscheidenen Teil der Ausbildung aus, deren Ziel daher nicht nur darin bestand, Katecheten auszubilden, sondern zugleich »echte« Grönländer in einer neuen Zeit zu erschaffen: mit dem Glauben an das Alte, das Jagdgewerbe, das die Inuit in die Lage versetzt hatte unter schwierigen Bedingungen zu überleben, und offen für den neuen Glauben und die neue Kultur. Diese Synthese zu verwirklichen, sollte die Aufgabe der Schüler werden. Das Handwerkzeug dazu sollten sie sich am Seminar aneignen.
>
> Fangstaktiviteterne var for forældrene kun et nødvendigt onde. Det var det ikke for de europæiske forstandere og lærere. Ja for nogle [...] var det en helt afgørende del af uddannelsen, hvis formål derfor ikke kun var at uddanne kateketer, men tillige at skabe »rigtige« grønlændere i en ny tid: tro mod det gamle, fangererhvervet, der havde gjort inuit i stand til at overleve under de vanskelige betingelser, og åbne for den nye tro og kultur. Det skulle blive elevernes opgave at virkeliggøre syntesen. Byggestenene skulle de tilegne sig på seminariet.[203]

Wenn Søren Thuesen argumentiert, dass es den an den Seminaren ausgebildeten Katecheten gelungen ist, sich in einem »dritten Raum« im Sinne Bhabhas zu platzieren[204], erscheint dies vor diesem Hintergrund auf mehrfache Weise plausibel. Schon deswegen, weil die Gruppe der *blandinger* unter den Seminarschülern überdurchschnittlich stark repräsentiert war, wurde mit der Herausbildung einer neuen Bildungselite aus der zuvor weitgehend egalitären und klassenlosen grönländischen Gesellschaft die der kolonialen Situation innewohnende an ethnischen Kriterien festgemachte Binarität zwischen Kolonisierenden und Koloni-

---

[202] »Kateketembedet har givetvis langt op i 1800-tallet været betragtet som en supplementsindtægt til den egentlige erhverv, fangsten.« (Thuesen 1988, S. 41).

[203] Wilhjelm 2008, S. 50.

[204] Vgl. Thuesen 2007, S. 13.

sierten herausgefordert. Auch der mit dem Katechetenamt verbundene Lehrauftrag, der sich mit Henrik Wilhjelm als die Vermittlung einer Synthese aus traditioneller grönländischer und moderner – auf christlichen Werten beruhender – europäischer Kultur beschreiben lässt, eröffneten den Seminarschülern und Absolventen eine gesellschaftliche Zwischenposition, die sie in die Lage versetzte, als mit Handlungsmacht ausgestattete Akteure in die Diskurse um die Konstruktion einer grönländischen Nationalidentität einzutreten und dabei als Korrektiv bei der bis dato allein von dänischer Seite vorgegebenen diskursiven Verhandlung von *grønlandskhed* zu wirken. »Ihre generell größere ‚Schriftsgelehrtheit' verschafft den Katecheten einen Vorzugsstatus und eine tendentielle Machtposition«[205], schreibt Thuesen und illustriert damit das subversive Potential, das dem »dritten Raum«, innerhalb dessen die grönländischen Katecheten agierten, innewohnte.

2.8 Nationsbildung auf dem Fundament religiöser Erweckung

Über die Akteure nationaler Bewegungen in kolonisierten Gesellschaften schreibt Benedict Anderson in *Imagined Communities*:

> It is generally recognized that the intelligentsias were central to the rise of nationalism in the colonial territories, not least because colonialism ensured that native agrarian magnates, big merchants, industrial entrepreneurs, and even a large professional class were relative rarities. Almost everywhere economic power was [...] monopolized by the colonialists themselves [...].[206]

Diese für die Nationsbildungsprozesse zahlreicher ehemaliger Kolonien relevante Einschätzung Andersons ist im hohen Maße auf die grönländische Situation im späten 19. und frühen 20. Jahrhundert übertragbar. Als die ersten Einheimischen mit einer weiterführenden schulischen Ausbildung, die auch eine Schulung der Ausdrucksfähigkeit in grönländischer Rede und Schrift und ab Beginn des 20. Jahrhunderts zudem das Studium europäischer – vor allem dänischer – Literatur und Ideengeschichte

---

[205] »[K]ateketernes generelt større "skriftkyndighed" giver dem en fortrinsstatus og en tendentiel magtposition [...].« Thuesen 1988, S. 120f.

[206] Anderson 2006, S. 116.

umfasste[207], müssen die an den Seminaren ausgebildeten Katecheten als eine neue intellektuelle Klasse bezeichnet werden, die sich ihrer gesellschaftlichen Position bewusst war. »[T]he gap between a literate Inuit minority (the future elite) and uneducated hunters increased social stratification«[208], stellt Natalia Loukacheva für die Zeit ab etwa 1870 fest. In ihrer Studie vergleicht die Rechtswissenschaftlerin Grönlands und Nunavuts[209] Wege zur politischen Autonomie in historischer Perspektive und legt unter anderem dar, dass sich der lange Weg bis hin zur heutigen grönländischen Selbstverwaltung als ein Nationsbildungsprozess beschreiben lässt[210], der seinen Anfang spätestens in den ersten Jahren des 20. Jahrhunderts nahm[211], als die Grönländer erstmals durch eine von der neuen Bildungselite angeführte nationale Bewegung politisch mobilisiert wurden.[212]

Diese Einschätzung deckt sich mit Søren Thuesens Forschung, der sich in zwei Studien ausführlich mit den Katecheten und ihrer Rolle für die Konstruktion einer kollektiven grönländischen Identität befasst hat und zu dem Schluss kommt, dass der Unterricht am Seminar in Godthåb – spätestens nach dessen Neuausrichtung nach Vorbild der grundtvigianischen Volkshochschulen im Jahr 1907 – darauf aus war, den angehenden Katecheten eine positive persönliche und nationale Identität zu vermitteln.[213] Zur kollektiven grönländischen Identität im frühen 20. Jahrhundert, zu deren wirkmächtigsten Konstrukteuren er Schüler und Absolventen des Katechetenseminars zählt, stellt Thuesen unmissverständlich fest, »dass die moderne grönländische Identität eine ‚nationale' Identität

---

207 Anders als an den Grundschulen wurde an den Katechetenseminaren auch die dänische Sprache unterrichtet (erst ab den 1920er Jahren in höherem Umfang), was den Seminarschülern als den ersten Grönländern überhaupt Zugang zu einer größeren Menge dänischer und ins Dänische übersetzter Literatur ermöglichte (vgl. Petersen ca. 1980, S. 94).

208 Loukacheva 2007, S. 22.

209 Nunavut ist der Name des Siedlungsgebiets der kanadischen Inuit. Seit 1999 ist Nunavut ein eigenständiges, von der indigenen Bevölkerung weitgehend selbstverwaltetes Territorium (vgl. ebd., S. 31f.).

210 Vgl. ebd., S. 29.

211 Vgl. ebd., S. 28.

212 Vgl. ebd., S. 23 u. 28.

213 Vgl. Thuesen 1988, S. 70.

ist. Die moderne Identität beinhaltet eine Vorstellung von *einem* grönländischen Volk in *einem* grönländischen Land.«[214]

Dass die an den Seminaren – ab 1875 allein am Godthåber Seminar – ausgebildeten Katecheten, zu denen auch die Autoren der im Folgenden behandelten Romane zu zählen sind, bereits in der zweiten Hälfte des 19. Jahrhunderts als Angehörige einer Bildungselite hervortraten, die als Ausgangspunkt für eine erste – wohlgemerkt nicht separatistische – nationale Bewegung bezeichnet werden muss[215], ist teilweise in der Institution des Seminars selbst begründet. Nicht nur stellte die zunächst vierjährige Ausbildung zum Katecheten die erste und bis weit ins 20. Jahrhundert hinein einzige Möglichkeit für junge Grönländer dar, höhere Bildung zu erlangen. Zugleich erhielt mit den Katechetenschülern ein kleiner Teil der grönländischen Bevölkerung darüber hinaus erstmals Gelegenheit, die lokalen Gemeinschaften der Wohnplätze, Außenposten und Kolonien zu verlassen und sich auf nationaler Ebene mit Gleichgesinnten auszutauschen. Hatte die Einführung der Vorstandschaften Mitte des 19. Jahrhunderts zu ersten Erweiterungen der lokalen Identitäten geführt, so muss das Godthåber Katechetenseminar – spätestens nach dessen Umstrukturierung im Jahr 1907 – mit der es nicht nur ein erheblich größeres Gebäude samt Gymnastiksaal, sondern ebenfalls ein um dänischen Sprachunterricht und die europäische Literatur- und Ideengeschichte erweitertes Kurrikulum erhielt[216], als der Ort gesehen werden, von dem aus sich ein nationales Bewusstsein sukzessive in alle Teile der grönländischen Bevölkerung ausbreitete.

Hinzu kam, dass die dänischen Lehrer und Pastoren, die die angehenden Katecheten am Seminar unterrichteten, selbst in einem von der Suche nach einer nationalen Identität geprägten Jahrhundert sozialisiert worden waren. 1807 waren die Kopenhagener Opfer des ersten zivilen Bom-

---

214 »[at d]en moderne grønlandske identitet er en "national" identitet. Den moderne identitet indebærer en forestilling om ét grønlandsk folk og ét grønlandsk land.« Ebd. S. 161.

215 Karen Langgård kommt nach Auswertung zahlreicher zwischen 1860 und 1920 von Grönländern verfasster Texte zu dem Schluss, dass »Greenlanders, after all do have an ethno-national awareness although they do not possess a souvereign state.« (Langgård 1998, S. 88). Langgård stellt weiter fest, dass »their [Greenlanders'] nationalism was not as yet actively politicized, i. e., it was without any explicit idea of a separate Greenlandic state. Greenlanders were only aware of nationality and of ethnicity.« (ebd., S. 96).

216 Vgl. Thuesen 2007, S. 115f.

bardements in der Geschichte geworden, mit dem sich die Briten an Dänemarks Sympathiebekundungen für Napoleon rächten. Mit dem Frieden von Kiel 1814 musste Dänemark, das sich nun ganz auf die Seite Frankreichs geschlagen hatte und somit zu den Kriegsverlierern gehörte, seine Provinz Norwegen an Schweden abtreten. 1864 gingen nach der blutigen Auseinandersetzung mit Bismarcks Heer auch die Herzogtümer Schleswig und Holstein verloren. Das Jahrhundert der Niederlagen und Kränkungen, wie man die Zeitspanne aus dänischer Perspektive beschreiben kann, verwandelte den Vielvölkerstaat Dänemark in einen kleinen homogenen Nationalstaat und schmiedete die Dänen zu einer nationalen Schicksalsgemeinschaft zusammen. »Hvad udad tabes, skal indad vindes« (»Was nach außen verloren, muss nach innen gewonnen werden«), lautete eine der prominentesten Parolen der Zeit. Obwohl dieser Ausspruch auf den Dichter Hans Peter Holst zurückgeht, steht er bis heute synekdochisch für die spätestens mit dem verlorenen Krieg von 1864 laut werdende Forderung nach einem durch geschichtsbewusste Volksbildung und eine verinnerlichte Religiosität befördertem nach innen gerichteten Nationalbewusstsein, die in erster Linie im politischen und philosophischen Denken N. F. S. Grundtvigs zum Ausdruck kommt.[217] Kirsten Thisted erkennt in dem auf Religiosität, Aufklärung und Fortschrittstreben basierenden Seminarbetrieb deutliche Parallelen zur Devise der im Kielwasser der dänischen Bauern- und Genossenschaftsbewegung etablierten grundtvigianischen Volkshochschulen:

> Die Ideen vom gesunden und natürlichen *Volk*, das es zu erwecken, zu gestalten und auszubilden gelte, damit es zum Fundament einer neuen, freien und demokratischen Gesellschaft werden konnte, ließen sich gut nach Grönland überführen, indem man das Verhältnis zwischen den beiden Ländern als eine Mutter-Kind-Bild deutete: Mit der Hilfe Dänemarks sollte das kindliche grönländische Volk durch eine schwere Pubertätsphase hin zu reifer, erwachsener Erkenntnis geführt werden.
>
> Ideerne om det sunde og naturlige *folk*, der skulle rejses, dannes og uddannes for at kunne blive fundamentet for et nyt, frit og demokratisk samfund, lod sig fint overføre til Grønland, idet man tolkede forholdet mellem de to lande ind i mor-barn-billedet: med Danmarks hjælp skulle det barnlige grønlandske folk ledes

[217] Zum Einfluss von Grundtvigs Wirken auf das dänische Nationalbewusstsein und die dänische Staatskirche liegt zahlreiche Forschungsliteratur vor. Einen anschaulichen Überblick bietet Vind 2003.

> gennem en svær pubertets-overgang frem til moden voksen erkendelse.[218]

Dass der Unterricht der dänischen Lehrer am Katechetenseminar und mit ihm auch das Denken der grönländischen Absolventen Prägung durch die Rezeption von sich innerhalb der dänischen Nationalromantik und des Grundtvigianismus verortender Werke und Ideen erfahren hatte, belegen nicht nur Søren Thuesens und Henrik Wilhjelms Studien zur kulturhistorischen Kontextualisierung der Seminare selbst[219], sondern auch die im Folgenden analysierten ersten grönländischen Romane.

Was innerhalb der um den Wechsel vom 19. zum 20. Jahrhundert erstarkenden Debatte um *kalaaliussuseq*[220], die grönländische Nationalidentität, nicht infrage gestellt wurde, war, dass die moderne grönländische Gesellschaft auf christlichen Werten beruhen sollte. Die Bildungselite bestand schließlich ausschließlich aus Absolventen des Katechetenseminars, die zu Helfern der dänischen Mission ausgebildet worden waren und eine theologische Ausbildung genossen hatten. Auch nachdem die Mission im Jahr 1905 für abgeschlossen erklärt[221] und bald darauf ein größeres Seminar unter Leitung des Grundtvigianers Christian Wilhelm Schultz-Lorentzen unter dem Progressivität und Religiosität vereinenden Motto »Fremad, opad« (»Vorwärts, aufwärts«) eröffnet wurde, blieb die Ausbildung zum Katecheten zunächst weiterhin die einzige Möglichkeit für junge Grönländer, höhere Bildung zu erlangen. Erst im Jahr 1925 wurde ein säkularer Ausbildungszweig für Lehrer und Angestellte von Handel und Kolonialverwaltung eingeführt und das kirchliche Monopol auf weiterführende Bildung erstmals gebrochen.[222] Damit waren »die Seminarschüler nun nicht mehr gezwungen den geistlichen Weg zu beschreiten, wenn sie kein Bedürfnis dazu verspürten«[223], hebt Mathias Storch in *Strejflys over Grønland* hervor.

---

218 Thisted 1990a, S. 112 [Hervorhebung im Original].

219 Thuesen 1988 u. 2007 sowie Wilhjelm 1997 u. 2008.

220 Der vor allem zu Beginn des 20. Jahrhunderts innerhalb der öffentlichen grönländischen Debatte häufig anzutreffende Begriff *kalaaliussuseq* wird im Dänischen meist mit *grønlandskhed* wiedergegeben und bedeutet ins Deutsche übertragen soviel wie die Summe dessen, was es ausmacht, ein Grönländer zu sein.

221 Vgl. Thomsen 1998, S. 32.

222 Vgl. Storch 1930, S. 96.

223 »seminaristerne nu ikke mere tvungne til at gaa den gejstlige vej, naar de ikke [følte] trang til det« ebd., S. 115.

Die erste weiterführende Schule für junge Frauen wurde erst 1932 in Egedesminde (Aasiaat) eröffnet. Zuvor war die Ausbildung zur Hebamme die einzige Möglichkeit für Grönländerinnen gewesen, das ihnen zugeschriebene traditionelle Rollenmodell der haushälterischen Unterstützerin des männlichen Familienversorgers zu verlassen.[224] Es ist daher auch im Hinblick auf die kulturhistorische Analyse der ersten grönländischen Romane wichtig festzustellen, dass die frühe grönländische Bildungselite, die »aufgrund ihrer Beherrschung von Wort und Medien und ihrer Gewandtheit auf öffentlichen Bühnen in weitem Umfang die Tagesordnung der Diskussionen der grönländischen Öffentlichkeit setzen sollte«[225], nicht nur der protestantischen Kirche und dem christlichen Glauben verpflichtet, sondern auch eindeutig von Männern dominiert war, weswegen die Position des handlungsmächtigen kolonisierten Subjekts, die die ersten grönländischen Intellektuellen durch ihre mit dem Katechetenamt verbundene Mittlertätigkeit zwischen Kolonialverwaltung und lokaler Bevölkerung erreichen konnten, bis weit ins 20. Jahrhundert hinein männlich konnotiert war.[226]

2.9 Lesenswertes, das nichts kostet: Das erste grönländische Massenmedium *Atuagagdliutit*

Nach der Einführung der Vorstandschaften und der Eröffnung der Katechetenseminare war die von Kolonialinspektor Hinrich Rink initiierte Inbetriebnahme einer Buchdruckerei in Godthåb im Jahr 1857 das dritte Ereignis, das den Alltag der Grönländer verändern und einen wesentlichen Beitrag zur Konstruktion einer kollektiven Nationalidentität leisten sollte. Knud Oldendow, der ab 1924 letzter dänischer Kolonialinspektor in Südgrönland war und nach einer Verwaltungsreform im Jahr 1925 bis

---

[224] Vgl. Vebæk 1990, S. 142f. sowie Tróndheim 2004.

[225] »i kraft af [dens] beherskelse af ord, medier og offentlige scener i vid udstrækning kommer til at sætte dagsordenen for den grønlandske offentligheds diskussioner« Thuesen 2007, S. 183f.

[226] Die männliche Dominanz innerhalb der grönländischen Bildungselite kommt auch in der Literaturproduktion zum Ausdruck. Der erste von einer Frau verfasste grönländische Roman erscheint erst im Jahr 1981. Es handelt sich dabei um Vebæk, Mâliâraq: *Busíme nâpíneĸ*. Nuuk, 1981 (dänische Übersetzung: Vebæk, Mâliâraq: *Historien om Katrine*. København, 1982). Ins Deutsche übertragen bedeutet der grönländische Titel etwa »Begegnung in einem Bus«, während der dänische Titel mit »Katrines Geschichte« wiederzugeben ist.

1932 den Posten des Gouverneurs (*landsfoged*) von Südgrönland bekleidete, nennt in seiner buchhistorischen Abhandlung zum grönländischen Druckereiwesen beispielhaft für die Vielfalt der in der zweiten Hälfte des 19. Jahrhunderts erschienenen Druckerzeugnisse unter anderem Jagdbeschreibungen und Fangstatistiken, Anleitungen zur Buchführung und zum Häuserbau, Lehrbücher für Hebammen und Krankenschwestern, Lesebücher für Grundschule und Katechetenseminar, Fibeln, Geschichts- und Mathematikbücher, Berichte aus den Seminaren, Weihnachtsliedersammlungen, Bibeln, Psalm- und Gesangbücher sowie Hygienelehrbücher.[227] Letztere stellten aus Sicht der Kolonialverwaltung vor allem aus dem Grund einen wichtigen Beitrag zur Aufklärung der grönländischen Bevölkerung dar, da die Tuberkulose seit langem eine der häufigsten Todesursachen in Grönland war, und es auch bis Mitte des 20. Jahrhunderts blieb.[228]

Die für die Entwicklung eines kollektiven Nationalgefühls bedeutsamste Publikation war die ab 1861 von der Kolonialverwaltung herausgegebene grönländischsprachige Zeitung *Atugagdliutit*. Die Zeitung, deren Name frei übersetzt soviel wie »Lesenswertes, das nichts kostet«[229] bedeutet, erschien einmal monatlich in Godthåb, erreichte alle anderen Kolonialdistrikte allerdings nur einmal jährlich als eine Art gebundenes Jahrbuch. Die Zeitungen wurden an die Vorstandschaften ausgeliefert, die angehalten waren, die Exemplare kostenlos an die grönländische Bevölkerung zu verteilen. Europäische Leser hingegen hatten einen Obolus zu entrichten.[230] Die Zielsetzungen der Zeitung hatte Kolonialinspektor Hinrich Rink schriftlich fixiert: *Atuagagdliutit* sollte die grönländische Bevölkerung sozial und politisch aufklären und zusätzlich unterhaltsame Beiträge zur Befriedigung der weit verbreiteten Leselust liefern.[231] Über die Zusammensetzung des Blattes entschied fast 50 Jahre lang der grönländische Redakteur Lars Møller, den Rink im Jahr 1861 nach Dänemark geschickt hatte, wo er das Druckerhandwerk erlernen sollte. Dass Grönländer die Möglichkeit erhielten, ihr Land zu Ausbildungszwecken zu verlasen, muss zu dieser Zeit als absolute Ausnahme be-

[227] Vgl. Oldendow 1957, S. 190.

[228] Vgl. o. A. 2010.

[229] Vgl. Thomsen 1998, S. 27.

[230] Vgl. Oldendow 1957, S. 107.

[231] Vgl. Langgård 1998, S. 87.

trachtet werden.[232] Auch wenn mit der Ernennung Møllers zum Redakteur die Entscheidungsgewalt über die Inhalte der Zeitung in grönländischer Hand lag, muss bei der Analyse von Artikeln aus *Atuagagdliutit* stets bedacht werden, dass sämtliche Ausgaben mindestens bis 1924 dem Kolonialinspektor von Südgrönland zur endgültigen Abnahme vorgelegt wurden.[233]

Die in *Atuagagdliutit* veröffentlichten Texte waren äußerst vielfältiger Gestalt. Einen Teil bildeten als Fortsetzungsromane gedruckte grönländische Übersetzungen kanonisierter europäischer Literatur, die für die meisten Grönländer die ersten Begegnungen mit belletristischen Texten darstellten. Bei der Auswahl der Werke, mit denen man die grönländische Leserschaft vertraut machen wollte, lässt sich allerdings kaum ein schlüssiges Muster erkennen. Während die Erziehung Freitags zum zivilisierten und anglophonen Christen durch Daniel Defoes *Robinson Crusoe*, erschienen in *Atuagagdliutit* im Jahr 1862[234], eventuell Parallelen zu den Zielsetzungen der dänischen Mission und Kolonialverwaltung in Grönland erkennen lies, so fällt die Suche nach ähnlichen Verbindungen im Fall von Christoph Martin Wielands am Hofe Karls des Großen angesiedelten Versepos *Oberon*, erschienen in *Atuagagdliutit* im Jahr 1863[235], ungleich schwieriger aus. Ein weiterer Teil der veröffentlichten Texte bestand aus Nachrichten aus Grönland und Dänemark, die sowohl von grönländischen Autoren als auch von Personen aus dem Umfeld der Mission und der Kolonialverwaltung aufbereitet wurden. Ausführlich wurde über Ereignisse im dänischen Königshaus, den Krieg von 1864 sowie über Expeditionen, vor allem über die Entdeckung der ostgrönländischen Siedlung Ammassalik, berichtet.[236] Hinzu kamen Darstellungen über die Missionsgeschichte in Grönland in Form von Portraits Hans Egedes und seiner Söhne sowie auszugsweise Übersetzungen ihrer Schriften, vor allem solcher Passagen, in denen die Missionare des

---

[232] Vgl. ebd.

[233] Vgl. Oldendow 1957, S. 122. Oldendow behauptet hier, dass er selbst ab 1924 in seiner Amtszeit als Kolonialinspektor und später Gouverneur von Südgrönland auf eine derartige Zensur verzichtet habe.

[234] Vgl. ebd., S. 113.

[235] Vgl. ebd.

[236] Vgl. Berthelsen 1983, S. 49.

18. Jahrhunderts die heidnischen Schamanen als Scharlatane und Quacksalber verunglimpften.[237]

Den größten Teil der in *Atuagagdliutit* veröffentlichten Artikel machten jedoch von Grönländern verfasste Berichte von den einzelnen Wohnplätzen und Außenposten aus. Dabei handelte es sich um Schilderungen von Unglücken, ungewöhnlichen Vorkommnissen oder ganz allgemeinen Mitteilungen darüber, wie der Winter vor Ort verlaufen oder wie es derzeit um den lokalen Robbenbestand bestellt war.[238] Auf diese Weise konnte *Atuagagdliutit* schon bald auf doppelte Weise reüssieren. Nicht nur stellte das Blatt ein Bindeglied zwischen der weit zerstreut lebenden grönländischen Bevölkerung dar und versorgte diese erstmals mit Neuigkeiten aus entfernt liegenden Landesteilen. Auch bot die Zeitung den Grönländern die Möglichkeit, selbst zu Autoren zu werden und ihren Landsleuten das mitzuteilen, wovon sie glaubten, dass es von allgemeinem Interesse sei.

»Die Zeitungen wurden wieder und wieder gelesen und bildeten somit auch in breiteren Kreisen die Grundlage für eine vorgestellte Gemeinschaft – eine grönländische Identität – und nicht nur wie bisher eine lokale Identität«[239], schreibt Hanne Thomsen in Anlehnung an Benedict Andersons Studie *Imagined Communities,* in der dieser darlegt, dass neben dem Roman vor allem die Zeitung »provided the technical means for 're-presenting' the *kind* of imagined community that is the nation.«[240] Anderson vertritt die These, dass die Gleichzeitigkeit des Erfahrens von Neuigkeiten über Menschen an einem Ort A durch Zeitungslektüre von Menschen an einem Ort B und einem Ort C ein als vorgestellte Gemeinschaft zu beschreibendes Zusammengehörigkeitsgefühl zwischen diesen in der Realität kaum miteinander in Berührung tretenden Menschen erzeuge. Anderson spricht von einer »community in anonymity which is the hallmark of modern nations.«[241] Insbesondere in Bezug auf Grönland, wo die Möglichkeiten des direkten Kontakts und der Kommunikation allein aus geografischen Gründen stark beeinträchtigt waren und

---

[237] Vgl. Langgård 1998, S. 99.

[238] Vgl. Berthelsen 1983, S. 49.

[239] »Aviserne blev læst igen og igen og gav dermed også for bredere kredse grundlaget for et forestillet fællesskab – en grønlandsk identitet – og ikke blot som hidtil for en lokal identitet.« Thomsen 1998, S. 27.

[240] Anderson 2006, S. 25 [Hervorhebung im Original].

[241] Ebd., S. 36.

sind, erscheint Andersons These zur Rolle der Zeitung innerhalb eines Nationsbildungsprozesses äußerst plausibel.

2.10 Jahre des Umbruchs und eine öffentliche Debatte über das Wesen der Nation

War *Atuagagdliutit* von Beginn an ein Medium gewesen, das die Herausbildung einer grönländischen Nationalidentität befördert hatte, so wurde die Zeitung ab Anfang des 20. Jahrhunderts zu einem Ort, an dem die Debatte darüber, was diese Identität im Einzelnen ausmachte, offen und lebhaft geführt wurde. Zwischen 1911 und 1920 erschien in *Atuagagdliutit* und in *Avangnâmioĸ*, einer Zeitung, die ab 1913 am Amtssitz des Kolonialinspektors von Nordgrönland in Godhavn (Qeqertarsuaq) herausgegeben wurde, eine Reihe von Artikeln, in denen sich grönländische Autoren – viele von ihnen waren Katecheten – über *kalaaliussuseq*, die Essenz dessen, was es ausmacht, ein Grönländer zu sein, stritten.[242] Die Debatte ist vor dem Hintergrund zu betrachten, dass die ersten Jahre des 20. Jahrhunderts eine Zeit großer Umbrüche und Veränderungen waren. Mit dem Ende der Mission im Jahr 1905 wurde die grönländische Kirche nach dänischem Vorbild umgestaltet. 1907 wurde das reformierte Katechetenseminar eröffnet, aus dessen Mitte sich eine religiöse Erweckungsbewegung nach grundtvigianischem Vorbild herausbildete. *Peqatigiinniat*, so der Name dieser ersten grönländischen Volksbewegung, hatte eine nationale Erweckung auf christlicher Grundlage zum Ziel und schon bald erheblichen Zulauf.[243] Unterstützt vom dänischen Seminarleiter Schultz-Lorentzen und unter Mitwirkung von Mathias Storch bildete die Bewegung, zu deren Aktivitäten das Abhalten von aufklärenden Vortragsveranstaltungen zählte, Abteilungen in sämtlichen grönländischen Kolonien, so dass *Peqatigiinniat* als der erste grönländische Verein bezeichnet werden kann, der auf nationaler Ebene agierte.[244]

1908 erhielt Grönland zudem eine neue Verwaltungsstruktur. Erstmals seit 1776 wurden Handel und Verwaltung voneinander getrennt. Die Vorstandschaften, denen qua Amt auch viele dänische Vertreter ange-

---

[242] Vgl. hierzu Berthelsen 1976.

[243] Von den ca. 300 Einwohnern Godthåbs waren im Jahr 1909 120 Mitglieder der Erweckungsbewegung (vgl. Thuesen 1988, S. 96).

[244] Ausführlich zum Einfluss von *Peqatigiinniat* auf die Bildung einer grönländischen Nationalidentität siehe ebd., S. 81–117.

hört hatten, wurden durch Gemeinderäte (*kommuneråd*) ersetzt, in die ausschließlich Grönländer gewählt werden konnten. Darüber hinaus wurden zwei Kreistage (*landsråd*) in den weiterhin voneinander getrennten Kolonialdistrikten Nord- und Südgrönland eingeführt.

Hinzu kam, dass der Robbenbestand in den ersten Jahren des 20. Jahrhunderts erheblich und dauerhaft zurückging, während gleichzeitig das Klima milder wurde und die Durchschnittstemperatur merkbar anstieg.[245] Daher diskutierte die grönländische Bevölkerung nun erstmals öffentlich über die wirtschaftliche Zukunft des Landes, wobei manche die vor dem Hintergrund der vom dänischen Diskurs beförderten und von vielen Grönländern übernommenen Glorifizierung des »nationalen Gewerbes« radikal erscheinende Position vertraten, den Robbenfang künftig zugunsten von industrieller Fischerei und (vor allem in Südgrönland möglicher) Schafzucht zu vernachlässigen. Über fünfzig Jahre lang war die dänische Kolonialverwaltung darum bemüht gewesen, eine nationale grönländische Identität zu konstruieren, die untrennbar mit dem Bild des stolzen selbst bestimmten Robbenfängers verbunden war. Umso emotionaler wurde die Debatte um die eventuelle Abkehr von diesem als genuin grönländisch betrachteten Wirtschaftszweig geführt. Ein Argument, das gegen die Etablierung der Fischerei als Hauptwirtschaftszweig sprach, war, dass diese, anders als der Robbenfang, durch den beinahe sämtliche Produkte, die ein traditioneller grönländischer Haushalt benötigte, gesichert waren, nicht als Subsistenzwirtschaft betrieben werden konnte. Für die Grönländer bedeutete dies, dass sie sich mit einer Abkehr vom »nationalen Gewerbe« in dauerhafte Abhängigkeit der Dänen begeben müssten, von denen man sich nicht sicher war, ob sie Grönland nicht eines Tages wieder verlassen würden.[246] Dennoch setzte sich die Fischerei bis zum Zweiten Weltkrieg als wichtigster Wirtschaftszweig durch, während der Anteil der hauptberuflichen Robbenfänger an der Bevölkerung sukzessive zurückging.[247] Christian Berthelsen fasst die kontroversen Standpunkte der in *Atuagagdliutit* und *Avangnâmioĸ* geführten Debatte, an der sich auch Mathias Storch mit zwei Beiträgen beteiligte, wie folgt zusammen:

---

[245] Vgl. Berthelsen 1976, S. 118.

[246] Vgl. ebd., S. 119.

[247] Gingen im Jahr 1911 noch 73 Prozent der grönländischen Männer der hauptberuflichen Robbenjagd nach, war ihr Anteil im Jahr 1930 bereits auf 49 Prozent gesunken (vgl. Boel u. Thuesen 1993, S. 47).

> Die eine Seite der Debatte setzt das Grönländersein klar mit dem Jägergewerbe gleich, während die andere Seite darauf bestand, dass man ein eben so guter Grönländer sein könne, wenn man einem anderen Erwerb nachgehe, da die Sprache das einzig sichere Kennzeichen des Grönländerseins sei.
>
> Den ene part i debatten sætter et klart lighedstegn mellem fangererhvervet og det at være grønlænder, medens den anden part fastholdt, at man var lige så god en grønlænder, selv om man havde et andet erhverv, idet sproget var det eneste sikre kendetegn på det at være grønlænder.[248]

Denjenigen Teilnehmern der Debatte, die die grönländische Identität – klassisch nationalistisch – über Vorstellungen von einer Sprache, einem Volk und einer gemeinsamen Geschichte definierten[249], war insbesondere daran gelegen, eine Gleichsetzung von *grønlandskhed* und Primitivität zu vermeiden, die sie in der engen Verknüpfung von Identität und dem als »nationales Gewerbe« deklarierten Robbenfang realisiert sahen.[250] So bemüht der Katechet H. Hansen aus Upernavik in seinem *Avangnâmioĸ*-Beitrag aus dem Jahr 1916 einen interessanten Vergleich der aus seiner Sicht kulturell höher stehenden Grönländer mit den »kulturlosen« Jägern Afrikas, über deren Lebensbedingungen er aus dänischen Zeitungen erfahren haben muss:

> Das Grönlandertum [*grønlandskheden*] bildet sich aus unserer eigenen Nationalität mit eigener Sprache, eigenem Land und eigenem Bewusstsein für unsere Vorväter. Wir haben keine eigentümliche Wirtschaftsgrundlage, und das können wir sehen, wenn wir über Bräuche und Gewerbe der vielen kulturlosen Völker lesen. Die Fangblase ist kein Zeichen für das Grönländertum. Die Afrikaner fangen Nilpferde und benutzen dabei Fangblase und Riemen, ohne dass sie Grönländer sind.
>
> Grønlandskheden er til via vores særegne nationalitet med særskilt sprog, særskilt land og säregen bevidsthed om vores forfædre. Vi har ikke et særegent erhvervsgrundlag, og dette kan vi se, når vi læser om de mange kulturløse folkeslags skikke og erhverv. [...]

---

[248] Berthelsen 1976, S. 117.

[249] »The one-nation-one-state model acquired a decided linguistic tinge through the ideas of Herder, Wilhelm von Humboldt (1767-1835), and Johann Gottlieb Fichte (1762-1814). And since 1840 the linking-together of nation, state and language has been a dominating principle of nationalist ideology.« (Nauerby 1996, S. 5).

[250] Vgl. Boel und Thuesen 1993, S. 48f.

> Fangstblæren er ikke tegn på grønlandskhed – afrikanerne fanger flodheste og bruger fangstblære og rem, uden at være grønlændere.[251]

Die Jagd, spielt in diesem fast schon absurd erscheinenden Vergleich keine Rolle für die Konstruktion einer grönländischen Nationalidentität. Dass sich der als grönländische Identitätsdebatte bekannt gewordene öffentliche Streit über beinahe zehn Jahre hinzog, ist der spärlichen Infrastruktur zu Beginn des 20. Jahrhunderts geschuldet. Da die Zeitungen die meisten Grönländer nur einmal jährlich erreichten, vergingen oft viele Monate, bis auf einen Diskussionsbeitrag geantwortet werden konnte, und es dauerte bis zu zwei Jahren, bis ein Debattenteilnehmer von eventuellen Repliken auf seinen eigenen Beitrag überhaupt erfuhr. Dass die Debatte trotz dieser widrig erscheinenden Bedingungen geführt wurde, illustriert einerseits die Begeisterung, mit der die grönländische Bildungselite die neuen Möglichkeiten des öffentlichen schriftlichen Austauschs annahm, und anderseits die Bedeutung, die sie der Diskussion um *grønlandskhed,* also einem Identität stiftenden internen grönländischen Diskurs, zumaß. Zudem ist die Zeitungsdebatte ein Beleg für das lange Andauern von gesellschaftlich relevanten Diskussionen im Grönland der ersten Hälfte des 20. Jahrhunderts und hilft somit, die oben formulierte These zu untermauern, dass auch die ersten vier grönländischen Romane, obwohl sie über eine Zeitspanne von 24 Jahren erschienen, als Repliken aufeinander zu verstehen sind. Zumindest Mathias Storchs *En grønlænders drøm* und Augo Lynges *Trehundrede år efter …* sind als – freilich weit über die Frage des Robbenfangs hinausgehende – Beiträge innerhalb jenes Gesellschaftsdiskurses zu lesen, der mit dem Eintritt der ersten grönländischen Intellektuellen in die öffentliche Debatte, die mit *Atuagagdliutit* und *Avangnâmioĸ* ein Medium erhalten hatte, seinen Anfang nahm.

Mathias Storch vertrat innerhalb der grönländischen Identitätsdebatte keine der beiden von Christian Berthelsen benannten Extrempositionen. Er war der pragmatischen Auffassung, dass der Robbenfang zwar der tragende Wirtschaftszweig Grönlands sei, man sich, sofern die Robben ausblieben, aber ruhig auf alternative Erwerbsmöglichkeiten wie Walfang,

---

[251] Übersetzt und zitiert in Thorleifsen 1991, S. 46. Bei dieser Abhandlung handelt es sich um Thorleifsens Studienabschlussarbeit (*specialeafhandling*) im Fach Geschichte. Die Arbeit muss, obwohl sie nie veröffentlicht wurde, zur einschlägigen Literatur innerhalb der Grönlandforschung gezählt werden; sie liegt einigen Forschungsbibliotheken in Kopie vor, so auch der Bibliothek des *Institut for Eskimologi* an *Københavns Universitet,* wo ich im September 2010 Einsicht nehmen konnte.

Fischerei und Kohlebergbau konzentrieren solle. Zudem nennt Storch ein verbessertes Bildungssystem als wichtigste Voraussetzung für seine Vision einer zukünftigen grönländischen Gesellschaft[252], ein Topos, der auch in *En grønlænders drøm* nahezu allgegenwärtig ist. Storch war darum bemüht, die Definition der grönländischen Nationalidentität von der sozialen Kategorie der Erwerbsform loszulösen und tritt für ein selbstbewusstes Grönland ein, in dem einige nach wie vor dem traditionellen Robbenfang nachgehen, während andere als Lohnarbeiter und »Lehrer für ihrer Landsleute«[253] in Handel, Kirche und Schulwesen beschäftigt sind. Daher spricht er sich auch für die Abschaffung des Kajakunterrichts für angehende Katecheten aus.[254] Storch stimmt hier mit Jonathan Petersen überein, der als einer der berühmtesten jener grönländischen Dichter gilt, die die diskursive Verhandlung von Identität zu Beginn des 20. Jahrhunderts mit nationalen Liedern und Psalmen nach grundtvigianisch-dänischem Vorbild bereicherten.[255] Ein Auszug aus Petersens Lied mit dem Titel »De ægte grønlændere og de nye grønlændere« (»Die wahren Grönländer und die neuen Grönländer«) soll an dieser Stelle, an der die kulturhistorische Kontextualisierung das Erscheinungsjahr des ersten grönländischen Romans erreicht, den Übergang zur literaturwissenschaftlichen Analyse der Anfänge der grönländischen Romanliteratur markieren:

[252] Vgl. Berthelsen 1976, S. 118.

[253] »lærere for deres landsmænd« ebd. Berthelsen übersetzt und zitiert hier einen der Beiträge Storchs zur in *Avangnâmioĸ* und *Atuagagdliutit* geführten Identitätsdebatte, der innerhalb des *Atuagagdliutit*-Jahrgangs 1911/1912 erschien.

[254] Vgl. Thuesen 1988, S. 161.

[255] Vgl. Berthelsen 1983, S. 62f.

Die wahren Grönländer fahren Kajak (die Männer)
Denn die Jagd liegt auf dem Meer.
Für dich ist es ein Echtheitsstempel
Einer von diesen richtigen Kajakfahrern zu sein.
So breitet dein Ruhm sich aus, Grönländer, sogar in fremden Ländern. [...]

Die grönländische Lebensform ist schon bald nicht mehr so (wohl wahr).
Es gibt manch einen, der dem Kajak nicht den ihm gebührenen Respekt zollt.
Und dann gibt es noch uns, die feste Anstellungen haben,
Lasst uns in Frieden arbeiten und arbeiten.
Wir haben ja unser Auskommen – bloß nicht im Kajak.

Ægte grønlændere ror kajak (mændene)
For det er på havet jagten ligger.
Det er et adelsmærke for dig
At være en af disse rigtige kajakmænd
Så breder dit ry sig, grønlænder, selv i fremmede lande. [...]

Den grønlandske livsform er snart ikke mere sådan (sandt nok).
Der er nogle, der ikke viser kajakken den fornødne respekt.
Og så er der os, der har faste stillinger,
Lad os i fred arbejde og arbejde.
Vi har jo vort udkomme – det er bare ikke i kajak. [...].[256]

[256] Diese dänische Übersetzung von Jonathan Petersens Lied »De ægte grønlændere og de nye grønlændere« findet sich in ebd., S. 78f. Wann genau Petersen das Lied schrieb, ist nicht bekannt. Fest steht nur, dass es zwischen 1910 und 1920 entstand.

3 Von Arbeitern unter Landsleuten: Literarische Blicke in die Zukunft der grönländischen Nation

3.1 Mathias Storch: *En grønlænders drøm* (1914)

23-jährig reist Mathias Storch (1883–1957) im Jahr 1906 nach Dänemark, um sich nach Abschluss seiner sechsjährigen Katechetenausbildung am Godthåber Seminar für eine Stelle als Pastor zu qualifizieren. Mit dem offiziellen Ende der Missionsarbeit und der Umstrukturierung des grönländischen Kirchenwesens nach dänischem Vorbild im Jahr 1905 stand jungen Grönländern zumindest in der Theorie der Weg in alle Ämter der neuen grönländischen *folkekirke* (»Staatskirche«) offen. Fortan wurde einem oder zwei sich durch besonders herausragende Leistungen auszeichnenden Absolventen eines jeden Abschlussjahrgangs des Katechetenseminars das Privileg zuteil, eine auf zwei Jahre begrenzte weiterführende theologische Ausbildung in Dänemark antreten zu dürfen. Diese Vorgehensweise stellte für einen freilich äußerst kleinen Teil der grönländischen Bevölkerung die erste gesetzlich fixierte Möglichkeit für einen zeitlich befristeten Aufenthalt außerhalb der bis nach Ende des Zweiten Weltkriegs abgeriegelten Kolonie dar. Mathias Storch war einer der beiden ersten grönländischen Katecheten, die eine Ausbildung in Dänemark erhielten. Es gelang ihm sogar, eine Verlängerung seines Aufenthaltes um ein drittes Jahr auszuhandeln, indem er argumentierte, dass die Ausbildung für ihn erst ab dem zweiten Jahr von Gewinn gewesen sei, da er zu Beginn zunächst seine Dänischkenntnisse habe verbessern müssen. Nach seiner Rückkehr aus Dänemark wurde Storch Oberkatechet im Kolonialdistrikt Jakobshavn (Ilulissat) und begann, noch bevor er im Jahr 1911 als erster Grönländer zum Priester geweiht wurde, bereits 1910 mit der Arbeit an seinem ersten und einzigen Roman *En grønlænders drøm*, die er vier Jahre später zum Abschluss brachte.[257]

Als mit der Eröffnung des neuen Seminars im Jahr 1907 der dänische Sprachunterricht und das Studium dänischer Literatur zu maßgeblichen Bestandteilen des Kurrikulums wurden, hatte Storch seine Katechetenausbildung bereits abgeschlossen. Das Romangenre lernte er daher erst während seines Aufenthaltes in Dänemark kennen und beschloss wohl

[257] Zu sämtlichen Angaben zu Mathias Storchs Biografie siehe Petersen ca. 1980, S. 81f.

in dieser Zeit, es mit *En grønlænders drøm* innerhalb der noch jungen grönländischen Literatur zu etablieren. Bisher umfasste diese in erster Linie Niederschriften der mündlich tradierten Mythen und Sagen sowie von einem grundtvigianischen Nationalismus inspirierte Lieder und Psalmen. Für die meisten grönländischen Rezipienten, die aus Mangel an Dänischkenntnissen – eventuell mit Ausnahme der wenigen in *Atuagagdliutit* erschienenen Übersetzungen – noch nie einem Roman begegnet waren, stellte Storchs Buch ein völlig neuartiges Leseerlebnis dar. Bislang war die Lektüre von Literatur im weiteren Sinne im Kollektiv erfolgt. Das Erzählen und Rezitieren der Mythen und Sagen, das Vorlesen aus der Bibel und aus den Zeitungen sowie das Singen religiöser und nationaler Lieder und Psalmen[258] waren soziale Praktiken, denen man im abendlichen Kreis der Familie sowie bei anderen geselligen Zusammenkünften nachging. Mit Storchs Roman hatte nun erstmals ein literarisches Genre die grönländische Literatur erreicht, das sich an den einzelnen, im Stillen lesenden Rezipienten wendet. Søren Thuesen erkennt in Storchs Roman eine Botschaft, in der er deutliche Parallelen zu den Zielsetzungen der nationalen Erweckungsbewegung *Peqatigiinniat* sieht, die zur Zeit des Erscheinens von *En grønlænders drøm* ihren Höhepunkt erreichte, und zu deren einflussreichsten Akteuren Mathias Storch selbst gezählt werden muss.[259] Thuesen stellt fest, dass

> im Unterschied zu den literarischen Ausdrucksformen, die an den mündlichen Vortrag gebunden sind, fordert der Roman von seinem Publikum individuelle Vertiefung und Konzentration. Mathias Storchs Botschaft richtet sich an den Einzelnen, an *den Leser*, und hat zum Ziel, eine Veränderung beim Einzelnen in Gang zu setzen. So können wir feststellen, dass das, was Mathias Storch sich vornimmt, stark an die Arbeit der Erweckungsbewegung für Erweckung und Veränderung beim Einzelnen erinnert.

> [t]il forskel fra de litterære udtryk, der er bundet til mundtlig [...] fremførelse, kræver romanen en individuel fordybelse og koncentration af sit publikum. Mathias Storchs budskab er rettet mod den enkelte, mod *læseren*, og har som mål at sætte en forandring i gang hos den enkelte. På denne vis kan vi sige, at dét, Mathias

[258] Die erste Sammlung grönländischer Gedichte, die nicht dazu bestimmt waren, gesungen zu werden, erschien erst 1943; ihr Autor war Frederik Nielsen (vgl. Schramm 2005, S. 112).

[259] Vgl. Thuesen 1988, S. 149.

> Storch foretager sig, minder stærkt om vækkelsesbevægelsens arbejde på vækkelse og forandring hos den enkelte [...].[260]

Darüber, wie etwaige Botschaften in Mathias Storchs Roman, den der Literaturwissenschaftler Moritz Schramm nicht ganz zu Unrecht als »eine Form von politischer Diskussionsliteratur«[261] bezeichnet, vom zeitgenössischen grönländischen Leserpublikum rezipiert worden sind, ist nur wenig bekannt. Überliefert ist lediglich, dass viele Zeitgenossen Mathias Storchs *En grønlænders drøm* als einen Schlüsselroman gelesen haben, dessen Figuren sie für Fiktionalisierungen realer Personen aus Godthåb hielten.[262] Dass die mit fiktionalen Texten bisher kaum vertrauten grönländischen Leser den Abgleich von Storchs Roman mit der Wirklichkeit anstellten, ist nicht weiter verwunderlich. Allerdings lässt sich auch kaum in Abrede stellen, dass *En grønlænders drøm* deutliche autobiografisch inspirierte Züge aufweist. Protagonist ist Pavia, ein nordgrönländischer Junge, der in ärmlichen Verhältnissen an einem fiktiven Wohnplatz[263] aufwächst, und bei dem die Erfahrung alltäglicher Ungerechtigkeiten und persönlicher Niederlagen in eine religiös-nationale Erweckung und den Beschluss mündet, mit allen Kräften selbst dafür einzutreten, dass die Ursachen gesellschaftlicher Missstände im kolonialen Grönland behoben werden. Obwohl er nur Sohn eines einfachen Robbenfängers ist, gelingt es ihm durch Fleiß, Anstrengung und eine Prise Genie, zu einem erfolgreichen und angesehenen Absolventen des Godthåber Katechetenseminars zu werden. Die Parallelelen zur Biografie des Autors sind nicht zu übersehen.

Mathias Storch, geboren 1883 am Wohnplatz Manermiut bei Egedesminde (Aasiaat), war der erste Grönländer, der nach den Reformen von 1905 innerhalb der Hierarchie der grönländischen Kirche aufstieg. Nicht nur reiste er als erster Seminarabsolvent zur weiterführenden Ausbildung nach Dänemark, auch wurde er im Jahr 1919 als erster Grönländer vor-

---

[260] Ebd., S. 149f. [Hervorhebung im Original].

[261] Schramm 2005, S. 111.

[262] Vgl. Petersen ca. 1980, S. 82f.

[263] Pavias Wohnplatz im Roman heißt Manîtsoq. Zwar gibt es in Grönland einen Ort dieses Namens, doch kann dieser kaum gemeint sein, da Maniitsoq (Sukkertoppen) zu Storchs Lebzeiten kein Wohnplatz, sondern mit rund 600 Einwohnern eine der bevölkerungsreichsten Kolonien war (vgl. Petersen 1928, S. 106).

übergehend als Propst[264] eingesetzt. Dieses Amt musste er allerdings schon bald wieder aufgeben, da sich, wie aus Robert Petersens Ausführungen zu Storchs Biografie hervorgeht, einige dänische Pastoren bei der Neubesetzung der Stelle übergangen fühlten und aus diesem Grund mit Erfolg forderten, dass für das höchste Kirchenamt im Land nur infrage kommen dürfe, wer ein abgeschlossenes Theologiestudium vorweisen könne. Diese Bedingung konnte zu diesem Zeitpunkt freilich weder Storch noch irgendein anderer Grönländer erfüllen. Daraufhin wurde Mathias Storch 1926 zum Vizepropst für Nordgrönland ernannt, ein Amt, das er bis zu seiner Pensionierung bekleidete.[265] Ebenso wie Pavia, der Hauptfigur in *En grønlænders drøm*, war es Storch gelungen, eine beeindruckende Karriere zu beschreiten, ohne Kind aus einem dänisch-grönländischen Elternhaus zu sein. Zu dem Zeitpunkt, als Storch seine Ausbildung am Seminar antrat, war das Katechetenamt fest in der Hand einiger weniger »Mischlingsfamilien«, in denen der Beruf des Katecheten schon über mehrere Generationen hinweg ausgeübt worden war.[266] Henrik Wilhjelm hat herausgefunden, dass zwischen 1845 und 1906 nur vier oder fünf »reine Grönländer«[267] aus den südgrönländischen Kolonialdistrikten am Godthåber Katechetenseminar aufgenommen wurden, von denen es keiner zum Abschluss brachte.[268] »Wenn man etwas aus diesen Zahlen schließen kann, dann das, dass es sehr schwierig gewesen sein muss, es – aus einem rein eskimoischen Milieu kommend – zu einer Katechetenausbildung am Seminar zu bringen«[269], konstatiert Wilhjelm und illustriert damit die außergewöhnliche Position Storchs, der – genau wie der Protagonist in seinem Roman – aus einem eben solchen Milieu stammte. Über den Schüler Mathias Storch schreibt Robert Petersen in seiner grönländischen Literaturgeschichte:

---

[264] Ein Propst ist in den protestantischen Kirchen Skandinaviens der ranghöchste kirchliche Beamte innerhalb einer Propstei, einer Verwaltungsebene, die zwischen Kirchengemeinden und Bistum angesiedelt ist. Grönland wurde erst im Jahr 1993 zum Bistum. Bis dahin war der Propst ranghöchster Kirchenvertreter im Land.

[265] Vgl. hierzu Petersen ca. 1980, S. 82.

[266] Vgl. Wilhjelm 2008, S. 32f.

[267] »rene grønlændere« ebd., S. 33.

[268] Vgl. ebd. Mathias Storch stammte aus Nordgrönland, zu dem in diesem Zusammenhang keine genauen Zahlen vorliegen.

[269] »Kan man slutte noget ud af disse tal, må det være at det var meget vanskeligt at komme fra et rent eskimoisk miljø til kateketuddannelsen på seminariet.« Ebd., S. 34.

> Mathias Storch war sehr gelehrig. Er ging vor Ort in Manermiut zur Schule. Als er bereits vor dem Konfirmationsalter zum Pastor nach Egedesminde kam, überraschte er sowohl diesen als auch seine Kameraden mit seinem Wissen. Er hatte viel gelesen und behielt und verstand das, was er gelesen hatte. Der Pastor, der zugleich Schulleiter war, schlug vor, dass Mathias Storch am Seminar in Godthåb aufgenommen werden sollte, wohin er im Spätsommer 1900 kam.
>
> Mathias Storch var meget lærenem. Hans skolegang foregik i selve Manermiut. Da han før konfirmationsalderen kom hos præsten i Egedesminde, overraskede han både præsten og sine kammerater ved sin viden. Han havde læst meget, og han huskede og forstod det, han havde læst. Præsten, der var leder af skolen, anbefalede, at Mathias Storch blev optaget på seminariet i Godthåb, hvortil han kom i sensommeren 1900.[270]

Diese Passage aus Mathias Storchs Biografie liest sich wie eine Zusammenfassung eines Teils des ersten Kapitels in *En grønlænders drøm*, in dem Pavia, der bisher nur die überschaubare Welt des Wohnplatzes kannte, zum ersten Mal die nächstgelegene Kolonie besucht. Von den Kindern der Kolonie, deren Väter bei dänischen Beamten beschäftigt sind, als »elendig bopladsdreng«[271] (»erbärmlicher Wohnplatzjunge«) beschimpft und erniedrigt, fürchtet sich Pavia, der sich auf einmal minderwertig fühlt, vor seiner ersten Schulstunde beim dänischen Pastor, dessen Unterricht er während seines Aufenthaltes in der Kolonie folgen soll. Diese Furcht erweist sich jedoch als unbegründet, da es Pavia gelingt, den Pastor, der ihn einige Jahre später als Katechetenschüler empfehlen wird, mit seinen klugen Antworten zu überraschen. Bei Storch heißt es:

> Pavia war sehr ängstlich, denn es war das erste Mal, dass er zusammen mit Koloniekindern lernen sollte. Es zeigte sich jedoch, dass der Pastor lediglich die Katechese abhalten wollte, während der Pavia ihn häufig mit seinen klugen Antworten überraschte; er antwortete viel reifer als die Koloniekinder.
>
> Pavia var meget ængstelig […], for det var første Gang, han skulde læse sammen med Kolonibørn. [...] Det viste sig imidlertid, at Præsten bare vilde holde Katekisation, og herunder

[270] Petersen ca. 1980, S. 81.

[271] Vgl. Storch 1915, S. 1.

> forbavsede Pavia ham ofte ved sine kloge Svar; han svarede langt mere modent end Kolonibørnene.[272]

Von den wenigen bekannten Episoden aus Mathias Storchs Biografie stimmen noch weitere auf ähnliche Weise mit dem Werdegang seiner Romanfigur überein. In der neueren Rezeption von Storchs Buch hat dies einige Fragen aufgeworfen. Ist es tatsächlich Storchs Intention gewesen, mit *En grønlænders drøm* eine fiktive literarische Welt zu erschaffen, oder haben wir es in Wirklichkeit mit einer durch Fiktionalisierung leicht verfremdeten Form der Autobiografie zu tun? Knud Rasmussen etwa vermeidet es in seinem ausführlichen Vorwort, Storchs Text als Roman zu klassifizieren.[273] Hat Storch die in Grönland bislang unbekannte fiktionale Prosa womöglich bewusst dazu genutzt, um sich durch die Figur des Pavia, die zeitgenössische grönländische Rezipienten sofort als sein *alter ego* dechiffrierten[274], als Autor mit einer politischen Botschaft an seine Landsleute wenden zu können? Inszeniert er sich mittels vermeintlich fiktionaler Schilderungen eigener Erlebnisse und Erfolge selbst als ein nationales Vorbild, das über den Umweg des Romans indirekt Handlungsempfehlungen an seine Landsleute aussprechen kann?

Derartige Lesarten von *En grønlænders drøm* sind in der Sekundärliteratur häufig anzutreffen. Wenn etwa Christian Berthelsen über die Romane Mathias Storchs und Augo Lynges schreibt, dass sie »in reality […] political writings in the form of novels«[275] seien, kann die Konsequenz aus dieser Einschätzung kaum eine andere als die Feststellung sein, dass Storch und Lynge das Genre des Romans allein zur Tarnung politischer Botschaften genutzt haben, um auf diese Weise die dänische Zensur zu umgehen. In eine ähnliche Richtung geht die Analyse Moritz Schramms, der konstatiert, dass der »eigentliche Beginn der grönländischen Literatur«[276] erst mit Erscheinen der Romane Frederik Nielsens, Pavia Petersens und Hans Lynges zu datieren sei.[277] Derartigen Interpretationen, die Storchs Text letztendlich die Literarizität absprechen, möchte ich mich nicht anschließen. Schon deswegen, weil in *En grønlænders drøm* fiktive Figuren vorkommen, die eine dem Romangenre eigene fiktive Handlung

---

[272] Ebd., S. 13.

[273] Vgl. Rasmussen 1915a.

[274] Vgl. Thuesen 1988, S. 150.

[275] Berthelsen 1986, S. 341.

[276] Schramm 2005, S. 111.

[277] Vgl. ebd.

durchlaufen, verdient es Storchs Roman, als ein eben solcher gelesen zu werden, egal wie übereinstimmend die Vorlagen aus der realen Erfahrungswelt des Autors auch sein mögen. Es sollte jedoch nicht außer Acht gelassen werden, dass es zu Beginn des 20. Jahrhunderts, als sämtliche Schriften grönländischer Autoren die dänische Zensur zu durchlaufen hatten, möglicherweise einfacher war, gesellschaftliche Debatten mittels literarischer Texte anzustoßen, als dezidiert mit nichtfiktionalen Schriften politischen Inhalts an die Öffentlichkeit zu treten. Es spricht einiges dafür, *En grønlænders drøm* nicht zuletzt angesichts zahlreicher aufklärender und die Leserschaft belehrender Passagen als eine an ein grönländisches Publikum gerichtete Anleitung zur Erlangung von Handlungsmacht in einer kolonialen Situation zu interpretieren.

> Daß eine Literatur in unseren Tagen lebt, zeigt sich dadurch, daß sie Probleme zur Debatte bringt. [...] Daß eine Literatur nichts zur Debatte bringt, heißt, daß sie im Begriffe steht, alle Bedeutung zu verlieren[278],
>
> Det, at en Literatur i vore Dage lever, viser sig i, at den sætter Problemer under Debat. [...] At en Literatur Intet sætter under Debat er det samme, som at den er ifærd med at tabe al Betydning[279],

hatte Georg Brandes 1871 postuliert und damit den Leitspruch für die Epoche des Modernen Durchbruchs formuliert, die die skandinavischen Literaturen bis in die Zeit hinein maßgeblich prägte, zu der Mathias Storch erstmals mit ihnen in Berührung kam. Einer der zentralen Topoi dieser Strömung war die literarische Verhandlung gesellschaftlich marginalisierter Positionen; man denke etwa an Martin Andersen Nexøs Proletariatsbeschreibungen oder an Amalie Skrams Problematisierung von unterdrückter weiblicher Sexualität. Es ist davon auszugehen, dass Mathias Storch während seiner Zeit in Dänemark Teile dieser neuen »politischen Literatur« rezipiert hatte. Auch ohne *En grønlænders drøm* als getarntes politisches Manifest zu interpretieren, lässt sich vor diesem Hintergrund ein Kontext herstellen, innerhalb dessen sich Storch mit seinem Werk jener Verantwortung stellt, derer sich eine bedeutungsvolle lebendige Literatur nach Brandes Auffassung bewusst sein müsse. Er bringt mit seinem Roman Probleme innerhalb der kolonisierten grönländischen Gesellschaft zur Debatte. Dass sich Storch dabei über seine eige-

[278] Brandes 1900a, zitiert in Bohnen 1980, S. 7.

[279] Brandes 1900b, S. 5.

ne marginalisierte Position als ein der Zensur unterworfener Autor aus einer kolonialisierten Gesellschaft im Klaren war, illustriert sein geschickter Umgang mit den bereits angesprochenen für eine erfolgreiche Buchveröffentlichung zu Beginn des 20. Jahrhunderts unumgänglichen Mechanismen der Selbstzensur.

Als Hauptthematik in *En grønlænders drøm* muss die Notwendigkeit umfassender gesellschaftlicher Veränderungen bezeichnet werden. Beinahe jedes der elf unterschiedlich langen Kapitel beschreibt einen Missstand innerhalb der grönländischen Gesellschaft um den Wechsel vom 19. zum 20. Jahrhundert, der Zeit, in der sich der Roman, abgesehen von einer im Jahr 2105 spielenden Traumsequenz am Ende, abspielt. Im Laufe der Handlung, die episodenartig um die Erlebnisse Pavias und seines Freundes Silas aufgebaut ist, erfährt der Leser unter anderem von mangelhafter Kommunikation zwischen dänischen und grönländischen Mitgliedern in den Vorstandschaften[280], schlecht ausgebildeten grönländischen Lehrern an den Grundschulen der Wohnplätze[281] sowie der Ignoranz gegenüber dem neuen Sozialsystem, das die Einwohner von Pavias Wohnplatz mit Ausnahme seines rechtschaffenen Vaters Moses[282] gänzlich umgehen, indem sie anstatt nach schlechten Jagdsaisonen Sozialhilfe in Anspruch zu nehmen, lieber beim Außenpostenverwalter anschreiben lassen, den sie damit in erhebliche Bedrängnis bringen.[283] »Auf der Gegenwartsebene des Romans wird uns vorgeführt, wie die Mehrheit der Grönländer außer Stande ist, mehr als nur sich selbst zu sehen und eine Sache im Verhältnis zum übergeordneten Interesse der Gesellschaft zu betrachten«[284], fasst Kirsten Thisted das in *En grønlænders drøm* transportierte Bild der grönländischen Gesellschaft zu Beginn des

---

[280] Vgl. Storch 1915, S. 46–52.

[281] Vgl. ebd. S. 21–26.

[282] Den aus heutiger Sicht etwas befremdlich wirkenden biblischen Namen vieler Figuren in *En grønlænders drøm* ist meines Erachtens keine übertragende Bedeutung zuzumessen. Sie müssen vielmehr als authentisch für die christianisierte grönländische Gesellschaft zu Beginn des 20. Jahrhunderts gesehen werden. Der Name Moses etwa ist bis heute ein unter älteren grönländischen Männern durchaus verbreiteter Vorname.

[283] Vgl. Storch 1915, S. 53–57.

[284] »I romanens nutidslag ser vi demonstreret, hvorledes flertallet af grønlænderne er ude af stand til at se ud over sig selv og betragte en sag i forhold til samfundets overordnede interesse« Thisted 2005a, S. 25.

20. Jahrhunderts zusammen, deren Veränderung der nachdenkliche Pavia zu seiner persönlichen Aufgabe erklärt.

Storchs Roman vermittelt den Eindruck, dass die in ihm geschilderten Missstände innerhalb der grönländischen Gesellschaft in erster Linie der mangelhaften Bildung der grönländischen Bevölkerung geschuldet sind und weniger der hegemonialen Politik der dänischen Kolonialverwaltung, die in *En grønlænders drøm* nur durch wenige Figuren repräsentiert ist, für die Storch jedoch in seiner 1930 erschienenen politischen Schrift *Strejflys over Grønland* wesentlich offenere Kritik übrig hat.[285] Dadurch, dass viele der grönländischen Figuren in Storchs Roman äußerst negative Eigenschaften auf sich vereinen, gerät die subtiler formulierte Hauptkritik in den Hintergrund: Unwissenheit und geringer Bildungsstand sind nicht – wie im von einem essentialistischen Kulturverständnis geprägten dänischen Diskurs häufig angedeutet – auf unwandelbare Eigenschaften eines für den Schritt in die Zivilisation vermeintlich ungeeigneten Naturvolks zurückzuführen, sondern in der Tatsache begründet, dass die dänische Kolonialpolitik der grönländischen Bevölkerung bewusst die Wege zu höherer Bildung versperrte. »Die Grönländer konnten in Richtung Godthåb streben, aber nicht nach Kopenhagen [...]. Auch in Grönland blieb die „Pilgerfahrt" ins eigentliche Zentrum der Macht versperrt«[286], stellt Thisted fest, wobei der Zugang zu Bildung als eine der Grundvoraussetzungen für die Erlangung von Handlungsmacht benannt werden muss. Dass Mathias Storch bereits zur Zeit der Niederschrift seines Romans diese als Chancenungleichheit zu bezeichnenden tiefer liegenden Gründe für die in *En grønlænders drøm* problematisierte Bildungsmisere erkannt hatte, zeigt er, wenn er bereits 1912 in *Atuagagdliutit* fordert, besonders begabte grönländische Kinder zur Schulausbildung nach Dänemark zu schicken, um sie für den Beruf des Grundschullehrers an den kleinen Wohnplatzschulen angemessen zu

---

[285] Dass *Strejflys over Grønland* im Jahr 1930 erscheinen konnte, ist bemerkenswert. Die Veröffentlichung dieses äußerst kritischen politischen Buchs, die nicht im Interesse der Kolonialverwaltung gelegen haben kann, lässt sich meines Erachtens nur damit erklären, dass Storch zu diesem Zeitpunkt als ranghoher Kirchenvertreter auch gegenüber dänischen Institutionen ein derart hohes Maß an Handlungsmacht erlangt hatte, dass die Kolonialverwaltung in Bedrängnis geraten wäre, hätte sie ihm die Teilnahme an der öffentlichen Debatte verwehrt.

[286] »Grønlænderne kunne stile mod Godthåb (Nuuk), men ikke København [...]. Også i Grønland var "pilgrimsrejsen" til magtens egentlige centrum spærret.« Thisted 2005a, S. 30.

qualifizieren.[287] In *Strejflys over Grønland* kritisiert er einige Jahre später zudem, dass die Seminarausbildung den Absolventen keine Möglichkeit biete, außerhalb Grönlands zu arbeiten, und dass die Löhne der grönländischen Pastoren und Angestellten zu gering seien, um den Kindern in diesen Familien eine weiterführende Ausbildung in Dänemark ermöglichen zu können.[288]

Die Akzentuierung von in der grönländischen Bevölkerung selbst zu suchenden Ursachen für die in *En grønlænders drøm* problematisierten gesellschaftlichen Missstände und die gleichzeitige Ausblendung der übergeordneten durch koloniale Machtasymmetrien bedingten Problematik kann vor diesem Hintergrund als eine geschickte Gradwanderung zwischen Zensur und Selbstzensur gewertet werden. Es ist Mathias Storch gelungen, dass sein Roman von zeitgenössischen dänischen Rezipienten als ein ausschließlich an Grönländer gerichtetes Aufklärungs- und Erziehungsbuch verstanden worden ist, das das koloniale dänisch-grönländische Verhältnis nicht weiter berührte. So schreibt Sophie Petersen 1928 in ihrer Landeskunde über *En grønlænders drøm*:

> Das Buch ist darum bemüht, die Grönländer national zu erwecken und sie zu lehren, welche Mängel sie haben und wie viel zu verrichten ist, bevor sie auf eigenen Beinen stehen können werden. Es liefert eine Menge Auskünfte über grönländische Verhältnisse; aber es wurde in erster Linie für Grönländer und nicht für Dänen geschrieben, geschrieben in der Absicht, aufklärend und erziehend auf das eigene Volk des Autors zu wirken.
>
> Bogen søger at vække Grønlænderne nationalt og lære dem, hvilke Mangler de har, og hvor meget der er at rette, før de kan komme til at staa paa egne Ben. Den giver en Mængde Oplysninger om grønlandske Forhold; men den er først og fremmest skrevet for Grønlændere og ikke for Danske, skrevet i den Hensigt at virke oplysende og opdragende paa Forfatterens eget Folk.[289]

Diese zeitgenössische dänische Interpretation von Mathias Storchs Roman übersieht – möglicherweise wissentlich – das subversive Potential, das dem Nationsbildungsprojekt innewohnt, dessen sich Pavia verschreibt, nachdem ihm sein Traum einen Blick in eine imaginierte Zukunft des Jahres 2105 erlaubt, und er sich daraufhin der Worte des alten

---

[287] Vgl. Berthelsen 1976, S. 118.

[288] Vgl. Storch 1930, S. 115.

[289] Petersen 1928, S. 97.

Simon von seinem Wohnplatz entsinnt, der Pavia kurz vor seinem Tod die Mission erteilt hatte, eines Tages als »Arbeiter unter deinen Landsleuten«[290] gegen die Unwissenheit im Land anzugehen, die Ursache für sämtliche Missstände sei. Ein weiteres Mal wird hier die Verhandlung von Nationsbildung und Identität an den Topos der Arbeit geknüpft. Hatten sich in der öffentlichen Debatte um die Essenz von *grønlandskhed* die Gruppe der auf traditionelle Weise lebenden Robbenfänger und die der in dänischen Diensten stehenden Lohnarbeiter noch einen heftigen Streit darüber geliefert, wessen Arbeit für das Wesen der grönländischen Nation von größerer Bedeutung sei, und war Jonathan Petersen mit seinem Lied »De ægte grønlændere og de nye grønlændere« darum bemüht, beide Gruppen als unverzichtbare Bestandteile einer modernen grönländischen Gesellschaft zusammenzuführen, so beschreibt die Vision Simons und Pavias in Mathias Storchs Roman einen dritten Raum. Es sind weder die traditionsbewussten, sich an das »nationale Gewerbe« haltenden Grönländer, noch die beim Handel und in dänischen Beamtenhaushalten beschäftigten *kiffat*[291], die das Bild des zukünftigen Grönlands in Pavias Traum prägen. Das imaginierte Godthåb des Jahres 2105 ist von selbstbewussten, unabhängigen Grönländern bewohnt, die aufgeklärt und gut ausgebildet die Geschicke ihres Landes selbst in die Hand nehmen.

Die traditionelle grönländische Kultur ist in *En grønlænders drøm* durch Pavias besten Freund, den Robbenfänger und Waisenjungen Silas, und dessen Adoptivfamilie repräsentiert. Eine im alten Grönland übliche von den Eltern bestimmte Vermählung von Silas' Adoptivbruder Josef mit Sofie, einem Mädchen, das eigentlich Silas liebt, löst eine Familientragödie aus: Silas begeht Selbstmord, und der von Schuldgefühlen geplagte Josef erliegt daraufhin seinem Fieber. Ob auch Mutter Karen am Ende stirbt, bleibt offen. Als sie nach Silas' Tod auch noch ihren leiblichen Sohn Josef verliert, sieht sie den fatalen Fehler der elterlich ausgehandelten Zwangsehe ein und sinkt bewusstlos in den Schoß der jungen Witwe

---

[290] »Arbejder blandt dine Landsmænd« Storch 1915, S. 30.

[291] Als *kiffat* (sg. *kiffaq*) bezeichnete man Grönländer, die als Handwerker, Angestellte oder sonstige Arbeiter im Dienste der dänischen Kolonialverwaltung standen. Ole Marquardt hat gezeigt, dass sich diese Gruppe, die einen westlicheren Lebensstil führte, in Abgrenzung von den traditionellen Robbenfängern an den Wohnplätzen selbst als eine Art grönländische Oberschicht verstanden hat (vgl. Marquardt 1998).

Sofie.[292] Eine traditionelle Kultur, die der Autonomie des Individuums im Wege steht, ist zum Scheitern verurteilt, lautet die Moral, die aus dieser Szene zu ziehen ist. Zwei episodenartige, aus dem Fortgang der Handlung losgelöste mit »Naar Forsørgeren bliver længe ude« (»Wenn der Versorger lange fort bleibt«) und »Naar en Fanger bliver syg« (»Wenn ein Jäger krank wird«) überschriebene Kapitel beschreiben zudem die prekäre Situation, in die eine traditionelle grönländische Jägerfamilie geriet, sobald der Familienversorger vorübergehend ausfiel, und sind als eine sozialrealistische Antwort auf die romantisierenden Schilderungen eines vermeintlich freien und unabhängigen Robbenfängerlebens zu verstehen, die nicht nur im kolonialpolitischen Diskurs der Zeit, sondern auch in der dänischen Literatur, wie etwa in Henrik Pontoppidans *Isbjørnen* (»Der Eisbär«) (1887) oder in Signe Rinks *Koloni-Idyller fra Grønland* (»Kolonieidyllen aus Grönland«) (1888), häufig anzutreffen sind.[293]

Die Beschreibungen der in Handel und in dänischen Haushalten beschäftigten Grönländer, die in Storchs Roman lediglich als Nebenfiguren auftreten, ähneln in gewisser Weise dem in den zivilisationskritischen Beiträgen des dänischen Diskurses transportierten Bild von durch die Bequemlichkeiten eines westlichen Lebensstils degenerierten »Halbzivilisierten«. Wie in dem zitierten Tagebucheintrag Louise Janssens und in den Expeditionsberichten Gustav Holms und Vilhelm Gaardes[294] erscheinen die *kiffat* auch in *En grønlænders drøm* als unfähig, die grönländische Nation voranzubringen. Indem sie den Lebensstil ihrer dänischen Dienstherren imitieren und sich aus diesem Grund für etwas Besseres halten, spalten sie die grönländische Gesellschaft. Der alte Simon erklärt Pavia während ihrer letzten Begegnung vor seinem Tod:

> Warum glaubst du, dass ich es stets auf Peters Frau und andere abgesehen habe, die genau wie sie Dänen spielen wollen? Deswegen, weil sie sich mit Dingen abgeben, von denen sie nicht die Spur einer Ahnung haben; so eitel sind sie, so leckermäulig, dass sie die Dinge verprassen, die sie eigentlich zu ihrem Nutzen gebrauchen sollten. Und doch lachen sie diejenigen Landsleute

[292] Vgl. Storch 1915, S. 120.

[293] Zur Repräsentation Grönlands und der Grönländer in der dänischen Literatur siehe u. a. Thisted 2003 sowie Langgård 2007.

[294] Vgl. S. 56–58.

> aus, die nicht wie sie selbst die Nachahmelust eines Affen teilen, und nennen sie Wohnplatzabschaum.
>
> Hvorfor tror du, at jeg altid er efter Peters Kone og andre, der ligesom hun vil spille Danske? Det er fordi, de vil give sig af med Ting, de ikke har Spor af Forstand paa; saa pyntesyge er de, saa slikmundede er de, at de solder op til den Slags Ting, hvad de ellers skulde bruge til deres Gavn. Og dog ler de dem af deres Landsmænd ud, der ikke som de selv har Abens Efterlignelseslyst, og kalder dem for Bopladsudskud.[295]

So ähnlich die Kritiken an den grönländischen Lohnarbeitern in Storchs Roman und in der zeitgenössischen dänischen Debatte auch ausfallen mögen, umso unterschiedlicher sind die Konsequenzen, die daraus gezogen werden. An dieser Stelle offenbart *En grønlænders drøm* sein subversives Potential. Was meint der alte Simon, wenn er von Dingen spricht, die den Grönländern eigentlich nützen sollten, von vielen von ihnen jedoch achtlos verschwendet würden? Kaffee, Tabak und Geldwirtschaft, würde der von dänischer Seite vorgegebene koloniale Diskurs zu Beginn des 20. Jahrhunderts antworten und daraus die Schlussfolgerung ziehen, dass es im Sinne der Grönländer wäre, wenn diese sich auf ihre von der Zivilisation unverdorbene traditionelle Kultur zurückbesinnen würden. Simon allerdings, der aus dem Grund mit Pavia über diese Dinge spricht, damit er eines Tages als Lehrer »seine Landsleute zu besseren Arbeitern machen kann«[296], hat etwas anderes im Sinn. In seiner Analyse der grönländischen Gesellschaft, die er Pavia vermittelt, besteht die Verschwendung in der aus Mangel an Bildung unzureichenden Nutzung der durch die Politik der Kolonialverwaltung eröffneten Möglichkeiten der Mitbestimmung und Einflussnahme. Kirsten Thisted bezieht sich in ihren Interpretationen von *En grønlænders drøm*[297] auf Homi Bhabhas Konzept der kolonialen Mimikry[298] und stellt in Bezug auf das Gespräch zwischen Simon und Pavia treffend fest:

> Der alte Simon möchte, dass die Grönländer durch Bildung und Aufklärung ihre Persönlichkeit verändern, so dass sie in die Lage versetzt werden, aus der Abhängigkeit auszubrechen und Selbstständigkeit zu erlangen. Der alte Simon verfolgt mit anderen

---

[295] Storch 1915, S. 28f.

[296] »kan gøre [… s]ine Landsmænd til bedre Arbejdere« ebd., S. 29.

[297] Vgl. Thisted 2004a u. 2005a.

[298] Vgl. Bhabha 2004, S. 121–131.

Worten genau solch ein Projekt, welches bei Bhabha als kreativ und subversiv dargestellt wird: die Schablonen der Fremden mit eigenen Inhalten zu füllen.

> Hvad gamle Simon [...] vil, er at grønlænderne gennem uddannelse og oplysning skal ændre deres personlighed, så de bliver i stand til at bryde ud af afhængigheden og opnå selvstændighed [...]. Gamle Simon har med andre ord netop et sådant projekt, som hos Bhabha fremstilles som kreativt og undergravende: at fylde de fremmedes skabeloner med eget indhold.[299]

Bhabha leiht den Begriff der Mimikry aus der Zoologie, um eine koloniale Sozialisationspraxis zu beschreiben, die ursprünglich den Machterhalt der Kolonisierenden sichern sollte. Durch die Erziehung der Kolonisierten zu einem »subject of difference that is almost the same, but not quite«[300] sollten diese einerseits der Kolonialmacht gegenüber weniger fremd erscheinen und für unterschiedliche Arbeiten qualifiziert werden und andererseits dennoch in einer hierarchisch untergeordneten Position verbleiben.[301] Wie Bhabha zeigt, beinhaltet Mimikry aber zugleich Ambivalenzen und kann, um die koloniale Autorität und das absolute Machtmonopol zu brechen, von den Kolonisierten auf subtile Weise als Medium der Befreiung eingesetzt werden. Mimikry ist laut Bhabha stets mit *mockery* (Spott) und *menace* (Bedrohung) verbunden. Während sich das kolonisierte Subjekt äußerlich und habituell an die Kolonialmacht angleicht, bleibt es sich aufgrund verinnerlichter Machtasymmetrien seiner *otherness* dennoch stets bewusst. Mimikry beschreibt daher keinen Prozess der Assimilation, sondern eine Strategie der Camouflage. »Der Fremdkörper muss sich sozusagen tarnen, um wirksam zu werden und die Kultur und Sprache von innen her zu transformieren.«[302] Hierin sieht Bhabha ein befreiendes Potential. Die Kolonialmacht kann sich nicht sicher sein, zu welchem Zeitpunkt das vermeintlich angepasste koloniale Andere – wie die *kiffat* in Storchs Roman – als reiner Imitator auftritt, und wann das Nachahmen der Umgangsformen der Kolonisierenden eine Ebene des Spotts enthält. Die der kolonialen Mimikry innewohnen-

---

[299] Thisted 2004a, S. 153.

[300] Bhabha 2004, S. 122.

[301] Ich habe eingangs bereits gezeigt, dass diese Praxis, die Bhabha beispielhaft anhand der britischen Kolonialgeschichte in Indien erläutert, in hohem Maße auf die dänisch-grönländische Situation übertragbar ist.

[302] Bronfen u. Marius 1997, S. 13.

de Ebene der Bedrohung wird dann akut, wenn die »getarnten« Kolonisierten Diskurs und Institutionen der Kolonialmacht annehmen, modifizieren und mit eigenen Inhalten füllen und der kolonialen Autorität somit ihren absoluten Macht- und Kontrollanspruch streitig machen. Die Mimikry wird so zu einer Strategie der Unterminierung hegemonialer Repräsentationsmuster.

Auch Simons und Pavias Mimikry-Projekt enthält aus dänischer Sicht ein Element der Bedrohung (*menace*). In Pavias Traum von einer grönländischen Gesellschaft im Jahr 2105, dessen Realisierung er zu seiner Lebensaufgabe erklärt, kommen keine Dänen mehr vor. Die Grönländer der Zukunft haben alle dritten Räume, die sich in Form von bescheidenen Möglichkeiten der Ausbildung und Mitbestimmung im Laufe der Zeit auftaten, geschickt für das Erlangen von eigener Handlungsmacht und die Bildung einer unabhängigen Nation genutzt und leben rund 200 Jahre nachdem Storch seinen Roman schrieb in einer dem Dänemark des frühen 20. Jahrhunderts nicht unähnlichen Gesellschaft, die allerdings ohne das zivilisatorische Einwirken einer Fremdmacht auskommt. Die Genealogie von Pavias christlich-nationaler Erweckung, aus der sich eine Handlungsempfehlung an die zeitgenössischen grönländischen Rezipienten ableiten lässt, soll nun anhand einiger zentraler Textstellen nachvollzogen werden.

Bereits das erste Kapitel, das in der fiktiven nordgrönländischen Kolonie Augpilagtoq spielt, die Pavias Familie und die Familie Josefs und Silas' auf dem Rückweg von ihrer sommerlichen Jagdreise besuchen, führt in die Figurengalerie und die zentralen Konflikte des Romans ein. Die Handlung beginnt damit, dass wir einer Gruppe von Jungen im Konfirmationsalter begegnen, darunter Pavia, Silas, Josef und sein Bruder Søren sowie die Söhne des dänischen Kolonialverwalters und des dänischen Pastors und Hans, Sohn des *kiffaq* Samuel, der »die Söhne des Kolonialverwalters und des Pastors wie Abgötter verehrte.«[303] Aus dem Spiel der Jungen entwickelt sich schon bald ein Streit, der in eine Prügelei mündet. Pavia hält sich zunächst zurück, eilt dann aber doch seinen Freunden vom Wohnplatz zur Hilfe. Just in dem Moment, als Pavia den Sohn des Kolonialverwalters zu Boden wirft, kommt *kiffaq* Samuel hinzu, der natürlich nicht einfach zusieht, wie der Sohn seines dänischen Vorgesetzten von einem einfachen *bopladsdreng* (»Wohnplatzjunge«) umgestoßen wird. Ohne dass sich Samuel nach dem Grund für die Streitereien

---

[303] »dyrkede Kolonibestyrerens og Præstens Sønner som to Afguder.« Storch 1915, S. 1.

erkundigt, erhält Pavia eine schallende Ohrfeige. Erst später stellt sich heraus, dass ein Missverständnis den Streit zwischen den Jungen vom Wohnplatz und denen aus der Kolonie ausgelöst hat. Der alte Simon hatte den Wohnplatzkindern ein paar fehlerhafte Brocken Dänisch beigebracht und dabei die Vokabeln für *gut* und *schlecht* verwechselt. Zum ersten Mal zu Besuch in der Kolonie, wollen die Jungen den dänischen Koloniekindern eine Freude machen und sagen dem Sohn des Kolonialverwalters, ohne ihren folgenschweren Fehler zu bemerken, dass sie seinen Vater für einen außerordentlich *schlechten* Kolonialverwalter halten.

Mangelndes Kommunikationsvermögen zwischen Grönländern und Dänen und unzureichende Bildung der grönländischen Bevölkerung sind nicht nur Grund für die übergeordneten gesellschaftlichen Probleme, sondern auch Auslöser kleinerer zwischenmenschlicher Konflikte, macht diese Passage gleich zu Beginn von Storchs Roman deutlich. Während die anderen Jungen den Streit schon bald wieder vergessen, »war Pavia derjenige, dem die Sache am nächsten ging; und die Ohrfeige, die er gekriegt hatte, fuhr fort ihm auf der Wange zu brennen.«[304] Dass sich Pavia charakterlich und intellektuell von der Masse seiner Landsleute abhebt, illustriert bereits die einleitende Beschreibung des Protagonisten durch den Erzähler, der sich an vielen Stellen des Romans kommentierend und erläuternd in die Handlung einschaltet:

> Pavia hatte ein schwieriges Wesen und konnte zuweilen auch ungehorsam sein; wenn es etwas gab, was er wollte, konnte man ihn niemals davon abbringen, und dies war wohl der Grund dafür, warum er als Knabe den anderen Jungen so unähnlich war. Er war ein gescheiter Kopf, fragte stets klug und konnte manchmal auch ganz still in Gedanken dasitzen; deswegen wurde ihm oft vorgeworfen altklug zu sein.
>
> Pavia havde et vanskeligt Sind og kunde godt engang imellem være ulydig; naar der var noget, han vilde, kunde man aldrig faa ham fra det, og det var vel Grunden til, at han som Dreng ikke lignede andre Drenge. Han var et godt Hoved, spurgte altid klogt og kunde sommetider sidde hen ganske stille i Tanker; derfor blev han ofte beskyldt for at være gammelklog.[305]

---

[304] »[...] var [Pavia] den, der tog sig Sagen mest nær, og den Lussing han havde faaet, blev ved med at brænde ham paa Kinden.« Ebd., S. 7.

[305] Ebd., S. 4f.

Es sind diese für einen Jungen seines Alters ungewöhnlichen Eigenschaften, die es Pavia ermöglichen, den übergeordneten gesellschaftlichen Zusammenhang der am eigenen Leib erfahrenen Ungerechtigkeiten zu erkennen, und die den alten Simon später dazu bewegen, ausgerechnet diesen Jungen für die Umsetzung seiner als Nationsbildung zu bezeichnenden Vision auszuwählen. Obwohl Simon selbst keine formale Bildung vorweisen kann, durchschaut er als einziger am Wohnplatz die Missstände in der grönländischen Gesellschaft und entschließt sich, seine Einsichten an Pavia weiterzugeben. Bei ihrer letzten Begegnung vor Simons Tod kritisiert Simon, der als tüchtiger Robbenfänger selbst einmal Mitglied einer Vorstandschaft war, die Grönländer für ihre Unfähigkeit zur und die Dänen für ihr Desinteresse an einer ernsthaften Zusammenarbeit zwischen beiden Gruppen.[306] Als Beispiel für letzteres Phänomen dient in *En grønlænders drøm* der bereits erwähnte Pastor von Augpilagtoq, der die einzige detaillierter gezeichnete dänische Figur in Storchs Roman bleibt, und über dessen Gedanken der aus heutiger Perspektive befremdlich allwissend erscheinende Erzähler folgendes zu berichten weiß:

> Dieser Pastor hatte bereits oft darüber nachgedacht, dass die Grönländer, sofern sie eine anständige Ausbildung erhielten, in der Lage wären, sich dieselben Dinge anzueignen wie andere Leute. Eine derartige Entwicklung malte er sich häufig aus, und sein Ziel war es, durch harte Arbeit einmal dorthin zu gelangen; doch in der Tat schob er diese Pläne auf, und da er nie so richtig mit Grönländern zusammen war, konnte er ihrer Sache auch nicht mit Leib und Seele dienen.
>
> Denne Præst havde ofte tænkt over, at om Grønlænderne fik en ordentlig Undervisning, vilde de ogsaa kunne blive i Stand til at tilegne sig de samme Ting som andre Folk [...]. En saadan Udvikling udmalede han sig ofte, og det var hans Maal gennem alvorligt Arbejde engang at naa dertil; men i Gerning lod han det trække ud, og da han aldrig var rigtig sammen med Grønlænderne, kunne han heller ikke tjene deres Sag med hele sit Liv som Indsats [...].[307]

Dass es im Grönland seiner Gegenwart Konflikte, etwa zwischen Dänen und Grönländern, zwischen traditionellen Jägern und hochnäsigen *kiffat*,

---

[306] Vgl. ebd., S. 28–30.

[307] Ebd., S. 11f.

zwischen Zentrum und Peripherie, gibt, bemerkt Pavia erst während seines Aufenthalts in der Kolonie, dem er mit Freude entgegen gesehen hatte, und der ihn völlig unerwartet erstmals mit Ungleichheit und Ungerechtigkeit konfrontiert.

> Warum sind die Häuser hier besser als an unserem Wohnplatz, und warum nennen sie uns hier „erbärmliche Wohnplatzjungen"? Wie kann es sein, dass sie sich selbst für etwas besseres halten? Warum sind wir ärmer, obwohl wir besser jagen? Warum verhöhnen sie uns?
>
> Hvorfor er Husene her bedre end Husene ved vor Boplads, og hvorfor kalder de os for de „sølle Bopladsdrenge"? Hvor kan det være, at de regner sig selv for bedre end os?[308] Hvorfor er vi fattigere, skønt vi fanger bedre? Hvorfor haaner de os?[309]

fragt sich Pavia nach seinem ersten Tag in Augpilagtoq, und gleichzeitig reift in ihm der Entschluss, sich in Zukunft dafür einzusetzen, dass die jüngst erlebten Missstände eines Tages behoben werden. »Wenn ich erwachsen bin, werde ich dieser Sache auf den Grund gehen, und dann darf mich niemand mehr so verhöhnen wie heute«[310], sagt Pavia zu sich selbst, nachdem ihm Vater Moses keine seiner vielen Fragen zufrieden stellend beantworten konnte. Die zu Beginn des einleitenden Kapitels zu Unrecht erteilte Ohrfeige löst somit eine psychologische Entwicklung in Pavia aus. Geht es ihm zunächst darum, gegen das am eigenen Leibe erfahrene Unrecht anzugehen, gelingt es ihm nach der wirkmächtigen Begegnung mit Simon, sein Vorhaben auf eine gesamtgesellschaftliche Ebene zu heben und als »Arbeiter unter Landsleuten« die eigenen Interessen zugunsten einer noch zu einenden grönländischen Nation in den Hintergrund zu stellen. Während der Repräsentant des traditionellen Grönlands, Pavias unglücklicher Freund Silas, nach der Verheiratung seiner Geliebten mit dem Adoptivbruder den Freitod wählt, und der Repräsentant der dänischen Kolonialverwaltung, der Pastor von Augpilagtoq, sich, nach dieser tragischen Eheschließung von Selbstzweifeln und Schuldgefühlen geplagt, dazu entschließt, Grönland für immer zu verlassen[311], wächst in Pavia mit jeder persönlichen Niederlage und jeder

---

[308] Ebd., S. 8.

[309] Ebd., S. 10.

[310] »Naar jeg bliver voksen, vil jeg trænge til Bunds i dette, og saa skal ingen faa Lov til at haane mig som i Dag.« Ebd., S. 11.

[311] Vgl. ebd., S. 103.

Erfahrung von Unrecht der Wille, als ein von der Enge des Wohnplatzes und der kolonialen Hierarchien befreites Individuum im Sinne des Gemeinwohls für Veränderungen im Land einzutreten. Die Worte Simons »"der Arbeiter wird seinen Lohn erhalten" und der Satz "Alles muss anders werden" sind als "magische" oder besonders kraftvolle Worte zu verstehen, die Pavia immer dann weiter helfen, wenn er sich schwach oder unentschlossen fühlt.«[312] Sie werden in leicht abgewandelter Form immer dann wiederholt, wenn Pavia eine Konfliktsituation zu bestehen hat.

Eine derartige Situation entsteht, als Jørgen, ein Jäger von Pavias Wohnplatz, behauptet, einer von Vater Moses' Schlittenhunden habe seine aus Robbenhaut gefertigte Fangblase gefressen. Obwohl sich der Verdacht nicht erhärtet, erschießt der aufgebrachte Jørgen kurzerhand einen von Moses' Hunden und beansprucht zudem Fell, Haut und Fleisch des toten Tieres für sich.[313] Das folgende Kapitel beschreibt eine Vorstandschaftssitzung und enthält ausführliche erklärende Passagen, unter anderem zum System der Repartitionszahlungen, die etwas ungelenk in den Handlungsverlauf eingebaut sind. Der in Storchs Roman als Sympathieträger angelegte Moses ist der einzige Jäger vom Wohnplatz Manîtsoq, der keine Rückerstattung erhält, da er wegen Krankheit lange Zeit nicht auf die Jagd gehen konnte und daher Sozialhilfe in Anspruch genommen hatte. Andere Jäger hingegen – und insbesondere der nach der Hundeepisode durch und durch negativ besetzte Jørgen – hatten ohne Not über ihre Verhältnisse gelebt und sich, um nicht auf die Repartition verzichten zu müssen, lieber beim Außenpostenverwalter verschuldet. Aus dieser Gegenüberstellung und den in die Handlung einfließenden erklärenden Passagen lässt sich eine Botschaft an die zeitgenössische grönländische Leserschaft ableiten, die sich in Bhabhas Konzept der kolonialen Mimikry einfügt: Nur wer die von der Kolonialmacht vorgegebenen Regeln und Gesetze befolgt, kann selber Nutzen aus ihnen ziehen und sie mit eigenen Inhalten füllen.

---

312 »[…] *Arbejderen vil faa sin løn"* [...] og sætningen "Alting trænger til Forandring" kan opfattes som "magiske" eller specielt kraftfulde ord, der hver gang Pavia føler sig svag eller tvivlrådig, hjælper ham frem.« Thuesen 1988, S. 152f. [Hervorhebung im Original]. Da die Sätze stets in leicht abgewandelter Form auftauchen, verzichte ich aus Gründen der Übersichtlichkeit auf direkte Zitate sämtlicher inhaltlich identischer Nennungen und beziehe mich hier stattdessen auf Thuesens Sekundärtext.

313 Vgl. Storch 1915, S. 37–39.

Vor der Vorstandschaftssitzung berät sich Gudman, der Vertreter von Pavias Wohnplatz, mit seinen grönländischen Kollegen darüber, ob er die Sache mit Moses' getötetem Hund vorbringen soll. Doch diese winken ab. »Hör endlich mit solchen Sachen auf; so etwas ist immer so langweilig und ermüdend! Wie gewöhnlich müssten wir unseren dänischen Mitgliedern bei ihrem unendlichen Gefasel über diese Sache zuschauen«[314], sagt ein anderes grönländisches Ratsmitglied. Als Gudman den Fall dennoch vorträgt, geht sein Anliegen im Stimmengewirr der durcheinander redenden grönländischen Vorstandschaftsmitglieder unter, und die dänischen Vertreter zeigen kein Interesse, die Sache weiter zu verfolgen.[315] Jørgens Tat bleibt aufgrund der mangelnden Durchsetzungsfähigkeit Gudmans und des Desinteresses der dänischen Ratsmitglieder ungestraft. Pavia ist der einzige am Wohnplatz, der Gudman dafür heftig kritisiert. Ob des erneut aufkeimenden Gefühls der Machtlosigkeit nach der Erfahrung von Ungerechtigkeit fühlt er sich schließlich einmal mehr in seiner Mission bestärkt:

> An diesem Tag war Pavia schweigsamer und ernster als gewöhnlich, und er zerbrach sich den Kopf mit vielen Gedanken. Es kam ihm vor, als ob das Leben immer schwerer und unverständlicher würde; wieder musste er an die Worte des alten Simon denken: „Alles muss anders werden." Es war die Unwissenheit, die schuld an all dem hier war, der Mangel an Kenntnissen.
>
> Hele denne Dag var Pavia tavsere og alvorligere end sædvanlig, og mange Tanker brødes i hans Hjerne. Det forekom ham, at Livet blev vanskeligere og sværere at forstaa; atter kom han til at tænke om gamle Simons Ord: „Alt trænger til at blive anderæledes." Det var Uvidenhed, der var Skyld i alt dette her, Mangel paa Kundskaber [...].[316]

Ein Zeitsprung markiert die Mitte des Romans. »Seitdem das, was wir im Vorherigen geschildert haben, vor sich ging, sind nun mehrere Jahre vergangen«[317], lässt uns der Erzähler wissen. Während die bisherige

---

[314] Kom endelig ikke ind paa den Slags Ting; saadan noget er altid saa kedsommeligt og trættende! [... S]aa skal vi [...] se vore danske Medlemmer som sædvanlig væve løs om den Sag.« Ebd., S. 48.

[315] Vgl. ebd., S. 51.

[316] Ebd., S. 57.

[317] »Der er nu gaaet flere Aar, siden det gik før sig, som vi har skildret i det foregaaende.« Ebd., S. 59.

Handlung vorwiegend aus der Sicht Pavias geschildert wurde, wechselt die Erzählperspektive ab jetzt kapitelweise zwischen Pavias und Silas' Erlebnissen und Gefühlswelten. Die beiden jungen Männer repräsentieren dabei zwei unterschiedliche Lebensentwürfe. Während Silas weiterhin am Wohnplatz Manîtsoq lebt und mittlerweile ein tüchtiger Robbenfänger geworden ist, ist Pavia inzwischen Katechetenschüler am Godthåber Seminar. Er folgt damit dem sozialen und nationalen Ruf, den die Verinnerlichung und ständige Rekapitulation der Worte des alten Simon in ihm ausgelöst hat, und stellt mit seiner Entscheidung, ein »Arbeiter unter Landsleuten« zu werden, das gesellschaftliche Gemeinwohl über die traditionelle Verpflichtung, als Robbenfänger zur Versorgung seiner Familie beizutragen. Die Gegenüberstellung zweier separater Handlungsverläufe kontrastiert nicht nur die verschiedenen Lebenswege Pavias und Silas', sondern generiert zugleich jene Erfahrung von Gleichzeitigkeit, aufgrund derer der Roman laut Benedict Anderson neben der Zeitung das Medium ist, das eine vorgestellte Gemeinschaft und in deren Folge eine moderne Nation konstituiert.[318]

Zunächst erfahren wir von der sich anbahnenden Liebestragödie um Silas, Josef und Sofie. Daraufhin verfolgen wir Pavias Leben als Katechetenschüler in Godthåb. Dort begegnet Pavia Regine, der Tochter des *kiffaq* Samuel, der ihm einst in Augpilaqtoq jene Ohrfeige verpasst hatte, die Pavias Entschluss, sich für eine bessere Zukunft zu engagieren, auslöste, und der inzwischen mit seiner Familie nach Godthåb gezogen ist. Pavia und Regine gehen eine zaghafte Liebesbeziehung ein, die neben dem schlechten Vorbild seiner Mitschüler dazu beiträgt, dass seine ambitionierten Ziele in den Hintergrund geraten:

> Pavia eignete sich den Stoff nur für den Tag an, an dem er ihn abliefern musste. Es war auch gar nicht so merkwürdig, dass er sich auf diese Weise verändert hatte, denn er hatte keine guten Vorbilder unter den älteren Kameraden. Das, dass „alles anders werden musste", erschien ihm mittlerweile so sonderbar fern und verschwommen.
>
> [Pavia] tilegnede sig kun Stoffet for selve den Dag, han skulde aflevere det. Det var heller ikke saa mærkeligt, at han saaledes havde forandret sig, for han havde ikke noget godt Eksempel at tage op til Efterlignelse blandt de ældre af sine Kammerater. Det

[318] Vgl. Anderson 2006, S. 24f. Siehe hierzu auch Thisted 1990a.

> var kommen til at staa saa underlig fjernt og taaget for ham, dette med at „alt skulde blive anderledes".[319]

Erst die Nachricht von der Tragödie, die sich an seinem Wohnplatz ereignet, lässt Pavia zurück zu der gesellschaftlichen Aufgabe finden, derer er sich verschrieben hat. In einem Abschiedsbrief teilt ihm Silas mit, dass er sich entschieden habe, die Gemeinschaft des Wohnplatzes zu verlassen und ein *qivittoq* zu werden. Pavia erinnert sich an ein Versprechen, das er und Silas sich als Kinder gegeben haben, nämlich dass, falls einer der beiden jemals mit dem Gedanken *qivittoq* zu gehen spielen sollte, der andere dies zu verhindern wisse. Da der Brief lange Zeit unterwegs war, muss Pavia davon ausgehen, dass Silas sein Vorhaben bereits in die Tat umgesetzt hat, und gerät, da er seinem Freund nicht helfe konnte, als dieser in brauchte, in seine bislang schwerste Krise. Ein *qivittoq* – im Dänischen häufig mit *fjeldgænger* übersetzt[320] – ist eine meist männliche Person, die sich aufgrund von Eifersucht, Zorn oder Scham entschließt, aus der lokalen Gemeinschaft auszutreten und – auch aufgrund fehlender alternativer Rückzugsmöglichkeiten – versucht, ein einsames Leben in den Bergen zu führen. In der Praxis führt dieser Versuch früher oder später zum Tod durch Erfrieren oder Verhungern, weswegen der Entschluss *qivittoq* zu gehen als eine traditionelle grönländische Form des Selbstmords zu betrachten ist. Dem vorchristlichen Volksglauben nach, der sich in diesem Fall bis weit ins 20. Jahrhundert hinein bewahrt hat, erlangt ein *qivittoq* in den Bergen nach einiger Zeit übernatürliche Kräfte, die es ihm ermöglichen, in der unwirtlichen Umgebung zu überleben, und die die zurückgelassene Wohnplatzbevölkerung die Rache des erzürnten *qivittoq* fürchten lassen.[321] Auch der traditionsverbundene Silas wartet in seiner Höhle darauf, dass ihn die über-

---

[319] Storch 1915, S. 86.

[320] Durch zahlreiche literarische Adaptionen und Filmatisierungen der *qivittoq*-Thematik (pl. *qivittut*), ein besonders prominentes Beispiel ist Erik Ballings Spielfilm *Qivitoq* von 1956, dürfte der grönländische Ausdruck im heutigen dänischen Sprachgebrauch allerdings geläufiger sein als seine dänische Übersetzung. Bis heute wird in einem großen Teil der in Grönland angesiedelten Literatur (von grönländischen wie dänischen Autoren) zumindest am Rande von einem »realen« *qivittoq* oder dem mit diesem Phänomen verbundenen Mythos erzählt. Knud Rasmussen entscheidet sich jedoch – anders als etwa im Fall der *kiffat* – für eine Übersetzung und spricht – in aus heutiger Sicht antiquierter Rechtschreibung – von einem *Fjældgænger*.

[321] Siehe hierzu Thorslund 1990, Kleemann 2010 sowie insbesondere Parbøl 1955.

menschlichen Fähigkeiten erreichen. Als er einsieht, dass sein Warten vergebens ist, ringt er sich schließlich dazu durch, wieder zum Wohnplatz zurückzukehren. Doch seine Kräfte reichen nicht mehr für den Rückweg, so dass Silas' Pflegefamilie nur noch seine Leiche bergen kann, deren Hände zum Gebet gefaltet sind. Silas hatte zu lange auf den vorchristlichen Aberglauben vertraut; den Weg zu Gott hat er zu spät gefunden. Die Anthropologin Inge Parbøl erkennt in der ausführlichen Beschreibung von Silas' Leiden und seinem wachsenden Zweifel am Aberglauben eine aufklärende Botschaft: »Storch hat dies geschrieben, um seine Landsleute davon zu überzeugen, dass *qivítut* ganz normale, unglückliche Menschen sind, und dass bei der Sache nichts Übernatürliches im Spiel ist.«[322]

Am gleichen Tag, an dem Pavia vom Tod seines besten Freundes erfährt, gerät er indes selbst in eine ähnliche Situation wie die, die Silas zum *qivittoq*-Gang bewegt hatte. Sein Nebenbuhler Barsalaj, »einer von den *hellen* Mischlingen von der Sorte, die „keinen Vater" haben«[323], hält bei *kiffaq* Samuel erfolgreich um Regines Hand an. Waren Silas die traditionellen Rituale des Wohnplatzes zum Verhängnis geworden, so wird Pavias privates Glück durch einen an Ethnizität und *whiteness* geknüpften Klassenkonflikt zerstört, der sich bereits bei seiner ersten Begegnung mit Samuels Familie in der Kolonie Augpilagtoq abgezeichnet hatte. Kurz überlegt Pavia, es seinem Jugendfreund gleich zu tun und ebenfalls ein *qivittoq* zu werden.[324] Doch sein Traum, der im abschließenden Kapitel von *En grønlænders drøm* beschrieben wird, hält ihn davon ab.

Pavia kann seine Stadt im Jahr 2105 allein an dem ihm vertrauten Bergpanorama wieder erkennen. Ansonsten hat sich vieles verändert. Neue Holzhäuser und große Schiffe, die selbständigen grönländischen Kauf-

---

[322] »Storch har skrevet dette for at overbevise sine landsmænd om, at qivítut er ganske almindelige, ulykkelige mennesker, og at der ikke er noget overnaturligt med i spillet.« Parbøl 1955, S. 457. Die Autorin dieses etwas antiquierten Aufsatzes, der nach wie vor einer der wenigen wissenschaftlichen Beiträge ist, die sich mit dem Phänomen der *qivittut* befassen, wurde später unter ihrem Ehenamen Inge Kleivan als eine für die Grönlandforschung bedeutende Kulturwissenschaftlerin bekannt.

[323] »en af de *lyse* Blandinger af den Slags, som „ingen Fader" har« Storch 1915, S. 87f. Diese ironische Umschreibung meint, dass Barsalaj Halbdäne ist, und dass sein dänischer Vater nicht mit der Mutter zusammenlebt [meine Hervorhebung; Anführungszeichen im Original].

[324] Vgl. ebd. S. 107.

leuten aus allen Teilen des Landes gehören, prägen das Stadtbild. Die größte Veränderung haben allerdings seine Landsleute selbst vollzogen. Während die Grönländer der Gegenwart als außerstande beschrieben werden, ein gesellschaftliches Verantwortungsgefühl zu entwickeln und in übergeordneten Zusammenhängen zu denken, erscheinen die zukünftigen Grönländer als zielstrebige und geschäftige Bürger einer prosperierenden Nation. Den Jungen aus der Vergangenheit halten sie für einen Besucher aus einem abgelegenen Landesteil. Als er erfährt, dass das Katechetenseminar vor langer Zeit geschlossen wurde, sucht Pavia schließlich den Pastor auf, um zu erfahren, was es mit der fremden neuen Umgebung auf sich hat. Der Pastor, der selbstverständlich Grönländer ist, findet Pavias Namen in seinem Archiv und Pavia erfährt, dass seine Anstrengungen als »Arbeiter unter Landsleuten« Früchte getragen haben. »Ja, hier gibt es einen, der Pavia hieß; er wurde später ein berühmter Mann und gehört zu den Menschen, denen wir hier oben am meisten schuldig sind, wenn es darum geht, wer sich um die Fortschritte verdient gemacht hat«[325], trägt der Pastor aus seinen Unterlagen vor. Bevor er erwacht, begegnet Pavia in seinem Traum dem alten Simon, der ihm den Sinn seines nächtlichen Blicks in die Zukunft erklärt:

> Du hast gesehen, wie alles besser geworden war – geistlich und weltlich. Es geschehen nicht mehr solche Dinge wie die, unter denen du heute gelitten hast und unter denen Silas gelitten hat, denn nun lässt man Gottes Willen geschehen. Du hast gesehen, wie deine Landsleute sich entwickelt haben, weil ihr Wissen vermehrt wurde; arbeite nun dafür, dass dies geschieht. Die Torflügel zur großen Werkstatt stehen offen, komm herein und arbeite! Groß ist die Arbeit, die getan werden muss, doch der Arbeiter wird seinen Lohn ernten von Gottes Gnade.
>
> Du saa, hvorledes alt var bleven bedre aandeligt og timeligt [...]. Der sker ikke længer den Slags Ting, som du i Dag har lidt under, og som Silas led for, fordi nu lader man Guds Vilje ske. Du har set, hvorledes dine Landsmænd udviklede sig, fordi deres Viden øgedes; arbejd du nu for, at dette skal ske. Fløjene staar aabne ind til det store Værksted, kom ind og arbejd! Stort er det Arbejde,

325 »Jo, her er en, som hed Pavia [...]; han blev senere en berømt Mand, og han hører til de Mennesker, som vi heroppe skylder mest, naar der skal tales om, hvem der har gjort noget for Fremskridtene.« Ebd., S. 130.

> der skal gøres, men Arbejderen skal høste sin Løn af Guds Naade.[326]

Der bibelfesten zeitgenössischen Leserschaft wird an dieser Stelle der deutliche intertextuelle Bezug auf den Blick Mose ins gelobte Land nicht entgangen sein. Im 5. Buch Mose heißt es zu dessen Tod:

> Am gleichen Tage sagte der HERR zu Mose: „Steige nun auf [...] den Berg Nebo, der im Lande der Moabiter liegt, [...], und sieh dir das Land Kanaan an, das ich den Israeliten zum Eigentum geben will! […] Nur aus der Nähe sollst du das Land sehen; aber hineingehen darfst du nicht […]." So stieg Mose von den Steppen Moabs auf den Berg Nebo […]. Und der HERR sagte zu ihm: „Dies ist das Land, das ich Abraham, Isaak und Jakob eidlich zugesagt habe […]. Ich habe es dich nur mit deinen Augen schauen lassen, aber hinüber darfst du nicht kommen." So starb Mose, der Knecht Gottes, dort im Lande Moab nach dem Wort des HERRN.[327]

Wie Gott seinem Gesandten Moses im Deuteronomium erlaubt auch Pavia eine göttliche Kraft, verkörpert durch den alten Simon, den Blick in ein gelobtes Land, das eines Tages die Heimat seines Volkes werden soll. Während Moses bei seinem Tod auf dem Berg Nebo bereits auf sein Lebenswerk zurückblicken kann, dessen Früchte er allerdings nicht selber ernten darf, steht die Arbeit für Pavia und seine engagierten Nachfolger noch bevor. Auch Pavia wird das Land, in das ihn sein Traum geführt hat, nicht selbst betreten. Das Jahr 2105, das für ihn rund 200 Jahre in der Zukunft liegt, wird er nicht erleben. Doch der Blick in die Zukunft bringt den Prozess seiner christlich-nationalen Erweckung endgültig zum Abschluss. Er ist nun gefestigt in seiner Überzeugung, dass sein eingeschlagener Weg der einzig richtige ist, und dass »der Arbeiter seinen Lohn durch Gottes Gnade bekommen wird!«[328]

Mit diesen unübersehbaren biblischen Bezügen, die an einer Stelle sogar direkt hergestellt werden[329], erhebt Storchs Roman die Ausbildung und Aufklärung der grönländischen Bevölkerung und die Bildung einer

---

326 Storch 1915, S. 133.

327 Dtn 32, 48–49 sowie Dtn 34, 1 u. 34, 4–5.

328 »Arbejderen skal faa sin Løn af Guds Naade!« Storch 1915, S. 134. Mit diesem Satz endet Mathias Storchs Roman.

329 »Lykkelige Mennesker, der ved den livsaliges Naade har Syner i Drømme ligesom fordum Iraels [sic!] Folk!« (»Glückliche Menschen, die dank Gottes Gnade im Traume Erscheinungen haben, wie einst Israels Volk!«) Ebd., S. 131.

grönländischen Nation zu einer göttlichen Mission. Pavia erscheint in diesem Zusammenhang als der auserwählte Gesandte Gottes. Auch wenn auf diese Weise die grönländische Nationsbildung zu einem auf religiöser Erweckung fußenden Projekt deklariert wirkt, birgt die assoziative Verbindung Pavias mit dem Anführer der Israeliten eine gerade in einem kolonialen Zusammenhang besondere – wenn auch subtile – politische Brisanz: Auf seiner vierzigjährigen Wanderung durch die Wüste führte Moses das Volk Israels in die Freiheit, hinaus aus der ägyptischen Sklaverei.

3.2 Augo Lynge: *Trehundrede år efter …* (1931)

Ganz ähnlich wie Mathias Storch, der in erster Linie für sein Wirken als ranghoher Kirchenvertreter bekannt wurde, erlang auch Augo Lynge (1899–1959), Autor des zweiten grönländischen Romans *Trehundrede år efter …* (1931), seine Berühmtheit nicht durch seine schriftstellerischen Aktivitäten. Geschichte schrieb Lynge vielmehr als einer der beiden ersten grönländischen Abgeordneten im dänischen Parlament, dem *folketing*, dem er nach Grönlands Eingliederung als de facto gleichberechtigtes *amt* in das dänische Königreich von 1953 bis zu seinem Tod im Jahr 1959 angehörte. Augustinus Lynge, genannt Augo, wurde 1899 am Außenposten Fiskenæsset (Qeqertarsuatsiaat) im mittleren Westgrönland geboren. Seine Eltern, die aus Godthåb stammten, hatten beide auch dänische Vorfahren.

Als die deutschen Missionare der Herrnhuter Brüdergemeinde Grönland im Jahr 1900 verließen, wurde Lynges Vater, der Katechet war, zunächst nach Frederiksdal (Narsamijit) und bald darauf nach Lichtenau (Alluitsoq) versetzt. Bei beiden Orten handelte es sich um ehemals herrnhutische Missionsstationen im äußersten Süden des Landes, die nun von der dänischen Mission übernommen worden waren. Dort verbrachte Augo Lynge seine Kindheit und Jugend, während der die Begegnungen mit Henrik Lund, Katechet am Nachbarwohnplatz Sydprøven (Alluitsup Paa), Freund seines Vaters und neben dem zuvor erwähnten Jonathan Petersen einer der berühmtesten Verfasser nationaler grönländischer Lieder, großen Eindruck auf ihn machten. »Schon sehr früh wurde er von der Idee ergriffen, dass *für seine Landsleute zu arbeiten,* die höchste

Aufgabe sein müsste, die ein Mensch in seinem Leben haben könne«[330], schreibt Augo Lynges Tochter Astrid Larsen über ihren Vater und lässt dabei - schon bei der Wortwahl - erstaunliche Parallelen zu den Idealen Mathias Storchs und dessen Romanfigur Pavia erkennen.

Daniel Thorleifsen, der die bislang einzige Studie zu Augo Lynges politischem Denken vorgelegt hat, bezeichnet Lynge als typisches Beispiel für die westlich orientierte grönländische Elite der Kolonialzeit.[331] Nach Abschluss seiner Katechetenausbildung am Godthåber Seminar im Jahr 1921 gehörte Lynge – wie vor ihm bereits Mathias Storch – zu den wenigen Grönländern, die die Möglichkeit erhielten, zur weiteren Ausbildung für einige Zeit nach Dänemark zu gehen. Mit Mathias Storch verbindet Augo Lynge die Vision einer selbstbewussten, handlungsmächtigen grönländischen Nation, in der an koloniale Hierarchien und das Kriterium der Ethnizität geknüpfte Ungleichheit und Ungerechtigkeit keine Rolle mehr spielen. Wie Storch es in *En grønlænders drøm* zum Ausdruck bringt, hielt auch Lynge weitgehende Veränderungen innerhalb der grönländischen Gesellschaft und vor allem die bessere Bildung und Aufklärung der Grönländer für wesentliche Voraussetzungen, um diese Vision wahr werden zu lassen. Anders als bei Storch ist der Prozess einer angestrebten grönländischen Nationsbildung Lynges Schriften zufolge jedoch nicht mit religiöser Erweckung verbunden. Lynges Vision einer von Fortschrittsdenken geprägten grönländischen Gesellschaft, in der Grönländer und Dänen gleichberechtigt zusammenleben, laut Thorleifsen das Hauptanliegen Lynges politischen Lebens[332], ist ein weltliches Projekt. So kommt Lynges Roman, anders als die anderen in diesem Buch analysierten Werke, beinahe ganz ohne intertextuelle Bezüge zur Bibel aus, und erscheint nicht zuletzt aus diesem Grund für die heutige Leserschaft leichter zugänglich als die Romane Mathias Storchs, Frederik Nielsens und Hans Lynges.

Dass mit den neuen Grönlandgesetzen von 1925 am Godthåber Seminar ein säkularer Ausbildungszweig etabliert wurde, wird Lynge, der eben

---

[330] »Meget tidligt blev han grebet af ideen om, *at arbejde for sine landsmænd* måtte være den højeste opgave, et menneske kunne have i sit liv. Ideen blev ham et helligt kald, som han fastholdt senere i livet« Larsen 2000, S. 12 [meine Hervorhebung]. Auch bei den Angaben zu Augo Lynges Biografie beziehe ich mich auf dieses Werk, insbesondere S. 9–22, sowie auf Thorleifsen 1991, insbesondere S. 54–57.

[331] Vgl. ebd., S. 55.

[332] Vgl. ebd., S. 94.

kein Kirchenmann war, sondern sich vielmehr für die Naturwissenschaften begeisterte, entgegen gekommen sein. Nach seiner Rückkehr aus Dänemark erhielt er, obwohl er keine offizielle Lehrerausbildung absolviert hatte, 1927 eine feste Anstellung als Seminarlehrer für Grönländisch, Biologie und Geografie, im Rahmen derer er zahlreiche grönländischsprachige Lehrbücher verfasste.[333] In dieser Zeit begann Augo Lynge als politischer Akteur in die Debatten um die Verhandlung von Identität und die Konstitution einer grönländischen Nation einzutreten. Während die direkte Nennung des Nationsbegriffs in Storchs Roman noch mittels teils umständlicher Formulierungen gemieden wurde, ist er bei Augo Lynge – sowohl in *Trehundrede år efter ...* als auch in seinen dezidiert politischen Schriften – nahezu allgegenwärtig. Von 1934 bis 1948 gab Lynge unter dem Titel *Tarqigssut* – übersetzt etwa »Die Leuchte«[334] – eine eigene Zeitschrift heraus, die, wie der Titel schon andeutet, in erster Linie der Aufklärung seiner Landsleute dienen sollte, und die ihm ein Forum bot, seine eigenen politischen Standpunkte zu verbreiten. Zudem war Augo Lynge eine Schlüsselfigur für die Entwicklung eines grönländischen Vereinswesens. Sowohl die Gründung des ersten grönländischen Sportvereins im Jahr 1933 als auch einer explizit nicht an kirchliche Institutionen geknüpften Jugendvereinigung namens *nunavta qitornai* (»Kinder unseres Landes«), die Jugendliche unter dem Motto »unser Land, unser Volk, unsere Flagge« durch Vorträge, Diskussionen, gemeinschaftliche handwerkliche Beschäftigungen und Gesang zu politisch wachsamen und verantwortungsbewussten Individuen erziehen sollte, gehen auf ihn zurück.[335] Die zentrale Rolle, die Lynge der heranwachsenden Generation in seinem Vorhaben der nationalen Erweckung zumaß, belegen nicht nur diese Vereinsgründungen, sondern auch die Tatsache, dass er seinen in der Zukunft spielenden Roman *Trehundrede år efter ...* der grönländischen Jugend widmete.[336]

Nachdem Augo Lynge damit begonnen hatte, in den Räumen des Seminars politische Vorträge und Diskussionen abzuhalten, wurde er 1943 vorübergehend an eine Schule in Egedesminde (Aasiaat) versetzt. Astrid Larsen spricht in diesem Zusammenhang von der ersten politischen

[333] Vgl. Petersen ca. 1980, S. 90.

[334] Vgl. Larsen 2000, S. 17.

[335] Vgl. Thorleifsen 1991, S. 56.

[336] Vgl. ebd., S. 58.

Ausweisung in der kolonialen Ära Grönlands.[337] Jens Boel und Søren Thuesen vermuten, dass Lynges nationalistische Haltungen und sein großer Einfluss auf die Jugend den dänischen Behörden, innerhalb derer es mehrere Personen gab, die Lynge als eine Art grönländischen Rebell fürchteten, unheimlich geworden waren.[338] Dass Lynge von Teilen der dänischen Kolonialverwaltung als Gefahr wahrgenommen wurde, ist Beleg für das hohe Maß an Handlungsmacht, das er durch Nutzung der ihm zur Verfügung stehenden Bildungsmöglichkeiten erlangen konnte und bestärkt die These, dass sich der Ort, von dem aus die neue grönländische Bildungselite agierte, als ein »dritter Raum« im Sinne Bhabhas beschreiben lässt. Augo Lynge starb 1959 beim Untergang des KGH-Schiffs »Hans Hedtoft«, das auf seiner Jungfernfahrt mit einem Eisberg kollidierte. Bei der Havarie ging auch das Manuskript seines zweiten Romans verloren, von dessen Inhalt bedauerlicherweise niemand außer Lynge selbst erfahren sollte.[339]

Bereits Lynges Engagement für die Ausbildung und insbesondere die körperliche Ertüchtigung der Jugend – einer der jungen Helden in *Trehundrede år efter …* ist zudem ein viriler Boxer – lassen gerade vor dem Hintergrund der Nationsbildung das von Evolutionismus und Sozialdarwinismus inspirierte Menschenbild erahnen, das Lynges politischen Schriften und auch seinem Roman zugrunde liegt, und das als Reproduktion einer im dänischen Diskurs erzeugten Sichtweise auf das koloniale Andere zu verstehen ist. Wie ich eingangs dargelegt habe, waren die dänischen Repräsentationen Grönlands und seiner Bewohner – wie so oft in kolonialen Diskursen – von ambivalenter Gestalt. Die Eskimologin Lill Rastad Bjørst beruft sich auf Edward Saids *Orientalism*, um aufzuzeigen, dass Dänemark seine arktische Kolonie in hohem Maße dazu genutzt hat, um ein Spiegelbild des Eigenen zu konstruieren, eine Projektionsfläche all dessen, was Dänemark selbst nicht war.[340] Auf diese Weise diente Grönland den Dänen als eine Alterität, die zugleich eine abstoßende und eine anziehende Wirkung entfaltete. Hier liegt die Erklärung für das offensichtliche Paradox, dass sich das Anliegen der dänischen Kolonialpolitik als *gleichzeitige* Bewahrung *und* Zivilisierung der als subaltern konnotierten grönländischen Kultur beschreiben lässt.

---

337 Vgl. Larsen 2000, S. 16.

338 Vgl. Boel u. Thuesen 1993, S. 52 u. 54.

339 Vgl. Larsen 2000, S. 17f.

340 Bjørst 2008. S. 9f.

Homi Bhabha spricht in diesem Zusammenhang von »terrifying stereotypes of savagery, [...] lust and anarchy which are the signal points of identification and alienation, scenes of fear *and* desire [...].«[341]

Der Topos der Zivilisierung der Kolonisierten fußt auf einem als Ethnozentrismus zu bezeichnenden Menschenbild, das von einer Hierarchie ausgeht, innerhalb derer die europäische Kultur die höchste Entwicklungsstufe einnimmt. Nicht zuletzt Homi Bhabhas Ausführungen zur Mimikry haben gezeigt, dass es jedoch nicht die Intention europäischer Kolonialmächte war, kolonisierte Völker mittels zivilisatorischen Einwirkens auf eine innerhalb dieser Logik gleichrangige Entwicklungsstufe zu führen. Das Aufsichnehmen von *The White Man's Burden*, wie Rudyard Kipling die Zivilisierung von Kolonisierten in seinem gleichnamigen Gedicht aus dem Jahr 1899 bezeichnet, diente den Europäern in erster Linie als Mittel zur Legitimation der kolonialen Expansion, mittels dessen sich diese als humanitärer Akt umdeuten ließ. Zu Augo Lynges Reproduktion eines im kolonialen Diskurs erzeugten ethnozentristischen Kulturverständnisses stellt Daniel Thorleifsen fest:

> Der grönländische Elite – inklusive Lynge – wurden die Prinzipien und Wertenormen der westlichen Kultur eingeprägt, woraufhin sie in Grönland mit den vorherrschenden europäischen Kulturbegriffen, Menschenbildern und Selbstverständnissen in petto wirkte. Somit waren Lynges Blickwinkel und Denken Produkte von europäischer Umweltauffassung und europäischem Menschenbild seiner Zeit. Ein eingeimpftes ethnozentristisches Menschenbild mit dem Europäer als Zentrum und dem am weitesten Entwickelten in der Geschichte der Menschheit, hatte zur Folge, dass Lynge kein anderes [Ziel] sehen konnte als eine Eingliederung in diese Gesellschaften.
>
> Den grønlandske elite – inclusiv Lynge – blev indpræget den vestlige kulturs principper og værdinormer, hvorefter de virkede i Grønland med herskende europæiske kulturbegreber, menneskesyn og selvforståelse i baghånden. Således var Lynges synspunkter og tænkning produkt af samtidens europæiske omverdensopfattelser og menneskesyn. [...] Et indpodet etnocentristisk menneskesyn med europæeren som den centrale og

[341] Bhabha 2004, S. 104 [meine Hervorhebung].

> højest udviklede i menneskehedens historie fordrede, at Lynge ikke kunne se andet end en indlemmelse i disse samfund.[342]

Ähnlich wie Mathias Storchs Roman *En grønlænders drøm* changiert auch Augo Lynges *Trehundrede år efter ...* zwischen unterhaltender Prosa und politischer Allegorie. Als Lynge nach der offiziellen Aufhebung von Grönlands Koloniestatus in den Fünfziger Jahren um Kommentare zur angestrebten Entwicklung des postkolonialen dänisch-grönländischen Verhältnisses gebeten wurde, hat er selbst auf seinen zu diesem Zeitpunkt bereits über zwanzig Jahre alten Roman verwiesen.[343] Wie Thorleifsen treffend beschreibt, hatte Augo Lynge das hierarchisch organisierte Weltbild des kolonialen Diskurses verinnerlicht, nach dessen Logik die grönländische Kultur als minderwertig erscheint. So dient ihm sowohl in seinem Roman als auch in seinen politischen Beiträgen die Assimilation an die dänische Gesellschaft als Mittel zur Überwindung kolonialer Machtasymmetrien und zur Herstellung von Gleichberechtigung zwischen Dänen und Grönländern. Ganz im Einklang mit der bereits 1931 in *Trehundrede år efter ...* skizzierten Vision eines zukünftigen Grönlands schreibt Augo Lynge 1945 in einem Diskussionsbeitrag für die während des Krieges gegründete dänischsprachige Zeitung *Grønlandsposten* (»Grönlandpost«):

> Aber was ist eigentlich unser grönländisch-nationales Ziel? Lasst es uns ganz offen sagen: *Wir wünschen uns eine Entwicklung innerhalb des dänischen Reichs und seiner Rahmen hin zu sozialer, politischer, wirtschaftlicher und kultureller Gleichstellung.* Dieselben Ansprüche, dieselben Pflichten, dieselben Chancen für Dänen wie für Grönländer, oder mit anderen Worten: *Wir wünschen uns, aus dem Grönländer einen guten dänischen Bürger zu machen.*
>
> Men hvad er da vort grønlandsk-nationale maal [...]? Lad os bare sige det aabent: *vi ønsker udvikling indenfor det danske rige og indenfor dets rammer til social, politisk, økonomisk og kulturel ligestillethed.* Samme krav, samme pligter, samme chancer for dansker som for grønlænder, eller med andre ord, *vi ønsker ud af grønlænderen at gøre en god, dansk borger.*[344]

---

342 Thorleifsen 1991, S. 94f.

343 Vgl. ebd., S. 57f.

344 Lynge 1985b, S. 27 [Hervorhebungen im Original]. Erschien erstmals in *Grønlandsposten.* (1945:17).

Der aus zwei Teilen bestehende und mit den Titeln »Vore „isolations-sygdomme"« (»Unsere „Isolationskrankheiten"«)[345] und »Omkring „det nationale"« (»Über „das Nationale"«) überschriebene Diskussionsbeitrag Lynges ist als eine Art Programmschrift zu verstehen, die zahlreiche Eigenschaften des in *Trehundrede år efter ...* beschriebenen fiktiven Grönlands der Zukunft zu konkreten politischen Zielen erhebt. Neben der Forderung nach Gleichstellung durch Assimilation tritt Lynge in seinen Zeitungsartikeln für eine grundlegende Umstrukturierung des Wirtschaftswesens – weg vom »nationalen Gewerbe« des Robbenfangs und hin zur industriellen Fischereiwirtschaft – ein und vertritt zudem äußerst rabiate sprachpolitische Standpunkte, wenn er argumentiert, dass die seines Erachtens zugunsten des Dänischen zu vernachlässigende grönländische Sprache Grund für eine kulturelle und geistige Isolation der Grönländer sei.[346]

Wie aus diesen Texten und auch aus seinem Roman hervorgeht, reproduzierte Lynge nicht nur ein im dänischen Diskurs erzeugtes hierarchisches Kulturverständnis, sondern übernahm zudem das in Kapitel 2.1 thematisierte dänische Selbstbild, das das Land als eine ungewöhnlich humane Kolonialmacht erscheinen ließ.[347] Der anderen wirkmächtigen Hälfte der ambivalenten dänischen Repräsentationspraxis, die die Grönländer als beschützenswerte Opfer der Zivilisation darstellte, widersetzte sich Lynge allerdings – sowohl in *Trehundrede år efter ...* als auch in »Omkring det »nationale«« – vehement. Obwohl seine Äußerungen auf

---

345 Lynge 1985a. Erschien erstmals in *Grønlandsposten.* (1945:12).

346 Vgl. ebd.

347 Nachdem er beschreibt, wie der Kolonialismus andere kolonisierte Gesellschaften ihres Selbstbewusstseins beraubt habe (»Det er ligesom man er blevet inficeret med en bacille, der langsomt afkræfter og fortærer En.« (»Es ist, als ob man mit einer Bazille infiziert wäre, die einen langsam entkräftet und verzehrt«) (Lynge 1985b, S. 25)), ergänzt Lynge geradezu beschwichtigend bezüglich der dänisch-grönländischen Situation: »Helt saa galt er det dog ikke gaaet heroppe. Dertil har vort styrelse været for humant.« (»Ganz so schlimm ist es hier oben allerdings nicht zugegangen. Dazu ist unsere Verwaltung zu human gewesen.«) (Ebd.). Auch diese Beiträge Lynges sind freilich vor dem Hintergrund möglicher Selbstzensur zu lesen. Thisted gibt zu bedenken, dass Lynge sich mit seinem Artikel in einer dänischsprachigen Zeitung explizit an ein dänisches Publikum wandte, weswegen es unter allen Umständen zu vermeiden galt, unter den Verdacht zu geraten, separatistische Motive zu verfolgen, Bestrebungen, auf die die dänische Öffentlichkeit insbesondere kurz nach der Unabhängigkeitserklärung Islands äußerst empfindlich reagiert hätte (vgl. Thisted 2002b, S. 215f.).

den ersten Blick als im kolonialen Diskurs verfangen und daher nach Gayatri Chakravorty Spivaks Argumentation als stumm erscheinen, enthalten sie somit dennoch eine subversive Ebene, für deren Analyse – ähnlich wie schon bei Mathias Storch – Homi Bhabhas Konzepte der Mimikry und der Hybridität fruchtbar erscheinen. Dies dürfte Grund dafür sein, dass manche Repräsentanten der dänischen Kolonialverwaltung Lynges Standpunkten trotz der danophilen Rhetorik mit Misstrauen begegneten. In Lynges Zeitungsartikel heißt es weiter:

> Dem Grönländer ist der Aberglaube eingeimpft worden, dass *seine eigene Untauglichkeit schuld an allem sei.* Damit hat er sich des wichtigsten Antriebs beraubt, den der Mensch hat: den Glauben an sich selbst. Was daher in erster Linie bekämpft werden muss, sind die Minderwertigkeitskomplexe des Grönländers, das Minderwertigkeitsgefühl und sein Wirken auf die Art zu denken, zu sprechen und überhaupt zu sein. Es gilt daher zuerst, das Misstrauen des Grönländers in sich selbst zu beseitigen und an seiner statt sein Selbstvertrauen, Selbstbewusstsein, Ehrgefühl und seinen persönlichen Ehrgeiz zu wecken.
>
> [Grønlænderen] er blevet indpodet den overtro, at *det er hans egen uduelighed, der er skyld i det hele.* Dermed har han berøvet sig selv den vigtigste drivkraft, mennesket har: troen paa sig selv. Det, der derfor først og fremmest skal bekæmpes, er grønlænderens mindreværds-komplekser, mindreværdsfølelsen og dennes indvirkning paa tanke-, tale- og hele væremaade. Det gælder derfor først og fremmest om at fjerne grønlænderens mistillid til sig selv og i stedet for vække hans selvtillid, selvfølelse, æresfølelse og personlige ærgerrighed.[348]

In dieser Passage weist Augo Lynge nicht nur darauf hin, dass die Begegnung mit den als kulturell überlegen konnotierten Dänen und der von ihnen vorgegebene koloniale Diskurs den Grönländern Selbstvertrauen und Ehrgefühl genommen hätten, sondern suggeriert zudem, dass seine Landsleute, sofern es ihnen einmal gelänge, Ehre und Selbstwertgefühl zurück zu gewinnen, in der Lage seien, innerhalb der imaginierten Hierarchie der Kulturen aufzusteigen. Eine derartige Sichtweise stand im direkten Widerspruch zu dem Teil der ambivalenten dänischen Repräsentationspraxis, innerhalb dessen sich die euphemistisch als »Beschützungspolitik« deklarierte Bewahrung der traditionellen grönländischen Gesellschaftsform verortete. Im kontextualisierenden Teil dieses

---

[348] Lynge 1985b, S. 24 [Hervorhebung im Original].

Buches habe ich gezeigt, dass diese bis weit ins 20. Jahrhundert hinein wirkmächtige Politik ihren Ursprung in der Amtszeit des Kolonialinspektors Hinrich Rink nahm, der von der romantischen Nationalbewegung des 19. Jahrhunderts und vor allem der Philosophie Johann Gottfried Herders beeinflusst war.

Frederik Stjernfelt argumentiert, dass das Herdersche Kulturverständnis vom »organischen Ganzen« eine Weltsicht generiere, innerhalb derer jede Kultur als eine von anderen Kulturen abgesonderte Totalität erscheine. Indem es eine vollkommene Abhängigkeit des Einzelnen von seiner jeweiligen Kultur voraussetze, nehme ein solches Menschenbild dem Individuum seine Autonomie und stelle somit eines der wichtigsten Ideale der Aufklärung in Frage.[349] Eine derartige auch innerhalb der dänischen Kolonialpolitik virulente Ideologie, die Stjernfelt als Kulturalismus bezeichnet, und die, so seine weiteren Ausführungen, die gesamte frühe Anthropologie seit Franz Boas dominiert habe[350], konterkariert Augo Lynge, indem er den Grönländern die Fähigkeit zuspricht, ihre traditionelle »eskimoische« Kultur abzulegen und durch Strategien der Assimilation in den Kulturkreis der Europäer aufzusteigen. Anders als der Kulturrelativismus der von Herder beeinflussten Fürsprecher der »Beschützungspolitik«, der – wie Stjernfelt zeigt – ethnozentristisches Denken eben nicht ausschließt, versteht Lynge Kulturen als ein durchlässiges System, innerhalb dessen keine an Ethnizität geknüpften Grenzen bestehen, und der Einzelne somit frei entscheiden kann, welcher Kultur er sich zugehörig fühlt. Mit Blick auf das Ziel der Gleichberechtigung empfiehlt Lynge seinen Landsleuten, sich bei dieser Wahl für die dänische Kultur zu entscheiden. Dass ein handlungsmächtiger Repräsentant des kolonisierten Grönlands bereits in den Dreißiger Jahren nicht nur Gleichstellung zwischen Dänen und Grönländern forderte, sondern seine Landsleute gleich allesamt zu »guten dänischen Bürgern« machen wollte, muss den Dänen, die seit dem Niedergang des Gesamt-

---

[349] Vgl. Stjernfelt 2008, S. 131–133. Für eine prägnante Zusammenfassung Stjernfelts zentraler Thesen siehe Bozic 2010. Stjernfelt bezeichnet Boas, den Gründer des ersten anthropologischen Instituts der USA an der Columbia-Universität, als einen der ersten Vertreter einer nichtrassistischen akademischen Völkerkunde (vgl. Stjernfelt 2008, S. 131), eine Einschätzung, die kontrovers diskutiert werden kann, sofern man etwa bedenkt, dass es Boas war, der sich 1897 darum bemühte, »in seinem Museum in New York über ethnologische Artefakte hinaus auch lebende Eskimos auszustellen« (Eglinger u. Heitmann 2010, S. 178).

[350] Vgl. ebd., S. 132.

staats im Jahr 1864 nach Kräften darum bemüht waren, eine auf ethnischer Homogenität beruhende Nationalidentität zu konstituieren[351], in der Tat wie eine Bedrohung vorgekommen sein.

Mit den Worten »in einem Gemisch aus dänischer und grönländischer Kultur zu leben, ist nach und nach ein Teil dessen geworden, ein Grönländer zu sein«[352], leitet Lill Rastad Bjørst im Jahr 2008 ihre Studie über grönländische Fremd- und Selbstbilder ein. Dass Augo Lynge bereits 1945 – und eigentlich schon 1931 in *Trehundrede år efter ...* – zu einer ähnlichen Erkenntnis kommt, ist bemerkenswert. Mit seiner Feststellung, dass die grönländische Nation eine Gemeinschaft der Hybride sei, unterminiert er nicht nur die Binarität von Kolonialmacht und Kolonisierten, sondern bereichert zugleich die grönländische Identitätsdebatte um eine antiessentialistische Definition von *grønlandskhed*, die innerhalb der bis heute andauernden Debatte um die kulturelle Selbstverortung der Grönländer kontrovers diskutiert wird. Lynge schreibt:

> Wir dürfen »das Nationale« nur nicht als »das Eskimoische« auffassen. Das Nationale hier oben ist jetzt das »Eskimoisch-dänische«. Die Bevölkerung besteht nicht mehr aus Eskimos, sondern aus Grönländern, und sowohl die Bevölkerung als auch unsere jetzige Kultur sind durch ein Verschmelzen entstanden und an Grönland angepasst.
>
> Vi skal blot ikke opfatte »det nationale« som »det eskimoiske«. Det nationale heroppe er nu det »eskimoisk-danske«. Befolkningen er ikke mere eskimoer men grønlændere, og baade den og vor nuværende kultur er opstaaet ved en sammensmeltning og tilpasset til Grønland.[353]

In Lynges Vision einer modernen grönländischen Nation spielt für die gesellschaftliche Position des Einzelnen der prozentuale Anteil seiner grönländischen und europäischen Vorfahren keine Rolle mehr. Waren an Kriterien der Ethnizität geknüpfte Klassenkonflikte in der Gegenwart von Mathias Storchs Hauptfigur Pavia noch Grund genug, um von einem zukünftigen Grönland ohne Dänen zu träumen, fällt bei der Beschreibung der Figuren in Augo Lynges *Trehundrede år efter ...* die Abwesenheit von Aussagen über deren ethnische Abstammung auf. Alle

---

351 Vgl. Korsgaard 2006, S. 137–140.

352 »[a]t leve i en blanding af dansk og grønlandsk kultur er efterhånden blevet en del af det at være grønlænder.« Bjørst 2008, S. 16.

353 Lynge 1985b, S. 26.

Figuren in Lynges Roman haben dänische und grönländische Vorfahren; allein der jeweilige Anteil ist nicht der Rede wert. Die grönländische Gesellschaft anno 2021 ist frei von Klassen- und Ethnizitätskonflikten. Hybridität prägt den Alltag. Was diese Harmonie aus dem Gleichgewicht bringt, kann nur von außen kommen. So wird die scheinbar perfekte Idylle in *Trehundrede år efter ...* erst getrübt, als zwei New Yorker Verbrecher beginnen, ihr Unwesen in der grönländischen Hauptstadt zu treiben.

Wenn hier – wie auch an anderen Stellen in der Sekundärliteratur[354] – von Mathias Storchs *En grønlænders drøm* und Augo Lynges *Trehundrede år efter ...* als Zukunftsromane gesprochen wird, so bezieht sich diese Kategorisierung darauf, dass beide Romane Visionen eines zukünftigen Grönlands entwerfen. Mit Blick auf die Zeit der Handlung muss man allerdings feststellen, dass Mathias Storchs Roman streng genommen überhaupt nicht in der Zukunft spielt. Den weitaus größten Teil des Romans bildet die Beschreibung von Gegenwartsproblemen, mit denen die psychologische Entwicklung des Protagonisten einhergeht. Auch der im letzten Kapitel beschriebene Traum, der Pavia ins Jahr 2105 versetzt, ist letztendlich ein Ereignis, das in der Gegenwart stattfindet. Anders verhält es sich im Fall von *Trehundrede år efter ...*. In Lynges Roman spielt sich die gesamte Handlung im Jahr 2021 ab, also neunzig Jahre nach dem Zeitpunkt der Niederschrift, und – wie schon der Titel verrät – 300 Jahre nachdem Hans Egede im Jahr 1721 seine Missionsarbeit aufnahm und damit die Kolonialisierung Grönlands einleitete. Am 200. Jahrestag von Egedes Ankunft in Godthåb im Jahr 1921 waren in Grönland umfangreiche Jubiläumsfeierlichkeiten abgehalten worden, denen sogar die dänische Königsfamilie beiwohnte.[355] Auch im Jahr 2021 wird der Jahrestag der Kolonialisierung gefeiert. Der in *Trehundrede år efter ...* abgedeckte Handlungszeitraum erstreckt sich über einige Tage vor den Festlichkeiten bis hin zum Jubiläum selbst. Ob auch die Grönländer in Mathias Storchs Zukunftsvision den Tag, an dem die Kolonialisierung begann, zum Nationalfeiertag erhoben hätten, erscheint fraglich. Für die Nation von dänisch-grönländischen Hybriden im Jahr 2021 stellt sich diese Frage indes nicht. Augo Lynges Figuren vertreten selbstredend jene Auffassung von *grønlandskhed*, die ihr Erschaffer in seinem oben zitierten Zeitungsartikel skizziert. Ein Grönländer zu sein, bedeutet im Jahr 2021

[354] Vgl. u. a. Thisted 2006a, S. 467.

[355] Siehe hierzu Petersen 1928, S. 121–128.

demnach, sowohl von Inuit als auch von Dänen abzustammen. Der erste Kontakt beider Gruppen durch den Beginn der christlichen Mission stellt nach dieser Definition eine Grundvoraussetzung für die Existenz der grönländischen Nation, und der runde Jahrestag dieses Ereignisses daher allemal einen Grund zum Feiern dar.

Während sich die Handlung in Mathias Storchs *En grønlænders drøm*, einem klassischen Bildungsroman, um die Entwicklung des jungen Protagonisten aufbaut, fällt es im Falle von Augo Lynges *Trehundrede år efter …* sehr viel schwerer, in einer der zahlreichen Figuren eine Hauptfigur zu erkennen. Am ehesten lässt sich der junge intelligente und weltgewandte Polizeibeamte Erik Hansen als Held des Romans identifizieren. Er ist es, der mit tatkräftiger Unterstützung seines ungleichen Vetters Jens Jensen, dem Boxer, der »zu jenen junge Leuten gehörte, die allein auf physische Stärke Wert legen«[356], die Verfolgung zweier weltweit gesuchter Schwerverbrecher aufnimmt, die ausgerechnet Grønlandshavn, die fiktive Hauptstadt[357] in Lynges zukünftigem Grönland, als Ort für ihre jüngste Überfallserie ausgewählt haben. Die spannend erzählte und zuweilen recht komische Kriminalgeschichte bildet den eigentlichen Plot des Romans. Es ist allerdings weniger der Handlungsverlauf, der Lynges Roman vor dem Hintergrund von Fragen nach Nationsbildung und Identitätsverhandlung interessant erscheinen lässt. Als wesentlich ertragreicher für eine Einordnung in den Kontext der grönländischen Gesellschaftsdebatten der ersten Hälfte des 20. Jahrhunderts erscheint die Analyse der im Roman geschilderten fiktiven Gesellschaft des Jahres 2021 und der Eigenschaften, die sie von Lynges Gegenwart unterscheiden. Die Kritik an dieser Gegenwart, die zur Zeit der Romanhandlung in der Vergangenheit liegt, wird in *Trehundrede år efter …* mittels unterschiedlicher Strategien der Rückblende formuliert und lässt deutliche Übereinstimmungen mit den genannten politischen Diskussionsbeiträgen Augo Lynges erkennen.

Im ersten Kapitel begegnen wir dem Landwirt und Gemeinderat Jensen, der es mit seiner Schafzucht nahe der Hauptstadt zu Wohlstand gebracht hat, und dessen altem Schulfreund Fischer Frederiksen, der anlässlich der bevorstehenden Jubiläumsfeierlichkeiten aus Südgrönland angereist ist und Jensen erstmals seit 25 Jahren einen Besuch auf dessen Hof ab-

---

356 »hørte til de unge, som kun lægger vægt på fysisk styrke« Lynge 1989, S. 41.

357 Christian Berthelsen erkennt in Grønlandshavn allerdings das heutige Nuuk wieder (vgl. Berthelsen 1983, S. 97).

stattet. Schon die Anredeformen illustrieren die neue Bürgerlichkeit der Grönländer in Lynges Utopie. Während von Storchs Figuren keine beim Familiennamen genannt wird, werden im Grönland des frühen 21. Jahrhunderts Vornamen nur in Verbindung mit jüngeren Leuten gebraucht, eine Praxis, die als authentisch für die dänischen Umgangsformen der Dreißiger Jahre zu sehen ist. Zudem signalisieren die äußerst gewöhnlichen dänischen Familiennamen, dass es sich bei Jensen und Frederiksen um *blandinger* handeln muss. Auch das stattliche Anwesen, das Jensen seinem Gast aus dem Süden ein wenig stolz präsentiert, ähnelt jenen dänischen Bürgerhäusern, die Augo Lynge während seiner Ausbildungsaufenthalte in Kopenhagen und Jelling bei Vejle kennen gelernt haben dürfte. Die Möbel sind aus Mahagoni, in einer Ecke steht ein Flügel, an der Wand hängen Gemälde einheimischer Künstler, die – so erklärt Jensen seinem Freund – inzwischen weltweit nachgefragt seien.[358] Von der ersten Seite an gewinnt der Leser den Eindruck, zwei Männern in den so genannten besten Jahren gegenüberzustehen, die auf ein hartes und zielgerichtetes Arbeitsleben zurückblicken und sich nun einen sorglosen Alltag in bürgerlichem Wohlstand erlauben können. Äußerlich werden die beiden Freunde so beschrieben:

> Frederiksen war ein kräftig gebauter Mann, schwarzhaarig und glattrasiert, bekleidet mit einem Isländerpullover. Jensen war etwas schmächtiger, blond und in einen ganz neuen Anzug gekleidet mit Bügelfalten so messerscharf, dass man sich beinahe an ihnen schneiden konnte. Und wie seine Stiefel blitzten!
>
> Frederiksen var en kraftigt bygget mand, sorthåret og glatbarberet, klædt i islandsk sweater. Jensen var noget spinklere, lyshåret og iført et helt nyt jakkesæt med pressefolder så knivskarpe, at det var lige før, man kunne skære sig på dem. Og som hans støvler skinnede![359]

Das höchst unterschiedliche Äußere der beiden Figuren unterstreicht gleich zu Beginn des Romans, dass ethnische Abstammung markierende Körpermerkmale wie etwa die Haarfarbe im Jahr 2021 nicht über die Zugehörigkeit zur inzwischen durch Hybridität gekennzeichneten grönländischen Nation entscheiden. Das blonde Haar des Grönländers Jensen suggeriert zudem, dass sich der intime Kontakt zwischen Dänen und Nachfahren der Inuit in den zurückliegenden neunzig Jahren stark in-

---

[358] Vgl. Lynge 1989, S. 7f.

[359] Ebd., S. 6.

tensiviert haben muss.[360] Auch erscheint der Fischer aus dem peripheren Süden bereits in dieser ersten Figurenbeschreibung als bodenständiger und weniger weltgewandt als der reiche Bauer aus der Hauptstadtregion. Die offenbar auch noch im Jahr 2021 merkbaren unterschiedlichen Erfahrungshorizonte in Zentrum und Peripherie macht sich Lynge zunutze, um seinen Lesern detailliert die massiven Veränderungen vor Augen führen zu können, die seit den Dreißiger Jahren in Grönland vollzogen worden sind.

Im Vergleich zu Mathias Storchs Roman, in dem ein Großteil der Informationen durch einen allwissenden Erzähler vermittelt wird, fällt in *Trehundrede år efter …* der hohe Anteil an Dialogen auf. Das erste Drittel des Romans, das sich vor der Aufnahme der Verbrecherjagd abspielt, dient der Beschreibung der grönländischen Gesellschaft im Jahre 2021. Jensen und die wenig später in Erscheinung tretenden Mitglieder der Familie Hansen – Frau Hansen ist Jensens Schwester – berichten dem Gast aus dem Süden von den umfassenden ökonomischen und infrastrukturellen Reformen und den grundlegenden Mentalitätsänderungen der zurückliegenden Jahre. In einem weiteren Kapitel begegnen wir dem durch die Straßen von Grønlandshavn spazierenden Frederiksen, der staunend ob der rasanten Veränderungen seit seiner Schulzeit das von den Hauptstädtern Erfahrene in einem inneren Monolog rekapituliert. Während sich der sich stets im Hintergrund haltende Erzähler mit Jensens vertrauter Sicht auf das reformierte Grönland solidarisch erklärt, befinden sich die Leser auf einer Wissensebene mit Frederiksen, für den die meisten Eindrücke, die er während seines Hauptstadtbesuchs gewinnt, neue Erfahrungen darstellen. Die Konzeption der Figur des Fischers Frederiksen als ein naiver und etwas weltfremder Zugereister aus der Peripherie stellt einen der Schwachpunkte in Augo Lynges Roman dar. Dass die Herkunft aus einem abgelegenen Landesteil im Grönland der Zukunft Grund für Wissensdefizite hinsichtlich der politischen und sozialen Entwicklung der Nation sein soll, erscheint im Kontext der weiteren Handlung als unlogisch. Nicht nur gibt es im Grönland des Jahres

---

[360] Ein blonder Grönländer dürfte beim zeitgenössischen Leserpublikum große Verwunderung ausgelöst haben. Selbst im heutigen Grönland, das Lynges hybrider Gesellschaftsutopie durchaus ähnelt, gilt blondes Haar landläufig als deutlichster Markeur des Dänischen. Siehe z. B. Lotte Inuks teils autobiografischen Roman *Sultekunstnerinde* (»Hungerkünstlerin«), in dem die Protagonistin, ein dänisches Mädchen im Nuuk der 1970er Jahre, an vielen Stellen schwer mit ihrem »ungrönländischen« Äußeren hadert (vgl. Inuk 2004).

2021 tägliche Flugverbindungen nach China, Japan und Indien[361] sowie von Touristen aus aller Welt frequentierte Luxushotels auf dem Inlandeis.[362] Auch ist es eine Selbstverständlichkeit, daheim das Hörfunkprogramm aus Buenos Aires, Melbourne oder Tokio zu verfolgen.[363] Das Grönland in Lynges Utopie ist nicht nur als Nation nach innen hin gefestigt, sondern zudem nach außen hin global vernetzt. Es wird in der Welt als gleichberechtigter Partner anerkannt, hat Fischereiabkommen mit Island und Neufundland ausgehandelt[364] und tritt mit einer erfolgreichen Fußballnationalmannschaft in regelmäßigen Abständen gegen Island, die Färöer und sogar gegen Dänemark an.[365] Frederiksen selbst sinniert bei seinem Spaziergang durch Grønlandshavn über die verbesserten Möglichkeiten der Kommunikation, die – siehe Benedict Anderson – maßgeblich dazu beigetragen haben, die grönländische Nation zu einen:

> Ebenfalls war die interne Kommunikation wesentlich besser geworden. Die Leute waren einander näher gekommen: War ein kleines Boot bei Upernavik auf Weißwaljagd gewesen und hatte großen Fang eingeholt, so stand dies am nächsten Tag in Qaqortoq in den Zeitungen, und war ein Gefährt bei Kap Farvel verunglückt, erfuhr das ganze Land davon in den abendlichen Radionachrichten. Solche Sachen haben ihren Einfluss auf die Menschen. Sie fingen an, mehr herum zu kommen und einander besser kennen zu lernen, und so fühlten sie auf eine ganz andere Art als zuvor, dass sie eine Nation waren.
>
> Ligedeles var den interne kommunikation blevet meget bedre. [...] Folk var kommet hinanden nærmere: havde en lille båd ved Upernavik været på jagt efter hvidhval og fået storfangst, var det i aviserne i Qaqortoq den næste dag, og var et fartøj forulykket ved Kap Farvel, hørte hele landet det i radioavisen om aftenen. Den slags har sin indflydelse på folk, de var begyndt at komme

---

[361] Vgl. Lynge 1989, S. 29.

[362] Vgl. ebd., S. 28.

[363] Vgl. ebd., S. 25.

[364] Vgl. ebd., S. 19.

[365] Vgl. ebd., S. 37.

> mere omkring og lære hinanden bedre at kende, og dermed følte de også på en helt anden måde end før, at de var een nation.[366]

Kirsten Thisted, die einen Abgleich von Lynges Zukunftsvision mit den realen Gegebenheiten zur Zeit des Erscheinens seines Romans angestellt hat, kommt zu dem Schluss, dass sich insbesondere die in *Trehundrede år efter …* immer wieder hervorgehobenen Entwicklungen im Bereich der landesinternen Kommunikation und der globalen Vernetzung, auf die Fischer Frederiksen in seinem hier zitierten inneren Monolog eingeht, von der grönländischen Realität im Jahr 1931 unterscheiden. Die Verschiebungen innerhalb der Erwerbsstruktur weg vom subsistenzwirtschaftlichen Robbenfang hin zur Industriefischerei hätten sich hingegen – wie in Kapitel 2.7 thematisiert – bereits zu Lynges Lebzeiten angekündigt. Thisted stellt fest:

> Was an Lynges Roman besonders visionär ist, sind seine Ideen auf dem kommunikativen Feld, sein Verständnis für die Notwendigkeit, sich für Impulse aus der großen weiten Welt zu öffnen und *Weltbürger* zu werden. Was bei Lynge so bemerkenswert ist, ist seine durch und durch reflektierte Beschreibung davon, dass *sowohl* eine Horizonterweiterung als auch die interne Kommunikation Voraussetzungen für die Entwicklung eines nationalen Bewusstseins sind. Das offensichtliche Paradox, dass erst der *Ausblick* ein Gemeinschaftsgefühl nach innen vermittelt, hat er verstanden.
>
> Hvad der [...] er særdeles visionært i Lynges roman er hans ideer på det kommunikative område, hans forståelse for nødvendigheden af at åbne sig for impulser ude fra den store verden og blive *verdensborger*. [... D]et, som er så bemærkelsesværdigt hos Lynge, er hans gennemreflekterede beskrivelse af, hvordan *såvel* udvidelsen af horisonten som den interne kommunikation er nødvendig for udviklingen af folkets nationale bevidsthed. Han har fanget dette tilsyneladende paradoks, at først *udsynet* giver fællesskabsfølelese indadtil.[367]

Nach der Besichtigung des Bauernhauses machen sich Frederiksen und Jensen in dessen Motorboot auf den Weg nach Grønlandshavn, das als

---

[366] Ebd., S. 54f. Upernavik war zum Zeitpunkt der Niederschrift von *Trehundrede år efter …* Grönlands nördlichste Kolonie, Qaqortoq (Julianehåb) die südlichste. Kap Farvel ist der Name der Südspitze Grönlands.

[367] Thisted 1990a, S. 121 [Hervorhebungen im Original].

moderner industrieller Fischereihafen beschrieben wird. Während eines abendlichen Spaziergangs zum Haus von Jensens Schwester, die mit dem Kaufmann Hansen verheiratet ist und mit ihm und ihren gemeinsamen erwachsenen Kindern Erik und Valborg Hansen in einer ansehnlichen Villa in Grønlandshavn lebt, passieren die beiden Freunde zahlreiche Einzelhandelsgeschäfte, Cafés und Restaurants, ein Kino sowie das Gebäude eines Zeitungsverlags.[368] Zudem zieht Grönland im Jahr 2021 offenbar nicht nur dänische[369] und isländische Einwanderer[370], sondern auch Gäste aus allen anderen Teilen der Welt an:

> Auf den Straßen wimmelte es von Menschen. Fußgänger und Radfahrer, und ab und an fuhr ein Lastwagen an ihnen vorbei, einmal gar ein Milchwagen. Sie trafen sogar einen Neger und zwei Chinesen.
>
> På gaderne myldrede det med folk. Fodgængere og cyklister, og af og til blev de passeret af lastbiler, en enkelt gang af en mælkevogn. De mødte endda en neger og to kinesere.[371]

Die Beschreibung der Stadt, die mit ihren einigen Tausend Einwohnern zudem Zeugnis für eine mittlerweile eingesetzte Urbanisierung ist, lässt zeitgenössische Leser sofort verstehen, dass sich im Grönland der Zukunft die industrielle Fischereiwirtschaft gegenüber dem – in Lynges Utopie nun keineswegs mehr – »nationalen Gewerbe« des Robbenfangs durchgesetzt hat, und dass das KGH-Monopol zugunsten freier Marktwirtschaft aufgehoben ist. Schon die Berufe der zentralen Figuren – Fischer, Landwirt und Kaufmann – verheißen neue Zeiten. Kurzum: Die grönländische Gesellschaft im Jahr 2021 erfüllt mit ihrem Bürgertum, dessen Privatkapital und ihren Vergnügungsetablissements nahezu

---

[368] Vgl. Lynge 1989, S. 21.

[369] Auf ihrer Bootsfahrt begegnen Frederiksen und Jensen dem dänischen *bosætter* (»Siedler«) Svendsen (vgl. ebd., S. 15). Dass es im Jahr 2021 dänische Einwanderer geben soll, die nicht aufgrund einer Anstellung in der Kolonialverwaltung, sondern wegen der Prosperität des Landes nach Grönland übersiedeln, ist bemerkenswert. Grönland ist schließlich nie eine klassische Siedler-Kolonie gewesen (vgl. Thisted 1990a, S. 110).

[370] Isländische Einwanderer haben sich im Roman erneut an der Stelle niedergelassen, wo sich im Mittelalter eine Siedlung ihrer Vorfahren – der *nordboer* – befand (vgl. Lynge 1989, S. 42).

[371] Ebd., S. 27.

sämtliche Kriterien, die Jürgen Habermas als Voraussetzungen für die Etablierung einer »bürgerlichen Öffentlichkeit« benennt.[372]

Die noch in Lynges Gegenwart so vehement verteidigte traditionelle grönländische Kultur ist für die Gesellschaft in *Trehundrede år efter ...* lediglich ein Erinnerungsort. Bei ihrer Schiffspassage machen Frederiksen und Jensen einander auf die alten Fangplätze ihrer Großväter aufmerksam, die der Generation der zeitgenössischen Leser von Lynges Roman angehört haben dürften. Als Exponate einer anlässlich der Jubiläumsfeierlichkeiten eröffneten »Kulturausstellung«[373] werden *ulu* und Harpune als Werkzeuge zur Konstruktion eines kollektiven Gedächtnisses umgedeutet, wobei sie sich die Ausstellungsfläche mit »Waffen, Werkzeugen, Haushalts- und Handelswaren aus der modernen Kultur«[374] teilen müssen. Zwar gibt es auch in Lynges Zukunftsutopie noch vereinzelt Grönlander, die in erster Linie vom Robbenfang leben, doch wird kein Zweifel daran gelassen, dass ihrem Wirtschaftszweig das Ende bevorsteht.

An einem der letzten Wohnplätze, an denen noch traditionelle Jagd betrieben wird, findet unterdessen die Kriminalgeschichte um die beiden amerikanischen Bankräuber ihr Ende. Nachdem Polizist Erik Hansen die Ganoven aus Übersee per Flugzeug, per Motorboot und zu Pferd durchs halbe Land verfolgt, dabei selbst in Lebensgefahr gerät und in letzter Minute von Frederiksens Sohn Adolf gerettet werden kann, machen einige Zeit später Gerüchte um einen *qivittoq* die Runde, der an einem Wohnplatz unweit von Grønlandshavn um die Häuser spuke. Während einer der Bankräuber festgesetzt werden konnte, ist sein Komplize noch immer auf freiem Fuß. Erik Hansen, der wie die meisten seiner Landsleute im Jahr 2021 nichts von derlei vorchristlichem Aberglauben hält, reist sofort zum Wohnplatz und überführt den vermeintlichen *qivittoq*, der sich – wie schon zu erwarten war – als der zweite amerikanische Verbrecher entpuppt. Diejenigen Grönländer, die im Jahr 2021 noch immer dem jahrhundertealten Volksglauben verbunden sind, werden in Lynges Roman schonungslos eines Besseren belehrt. Hatte der Glaube an die übermenschlichen Kräfte der *qivittut* der Figur des Silas in Storchs Roman noch das Leben gekostet, ist der vermeintliche Gebirgsgänger bei Lynge nichts anderes als eine Verkörperung der Herausforderungen, der

---

[372] Vgl. Habermas 2006.

[373] Vgl. Lynge 1989, S. 100f.

[374] »våben, redskaber, husflid og handelsvarer fra den moderne kultur« ebd., S. 101.

die zukünftige grönländische Nation als fester Bestandteil einer globalisierten Welt zu begegnen hat. Diese Herausforderungen bereiten einem gut ausgebildeten, intelligenten grönländischen Staatsdiener wie dem Polizeibeamten Erik Hansen im Jahr 2021 allerdings kein Kopfzerbrechen mehr.

Die einzige Figur in *Trehundrede år efter …*, die sich für die längst vergangene, in Lynges Gegenwart jedoch noch vielfach als Essenz von *grønlandskhed* verstandene, traditionelle grönländische Kultur begeistern kann, ist zugleich die einzige detailliert gezeichnete weibliche Figur. Valborg Hansen, die nach ihrem erst kürzlich mit Bravour bestandenen Abitur als Englischlehrerin arbeitet[375], hat eine Vorliebe für alte Bücher. Während Jensen und Frederiksen im Haus der Hansens zu Besuch sind, zeigt der Kaufmann seinen Gästen die Bibliothek seiner Tochter, in der sich auch eine hundert Jahre alte Ausgabe von Knud Rasmussens *Myter og Sagn fra Grønland* (»Mythen und Sagen aus Grönland«) befindet.[376] Schnell wird klar, dass die Männer im Hause Hansen dem Interesse Valborgs mit Unverständnis und Spott begegnen. Erik Hansen sagt über die Bücher seiner Schwester:

> Ich kann in ihnen nichts weiter als Krafttraining, Muskelspiele, Frauenraub, Fressgelage, Meuchelmorde und ein ewiges Herumgereise finden. Ich finde, das ist eine Sammlung blutiger und grausamer Geschichten, die auch nur die Andeutung von Barmherzigkeit und Mitgefühl vermissen lassen.
>
> Jeg kan ikke finde andet i dem end styrketræning, spillen med musklerne, kvinderov, ædegilder, snigmord og en evendelig rejsen rundt. Jeg synes, det er en samling blodige og grusomme historier, som aldeles savner bare antydningen af barmhjertighed og medfølelse.[377]

In der Sichtweise Eriks, der in Lynges Roman am eindeutigsten für die nach vorn blickende, international vernetzte grönländische Nation steht, erscheint die in den Mythen und Sagen beschriebene Inuit-Kultur als unmenschlich und barbarisch. Seine Aussage weckt Assoziationen mit

---

[375] Als *Trehundrede år efter …* 1931 erschien, gab es, wie ich in Kapitel 2.6 gezeigt habe, abgesehen von der Hebammenausbildung noch keinerlei weiterführende Bildungsmöglichkeiten für junge Frauen, geschweige denn Gymnasien und englischen Fremdsprachenunterricht in Grönland.

[376] Vgl. Lynge 1989, S. 31.

[377] Ebd., S. 32.

der unter anderem durch Thomas Hobbes geprägten vorromantischen Sicht der Europäer auf die als animalisch beschriebenen Völker der »neuen Welt«, die erst im Laufe des 19. Jahrhunderts von einer durch Rousseau inspirierten Repräsentationspraxis abgelöst wurde, in Folge derer die vermeintlichen Barbaren zu »edlen Wilden« avancierten.[378] Als sich zwischen Erik und Valborg beinahe ein Streit über die Bedeutung der vorkolonialen Kultur für die moderne grönländische Nation entfacht, entschuldigt sich Kaufmann Hansen gegenüber seinen Gästen für das nostalgische Wesen seiner Tochter. Hier heißt es:

> So ist das mit meiner Tochter – sie will so grönländisch sein, so grönländisch, obwohl sie eigentlich halbe Dänin ist. Ich habe nicht die Spur eines Zweifels daran, dass sie sich zum Geisterbeschwörer [*åndemaner*] ausgebildet hätte, wenn sie damals gelebt hätte.
>
> Sådan er det med min datter – hun vil være så grønlandsk så grønlandsk, selv om hun ellers er halvt dansk, [...] jeg er ikke spor i tvivl om, at hun havde uddannet sig til åndemaner, hvis hun havde levet den gang.[379]

Das vorkoloniale grönländische Kulturerbe wird an dieser Stelle zu einer belächelnswerten Liebhaberei bibliophiler Bürgertöchter degradiert. Zugleich wird durch die Kontrastierung von Eriks und Valborgs unterschiedlichen Auffassungen zur »eskimoischen« Vergangenheit eine semantische Verknüpfung von Fortschritt und Männlichkeit hergestellt. Obwohl in Augo Lynges Zukunftsvision – anders als bei Mathias Storch – auch Frauen Zugang zu höherer Bildung haben, bleibt die Rolle der Leitfiguren im von Zukunftsoptimismus und Glaube an Technik und Fortschritt gekennzeichneten Projekt der Nationsbildung in *Trehundrede år efter ...* wie auch in *En grønlænders drøm* den Männern vorbehalten.

Wie vor ihm bereits Mathias Storch wendet sich auch Augo Lynge mit einer aufklärenden Botschaft an seine zeitgenössische Leserschaft. Während Storch seine Kritik an der gegenwärtigen grönländischen Gesellschaft durch die Thematisierung verschiedener Missstände direkt in den Verlauf der Handlung einfließen lässt, kann Lynge seinen belehrenden Stoff nur mittels Rückblenden vermitteln. Durch die detaillierte Beschreibung einer fiktiven Gesellschaft der Zukunft, kann er seinen Lesern lediglich das Ziel vor Augen führen, das – so ist *Trehundrede år ef-*

---

[378] Vgl. Fienup-Riordan 1990, S. 14f.

[379] Lynge 1989, S. 32.

ter … zu interpretieren – am Ende des von ihm favorisierten Nationsbildungsprozesses steht, der nach Lynges Auffassung im Jahr 1931 allerdings erst schleppend begonnen hat. Um den Weg zum in der Utopie illustrierten Ziel zu beschreiben, muss der Autor eines Zukunftsromans andere narratologische Strategien wählen als der Verfasser einer in der Gegenwart angesiedelten Gesellschaftskritik. Umfangreiche Rückblenden finden an zwei Stellen in Augo Lynges Roman statt. Zunächst liest Jensen seinem Freund Frederiksen während der Bootsfahrt nach Grønlandshavn aus einer fiktiven wissenschaftlichen Abhandlung vor, die ein Forscher namens Karlsen – wohl ein Historiker oder Soziologe – anlässlich des bevorstehenden 300. Jahrestages des Beginns der Kolonialisierung verfasst hat. Am Ende des Romans wird die ungekürzte Festrede des »Amtsmanns« von Grönland wiedergegeben, in der dieser erläutert, auf welche Weise es der grönländischen Nation gelungen sei, zu dem Wohlstand und der Anerkennung zu gelangen, die das Bild vom Grönland im Jahr 2021 prägen. Erst hier erfahren die Leser vom politischen Status des in *Trehundrede år efter …* beschriebenen Landes. Grönland ist im Jahr 2021 ganz offensichtlich ein mit weitgehenden Befugnissen ausgestattetes dänisches *amt*.

Zu Lynges Entscheidung, einen Wissenschaftler zu Wort kommen zu lassen, schreibt Daniel Thorleifsen: »Indem er einen Wissenschaftler die Gegebenheiten erklären lässt, wollte Lynge ein glaubhaftes und apodiktisches Bild von seinen Anschauungen zur Entwicklung in Grönland vermitteln.«[380] Hatte in der Zukunftsvision des angehenden Pastors Mathias Storch der grundtvigianisch inspirierte Protestantismus die Richtung vorgegeben, die die Gesellschaft einschlagen müsse, um Pavias Traum Wirklichkeit werden zu lassen, erhalten bei Augo Lynge die rationalen Erkenntnisse der Wissenschaft Vorrang vor den Lehren der Bibel. Die vorgelesenen Stellen aus Karlsens Abhandlung gleichen in Inhalt und Wortwahl den oben erwähnten Zeitungsartikeln, die Augo Lynge vierzehn Jahre nach Erscheinen seines Romans in *Grønlandsposten* publizierte. Über die Grönländer der Vergangenheit, die für die zeitgenössischen Leser von Lynges Roman Gegenwart ist, schreibt der fiktive Forscher Karlsen unter anderem:

[380] »Ved at lade en videnskabsmand forklare forholdene, ville Lynge give et troværdigt og autoritativt billede af sine synspunkter på udviklingen i Grønland.« Thorleifsen 1991, S. 58.

> Sie verstanden nicht, dass es sowohl für den einzelnen Menschen als auch für die Nation die größte Verziehung und Schmach ist, die ganze Zeit Hilfe entgegen nehmen zu müssen, sofern es sich nicht um Hilfe zur Selbsthilfe handelt. Wir geraten in eine Dankesschuld, die uns stumm macht, wir werden dem Geber untertänig, ja zuweilen kommen wir geradezu in ein solches Abhängigkeitsverhältnis, dass wir gezwungen sind, nach seiner Pfeife zu tanzen.

> De forstod ikke, at det hele tiden at skulle modtage hjælp, er den største forkælelse og vanære for det enkelte menneske såvel som for nationen, hvis ikke den bliver som hjælp til selvhjælp. Vi kommer i en taknemmelighedsgæld, som lukker munden på os, vi bliver giveren underdanig, ja undertiden kan vi ligefrem komme i et afhængighedsforhold, så vi bliver nødt til at danse efter hans pibe.[381]

Diese Kritik reproduziert – ganz ähnlich, wie schon bei Mathias Storch zu beobachten war – das im dänischen Diskurs erzeugte Bild der trägen, durch die Bequemlichkeiten der Zivilisation verwöhnten Kolonisierten. Die Begegnung mit der nach Lynges internalisierter kolonialer Logik hierarchisch überlegenen dänischen Kultur habe den Grönländern zudem ihr Selbstwertgefühl genommen, mit der Folge, dass sie sich mit der Rolle der Abhängigen in einem asymmetrischen Machtverhältnis abgefunden hätten. Durch die Gegenüberstellung der durch Wissenschaftler Karlsen formulierten Kritik an den Grönländern des frühen 20. Jahrhunderts mit der florierenden und prosperierenden Gesellschaft des Jahres 2021 wird allerdings deutlich, dass der Weg aus der Lethargie nicht die Rückbesinnung auf die von dänischer Seite als noch so bewahrenswert erklärte traditionelle Kultur sein kann. Eine Mentalitätsänderung ist nötig, damit die Grönländer – mit dänischer Hilfe zur Selbsthilfe – ihren Selbstrespekt zurückgewinnen, und das Voranbringen ihrer Nation in eigene Hände nehmen können. So gesehen ähnelt die Handlungsempfehlung, die sich aus *Trehundrede år efter …* ableiten lässt, trotz der fehlenden religiösen Aspekte stark dem Nationsbildungsprojekt, das der alte Simon in *En grønlænders drøm* formuliert, und das ich unter Bezugnahme auf Kirsten Thisteds Forschung als eine Praxis kolonialer Mimikry im Sinne Homi Bhabhas bezeichnet habe. Auch in Lynges Zukunftsvision ist ein Element von *menace* (Bedrohung) enthalten. So sehr man auch von Seiten der dänischen Kolonialverwaltung vor allem aus

[381] Lynge 1989, S. 14f.

ökonomischen Gründen daran interessiert war, den grönländischen Nationsbildungsprozess zu fördern, so war die kulturelle und politische Gleichstellung dennoch zu keinem Zeitpunkt Ziel dänischer Kolonialpolitik.

Neben der Rückeroberung von Ehr- und Selbstwertgefühl nennt Wissenschaftler Karlsen Augo Lynges bekannte politische Ziele als wesentlichste Ursachen für die positive gesellschaftliche Entwicklung. Seit dem frühen 20. Jahrhundert ist die grönländische Wirtschaft nahezu ganz auf Fischerei und Schafzucht umgestiegen, das Transport- und Kommunikationssystem ist verbessert worden, und die Bevölkerung hat sich in den Städten konzentriert. Karlsen schließt seine Abhandlung mit den Worten: »All dies in Betracht gezogen, wagt man zu behaupten, dass alte Denkungsarten und Sitten großen Anteil an der Ursache dafür hatten, dass die Grönländer in den ersten 200 Jahren nur bescheidenen Fortschritt gemacht haben.«[382] Die Botschaft an die zeitgenössische Leserschaft ist deutlich: Wünscht man, dass die in *Trehundrede år efter ...* skizzierte Zukunftsvision Wirklichkeit wird, so müssen die von Karlsen benannten Veränderungen umgehend angegangen werden.

Augo Lynges Roman schließt mit einer Doppelverlobung im Hause Hansen. Am gleichen Tag finden die Jubiläumsfeierlichkeiten statt, bei deren Beschreibung die sich über fünf Seiten hinziehende Rede des »Amtsmanns« im Zentrum steht. Inhaltlich deckt sich die Festansprache mit Wissenschaftler Karlsens Ausführungen zur Entwicklung der grönländischen Nation, die erst in den vergangenen hundert Jahren, also in Lynges Gegenwart, an Fahrt aufgenommen habe. Als Thema der Rede ist »Die Erweckung des grönländischen Volks«[383] zu identifizieren. Es sind Passagen wie die folgende, die dem Leser am Ende des Romans als eine Art Zusammenfassung von dessen Botschaft im Gedächtnis bleiben:

> Die grönländische Jägerkultur und die europäische Kultur lassen sich niemals in Einklang bringen. Es war der Mangel an dieser Erkenntnis, der die Grönländer glauben machte, dass sie das Jägergewerbe aufrecht erhalten und zugleich die Zivilisation übernehmen könnten. Und die Dänen waren der Auffassung, dass die Grönländer für immer Jäger sein sollten, dass sie andere

---

[382] »Disse ting taget i betragtning tør man hævde, at gamle tænkemåder og skikke for en stor del var årsagen til, at grønlænderne kun gjorde beskedne fremskridt de første 200 år.« Ebd., S. 17.

[383] »vækkelsen af det grønlandske folk« ebd., S. 95.

Wirtschaftszweige nicht bewältigen könnten. Aber die Jagd ist eine Erwerbsform, die nicht das Endziel einer Gesellschaft sein kann, die sich Fortschritt wünscht. Die Weltgeschichte bestätigt dies. Alle hochentwickelten Gesellschaften haben ohne Ausnahme als Jägervölker begonnen. Das aber war nur ein Schritt in Richtung einer komplexeren Wirtschaftsstruktur. Es gibt ein globales Gesetz über das Wesen jeglicher Entwicklung: Jägervölker müssen Kulturvölker werden.

[D]en grønlandske fangerkultur og den europæiske kultur lader sig aldrig forene. Og det var denne manglende erkendelse, der fik grønlænderne til at tro på, at man på een gang kunne opretholde fangererhvervet og samtidig overtage civilisationen. Og danskerne var af den opfattelse, at grønlænderne altid burde være fangere, at de ikke magtede andre erhverv [...]. [...] Men fangsten er en erhvervsform, der ikke kan være endemålet for samfund, der ønsker fremskridt. [...] Verdenshistorien bekræfter dette. Alle de højt udviklede samfund er uden undtagelse startet som jægerfolk. Men det har kun været et skridt på vejen mod en mere kompleks erhvervsstruktur. Globalt set findes der en lov om al udviklings væsen: jægerfolk skal blive kulturfolk.[384]

In der Rede des »Amtsmanns« kommt Augo Lynges evolutionistisches Kulturverständnis klar zum Ausdruck. Das Erreichen der europäischen Entwicklungsstufe wird zum Ziel der grönländischen Gesellschaft erklärt. Zugleich enthält die zitierte Passage auch eine deutliche Kritik am essentialistischen Kulturrelativismus der dänischen Repräsentationspraxis, im Rahmen derer den kolonisierten Grönländern nahe gelegt wurde, sich an ihre ursprüngliche Kultur und eine darauf fußende Identität zu halten, die auf diese Weise vergegenständlicht wird und als unverhandelbar erscheint. *Trehundrede år efter ...* und zahlreiche seiner politischen Schriften lassen keinen Zweifel daran, dass Augo Lynge zu den engagiertesten Gegnern einer Übernahme und Verinnerlichung von im kolonialen Diskurs erzeugten Fremdzuschreibungen gezählt werden muss.

Der aus Martinique stammende Vordenker der Entkolonialisierungsbewegung Frantz Fanon hat in *Schwarze Haut, weiße Masken* (1952) gezeigt, wie eine »schwarze Identität« im Diskurs der Machthabenden generiert wird, und argumentiert, dass die von (ehemals) Kolonisierten betriebene stolze Glorifizierung einer vermeintlich statisch determinierten indigenen Kultur nichts weiter als die Fortsetzung eines »weißen Rassismus«

384 Ebd., S. 96f.

bedeute.[385] »Für uns ist derjenige, der die Neger vergöttert, ebenso »krank« wie derjenige, der sie verabscheut«[386], lautet Fanons wortgewaltiger Kommentar zu den ambivalent erscheinenden global wirksamen Mechanismen (post-)kolonialer Repräsentation, auf denen die Rückbesinnung vieler kolonisierter Völker auf eine traditionelle, vermeintlich authentische vorkoloniale Kultur fußt. Es scheint lohnenswert, Augo Lynges vehemente Ablehnung der traditionellen grönländischen Jägerkultur in einem solchen von postkolonialer Theoriebildung inspirierten Kontext zu betrachten. Dass er in der Assimilation an die dänische Kultur die einzige Möglichkeit zur Befreiung des »edlen Wilden« aus dem ihm zugeteilten Raum der Machtlosigkeit und Handlungsunfähigkeit sieht, ist Beleg dafür, dass auch Lynge vom in der Anthropologie der kolonialen Ära erzeugten hierarchischen Kulturverständnis nicht unbeeinflusst ist. Seine Vorstellung von einer hybriden Gesellschaft, in der Ethnizität und Zugehörigkeit zu verschiedenen Kulturkreisen keine Markeure unterschiedlicher Machtpositionen darstellen, muss jedoch als ausgesprochen progressiv bezeichnet werden. Angesichts der Tatsache, dass Lynge seine Hybriditätsvision bereits während der Kolonialzeit entwickelt, erscheint diese gerade vor dem Hintergrund von Homi Bhabhas und Bill Ashcrofts[387] Überlegungen zu Hybridität als Ort der subtilen Aneignung von Handlungsmacht als umso bemerkenswerter. Auf diese Weise lässt sich in der auf den ersten Blick harmlosen und angepassten Rede des »Amtsmanns« durchaus ein subversives Potential erkennen, wenn es dort im abschließenden Toast heißt: »Unser Land, Grönland, Land unserer Vorfahren, es lebe! Und Dänemark, auch Land unserer Vorfahren, es lebe!«[388]

Das Lesen von grönländischen Romanen der kolonialen Ära aus einem postkolonialen Blickwinkel ist – das hoffe ich bis hierhin gezeigt zu ha-

---

[385] »[Wir sehen hier] die verzweifelten Anstrengungen eines Negers, der verbissen nach dem Sinn der schwarzen Identität sucht. Die weiße Zivilisation, die europäische Kultur haben dem Schwarzen eine existentielle Verkrümmung aufgezwungen. [...] [W]as man die schwarze Seele nennt, [ist] häufig eine Konstruktion des Weißen [...]. Der gebildete Schwarze, Sklave des Neger-Mythos, spontan, kosmisch, spürt irgendwann einmal, daß seine Rasse ihn nicht mehr versteht. Oder daß er sie nicht mehr versteht.« (Fanon 1985, S. 12).

[386] Ebd., S. 8.

[387] Vgl. Bhabha 2004 sowie Ashcroft 2001.

[388] »Vort land, Grønland, vore forfædres land, det leve! Og Danmark, også vore forfædres land, det leve!« Lynge 1989, S. 98f.

ben – gerade in der Zusammenschau mit den zeitgleich geführten Debatten um Identität und Nationsbildung eine höchst interessante Beschäftigung. »Mit der postkolonialen Brille betrachtet, sehen ihre Bemühungen ganz anders aus«[389], stellt auch Kirsten Thisted zu den Anliegen kolonialer grönländischer Romanschriftsteller fest, welche sich aus deren Texten ableiten lassen. Zeitgenössische und spätere Rezipienten haben die »third spaces of enunciation«, die sich an zahlreichen Stellen in Mathias Storchs und Augo Lynges Romanen auftun, so man sie einmal mit postkolonialen Ansätzen in Verbindung bringt, freilich größtenteils nicht erkannt. Vor allem in den Sechziger und Siebziger Jahren, als der an Radikalität zunehmende nun offen separatistische grönländische Nationalismus einen essentialistischen Kultur- und Identitätsbegriff wiederbelebte, sind Autoren wie Storch und Lynge als Mitläufer, Verräter oder Handlanger hegemonialer Bestrebungen diskreditiert worden.[390] Ob bereits der dritte und der vierte grönländische Roman – Frederik Nielsens *Tuumarsi* und Hans Lynges *Den usynliges vilje* – als derartige Reaktionen auf die bei Storch und Augo Lynge postulierte Abwendung von alten grönländischen Traditionen zu verstehen sind, wird im Folgenden zu untersuchen sein. Ein erheblicher Zeitsprung führt uns aus dem fiktiven Jahr 2021, in dem Grönländer als freie Kaufleute und Staatsbeamte leben, in die Gesellschaft der autarken Robbenfänger zur Mitte des 19. Jahrhunderts zurück.

[389] »Set i den postkoloniale optik tager sig deres bestræbelser ganske anderledes ud.« Thisted 2005a, S. 40.

[390] Vgl. ebd.

4 Die Neuerfindung der Tradition: Essentialisierung der Kultur oder selbstbewusstes Supplement?

4.1 Zwischenspiel: Ethnoästhetik und Exotismusgebot

In seinem Hauptwerk *Die Verdammten dieser Erde* (1961), dessen revolutionärer Duktus von seinen eigenen Erfahrungen im Algerienkrieg geprägt ist, benennt Frantz Fanon nationales Bewusstsein und nationale Kultur als zwei nicht voneinander zu trennende Voraussetzungen für den antikolonialen Widerstand. Kolonisierte Schriftsteller und Intellektuelle stünden in der Verantwortung, mittels ihrer Werke zur Erweckung eines Nationalbewusstseins als integraler Bestandteil des kolonialen »Freiheitskampfes« beizutragen. Fanon entwirft ein Drei-Phasen-Modell, um die idealtypische Entwicklung nationaler Kultur in einer kolonisierten Gesellschaft nachzuzeichnen. Über die ersten beiden Phasen, in die er die Werke kolonisierter Schriftsteller einteilt, schreibt Fanon:

> In der ersten Phase beweist der kolonisierte Intellektuelle, daß er die Kultur des Okkupanten assimiliert hat. Seine Werke entsprechen Punkt für Punkt denen seiner Kollegen im Mutterland. Ihre Inspiration ist europäisch [...]. [...] In der zweiten Phase ist der Kolonisierte wankend geworden; er beschließt, sich seiner Herkunft zu erinnern. Diese Periode entspricht [...] dem vollständigen Aufgehen in der autochthonen Tradition [...]. [...] Alte Geschichten der Kindheit werden aus der Tiefe des Gedächtnisses hervorgeholt, alte Legenden werden neu interpretiert mit Hilfe einer entliehenen Ästhetik und einer unter anderen Himmeln entdeckten Weltanschauung.[391]

Dass sich Fanons Modell, das sich in erster Linie auf die Gesellschaften Afrikas kurz vor beziehungsweise unmittelbar nach Ende der kolonialen Ära bezieht, nicht ohne Weiteres auf die sich in der ersten Hälfte des 20. Jahrhunderts konstituierende grönländische Nationalliteratur übertragen lässt, erklärt sich schon durch die mannigfaltigen Faktoren, die die dänische Kolonialisierung Grönlands – siehe die obigen Ausführungen zu *Nordic Exceptionalism* und zu der mehrfachen Paradigmenwech-

[391] Fanon 1981, S. 188.

seln unterworfenen dänischen Repräsentationspraxis in Bezug auf die Grönländer – von den kolonialen Expansionen europäischer Mächte im globalen Süden unterscheiden. Allerdings ist bei der Analyse des kolonialen Diskurses und der sich zumindest partiell in seinem Einflussbereich verortenden Romane Mathias Storchs und Augo Lynges deutlich geworden, dass insbesondere jene Eigenschaften des kolonialen dänisch-grönländischen Verhältnisses, die es im Vergleich mit den Grausamkeiten, derer sich Briten, Franzosen und Belgier auf dem afrikanischen Kontinent schuldig gemacht haben, als humaner erscheinen lassen, umso kompliziertere Ambivalenzen bergen. Erst deren Sichtbarmachung und Dekonstruktion eröffnet den Blick auf die koloniale Logik des Diskurses und die ihm inhärenten Machtasymmetrien zwischen Kolonisierenden und Kolonisierten. Der tatsächliche Unterschied zwischen der dänischen Performanz in Grönland und den gemeinhin mit dem Begriff des Kolonialismus assoziierten hegemonialen Strategien erscheint auf einmal gering. Der dänische Autostereotyp einer auf ethisch-moralischer Ebene exzeptionellen Kolonialmacht entpuppt sich als soziale Konstruktion. Nicht zuletzt aus diesem Grund erscheint es legitim, eine anhand von in Afrika gewonnener Empirie entwickelte Theorie unter Vorbehalten auch auf den grönländischen Fall anzuwenden. Der Abgleich von Fanons drei Phasen der Genese einer (post-)kolonialen Nationalkultur mit den ersten grönländischen Romanen offenbart – zumindest auf den ersten Blick – frappierende Übereinstimmungen.

In *Schwarze Haut, weiße Masken* spricht Fanon davon, dass sich der schwarze Mensch, dessen Position in unserem Fall die Grönländer einnehmen, in einer neurotischen Situation befände, da die weiße Gesellschaft, also die dänische Kolonialmacht, in sämtlichen Lebensbereichen auf mehr oder weniger subtile Weise ihre kulturelle Überlegenheit proklamiere und die »schwarze Kultur« gleichzeitig als minderwertig erscheinen lasse. Trotz oder gerade aufgrund dieser Einsicht empfänden die in eine marginalisierte Position gedrängten Schwarzen Kultur, Zivilisation und Intellekt der Weißen als nachahmenswert, was – siehe Fanons erste Phase – im Falle einer kolonisierten Elite den Wunsch nach Assimilation an die Kultur der Okkupanten zur Folge hat.[392] Ohne Mathias Storch und Augo Lynge eine Neurose attestieren zu wollen, scheinen sich die in ihren Romanen formulierten Strategien zur Überwindung von kolonialer Ungleichheit in Fanons Überlegungen einzufügen, wobei zu

[392] Vgl. Fanon 1985, S. 45f. sowie auch Dorestal 2005.

bedenken ist, dass dieser freilich noch nicht Homi Bhabhas Ausführungen zum »dritten Raum« und zur kolonialen Mimikry rezipiert hatte, mit Hilfe derer sich – wie ich gezeigt habe – Storchs und Lynges vermeintlich auf Assimilation an eine überlegene europäische Kultur fußende Visionen für die grönländische Nationsbildung zu subversiven Strategien zur Aneignung von Handlungsmacht umdeuten lassen.

Frederik Nielsens Roman *Tuumarsi* und Hans Lynges *Den usynliges vilje* wenden sich von dem in *En grønlænders drøm* und in *Trehundrede år efter ...* allgegenwärtigen Fortschrittsglauben und Zukunftsoptimismus ab und nutzen das aus Europa importierte Genre des Romans erstmals dazu, um Erzählungen aus der von den Europäern (in Nielsens Fall zumindest weitestgehend) unberührten Inuit-Kultur ein neuartiges literarisches Forum zu bieten. Viele Stimmungsbilder und Anekdoten in ihren Romanen erinnern an die vor allem durch Knud Rasmussens *Myter og Sagn fra Grønland* konservierte Erzähltradition, zu der an vielen Stellen intertextuelle Bezüge hergestellt werden. Somit scheinen Frederik Nielsens und Hans Lynges Romane, die zweifelsohne eine neue Epoche grönländischer Romanliteratur einleiten, auf den ersten Blick jenem Phänomen zu entsprechen, das Frantz Fanon als zweite Entwicklungsphase kolonialer Nationalkulturen beschreibt: die Nutzbarmachung einer aus Europa entliehenen Ästhetik zur Wiederbelebung und Glorifizierung verloren gegangener autochthoner Traditionen. Wie bei der Besprechung von Augo Lynges Roman schon erwähnt wurde, kritisiert Frantz Fanon die Zelebrierung einer statisch determinierten indigenen Kultur als Fortsetzung eines »weißen Rassismus« durch die Kolonisierten selbst, da indigene Identität erst im Diskurs der Machthabenden generiert werde. Damit eine koloniale Nationalkultur ihren Beitrag zum antikolonialen Widerstand leisten kann, muss sie Fanon zufolge eine am Ende ihrer Entwicklung stehende dritte Phase erreichen[393], deren zentrale Merkmale John McLeod wie folgt zusammenfasst:

> Rather than cherishing inert cultural traditions, a more *dynamic* relationship is attempted between the cultural inheritance of the past and the people's struggle against colonialism in the present. Traditional culture is mobilised as part of the people's fight against oppression and, consequently, *is transformed in the process*.[394]

---

[393] Vgl. Fanon 1981, S. 188f.

[394] McLeod 2000, S. 87 [Hervorhebungen im Original].

Es kann und soll in dieser Arbeit nicht erörtert werden, ob sich etwa die politische Lyrik der Siebziger und Achtziger Jahre, die um die Zeit der Implementierung der grönländischen *hjemmestyre* (»Selbstverwaltung«) im Jahr 1979 von Autoren wie Moses Olsen, Kristian Olsen aaju und Aqqaluk Lynge[395] verfasst wurde und durch eine radikal antidänische Rhetorik auffällt, in Fanons dritte Phase einordnen lässt. Für die Generation Frederik Nielsens und Hans Lynges spielte der Fanonsche »Befreiungskampf« noch keine Rolle, zumindest nicht, wenn Separatismus und die vollständige Unabhängigwerdung von Dänemark als dessen Ziel zu verstehen sind. Vielmehr soll hier untersucht werden, auf welche Weise die durch Frederik Nielsens und Hans Lynges Romane eingeleitete »zweite Epoche« kolonialer grönländischer Romanliteratur, die ich – einen Terminus Eric Hobsbawms borgend[396] – als »Neuerfindung der Tradition« bezeichnen möchte, die mit den Werken Mathias Storchs und Augo Lynges begonnene literarische Verhandlung von Identität und Nationsbildung fortführt.

Im Vergleich mit den ersten beiden grönländischen Romanen fällt beim Lesen von *Tuumarsi* und *Den usynliges vilje* neben der offensichtlichen Verlagerung der Handlungszeiträume von Gegenwart und Zukunft in die Vergangenheit vor allem die Abwesenheit von als politische Botschaften zu verstehenden belehrenden Passagen auf. Herrschte in der Rezeption von *En grønlænders drøm* und *Trehundrede år efter ...* noch Uneinigkeit darüber, ob diese Werke in erster Linie als Romane oder als getarnte politische Manifeste zu betrachten seien, so stellt sich diese Frage im Fall der hier behandelten Schriften Frederik Nielsens und Hans Lynges nicht mehr. Es besteht kein Zweifel daran, dass es sich bei *Tuumarsi* und *Den usynliges vilje* um literarische Prosatexte handelt, wobei man ob ihrer Kürze – beide Bücher haben einen Umfang von unter hundert Seiten – dazu neigen könnte, den Genrebegriff der Novelle dem des Romans vorzuziehen. Da die grönländische Sprache allerdings nicht zwischen Roman und Novelle unterscheidet[397], und sich in der dänischsprachigen Forschung der Begriff des Romans zur Klassifizierung aller

---

[395] Siehe z. B. Olsen 1978 sowie Lynge 1982.

[396] Eine einflussreiche von Hobsbawm und Terence Ranger herausgegebene Anthologie, auf die hier allerdings nicht weiter eingegangen werden soll, trägt den Titel *The Invention of Tradition* (Hobsbawm u. Ranger 1992).

[397] Vgl. Thuesen 1988, S. 150.

in dieser Untersuchung behandelten Werke klar durchgesetzt hat[398], wird hier auf eine kaum zweckdienliche Genrediskussion verzichtet.

Obgleich die Thematisierung von Nationsbildung und Identität aufgrund des auf den ersten Blick unpolitischen Charakters der Romane Frederik Nielsens und Hans Lynges hier weniger offensichtlich erscheint als in den ersten beiden grönländischen Romanen, möchte ich mit Karen Langgård argumentieren, dass auch *Tuumarsi* und *Den usynliges vilje* als Beiträge einer in Literatur und Medien ausgetragenen »internen grönländischen Diskussion darüber, wie die Grönländer und die grönländische Gesellschaft sein und sich entwickeln sollten«[399], zu verstehen sind. So hat Frederik Nielsen in einem Gespräch mit Langgård, das kurz vor seinem Tod im Jahr 1991 stattfand, bestätigt, dass sein Beschluss, erstmals einen gänzlich in der Lebenswelt der traditionellen Robbenfänger angesiedelten Roman zu verfassen, im Protest gegen Mathias Storchs und Augo Lynges Zukunftsvisionen gereift sei, in denen der alten »eskimoischen« Kultur seiner Auffassung nach ein zu marginaler Stellenwert für die Wertegrundlage der grönländischen Gesellschaft eingeräumt werde.[400] Folgt man dieser Aussage des Autors zu seinem eigenen Frühwerk, so ist *Tuumarsi* in der Tat als Beitrag einer innerhalb der Literatur geführten Debatte um Nationsbildung und kulturelle Selbstverortung zu interpretieren. Auch Jens Boel und Søren Thuesen stellen zur »zweiten Epoche« der grönländischen Romanliteratur fest,

> dass im Gegensatz zu den übrigen Romanen [Storchs und Augo Lynges] nicht mehr länger über die Zukunft spekuliert, sondern das Bild einer früheren grönländischen Gesellschaft entfaltet wird. Man ist dazu geneigt, diese Fokusverschiebung als ein Zeichen für eine neue Generation von Grönländern zu deuten, die auf ihre Identität als Grönländer stolz waren, und die nicht dazu neigten, zugunsten von Träumen von einem weit in der Zukunft liegenden Grönland nach dänischem Vorbild auf ihr Kulturgut zu verzichten.
>
> [at i] modsætning til de to øvrige romaner [Storchs og Augo Lynges] spekuleres der ikke længere i fremtiden, men derimod

---

[398] Vgl. u. a. Berthelsen 1983; Petersen ca. 1980; Langgård 2003; Thisted 1990a, 1999, 2002b, 2005a, 2005c u. 2006a.

[399] »intern grønlandsk diskussion af, hvordan grønlænderen og det grønlandske samfund burde være og udvikle sig« Langgård 2003, S. 268.

[400] Langgård paraphrasiert aus diesem Interview in Langgård 2000, S. 4.

> udfoldes et fortidigt grønlandsk samfund. Det er fristende at fortolke dette ændrede fokus [...] som et tegn på en ny generation af grønlændere, som var stolte af deres identitet som grønlændere, og som ikke var tilbøjelige til at give afkald på deres kulturelle gods til fordel for drømme om et Grønland efter dansk forbillede langt ud i fremtiden.[401]

Wenn in kolonialen und postkolonialen Literaturen, wie Boel und Thuesen es hier bezüglich der Romane Nielsens und Hans Lynges andeuten, Stolz auf eine indigene Identität zum Ausdruck kommt, liegt – siehe Fanon – stets der Verdacht der Reproduktion eines im kolonialen Diskurs erzeugten essentialistischen Kulturbegriffs nahe. Eine Tendenz zur Essentialisierung von Ethnizität und autochthoner Kultur ist weder der gegenwärtigen grönländischen Identitätspolitik[402], noch der Literatur und den bildenden Künsten fremd. Vor allem die Bedienung der insbesondere innerhalb der europäischen Kunstkritik generierten Nachfrage nach vermeintlich »authentischer« grönländischer Kunst hat die Künstlerin und Kunsttheoretikerin Pia Arke dazu veranlasst, auf ein Phänomen aufmerksam zu machen, das sie als Ethnoästhetik bezeichnet, und das als Entmündigung grönländischer Kunstschaffender durch ein Exotismusgebot zu verstehen ist, das von der dänischen Kunstkritik, die sich hier als Inhaberin der Deutungshoheit über *grønlandskhed* geriere, erlassen und von grönländischen Künstlern und Kunsthandwerkern partiell reproduziert werde.[403] Kirsten Thisted spricht über das gleiche Phänomen in Anlehnung an Edward Said als »arktischer Orientalismus«[404] und stellt damit einen Kontext her, in dessen Rahmen sich die literarisch-künstlerische Glorifizierung indigener Kultur als grönländische Entsprechung einer in der dänischen Literatur der Nationalromantik verbreiteten Praxis verstehen lässt, die orientalistische Sujets zur Konstruktion einer Alterität nutzbar machte, die zur Bestimmung und Festigung der eigenen Nationalidentität dienlich sein sollte.[405] Die grönländische Gesellschaft ist ihrer indigenen Kultur zur Zeit von deren vermehrtem Einzug in Kunst und Literatur bereits derart entfremdet, dass das nach Said

---

[401] Boel u. Thuesen 1993, S. 50.

[402] Vgl. hierzu Gad 2009, insbesondere S. 147.

[403] Vgl. Arke 2010.

[404] »arktisk orientalisme« Thisted 2003, S. 62.

[405] Die Funktionen literarischer Orientrepräsentationen für den dänischen Identitätsfindungsprozess zur Zeit der Nationalromantik habe ich anderenorts ausführlich erläutert (vgl. Volquardsen 2010).

zur Identitätsfindung nötige Andere in Repräsentationen des vermeintlich Eigenen zu finden ist, ist der Schluss, der aus diesem Gedankengang zu ziehen ist.

Der Vorwurf der banalen Essentialisierung der vorkolonialen grönländischen Kulturgeschichte, der auf manche Autoren und Kunsthandwerker[406] des postkolonialen Grönlands durchaus zutreffen mag, scheint mir im Fall von Frederik Nielsens *Tuumarsi* und Hans Lynges *Den usynliges vilje* allerdings nicht angebracht. In den folgenden näheren Betrachtungen dieser Romane zeigt sich, dass sich die aus ihnen abzuleitenden Beiträge zur diskursiven Verhandlung von Identität und Nation durchaus in eine Kontinuität mit der in *En grønlænders drøm* und *Trehundrede år efter …* postulierten (durch religiöse oder nationale Erweckung beförderten) Entwicklung des Einzelnen zum selbstbestimmten und handlungsmächtigen Individuum einfügen. Die Wahl der der traditionellen – im Falle Hans Lynges sogar vorchristlichen – Inuit-Kultur zugehörigen Schauplätze ist somit als ein selbst- und geschichtsbewusstes Supplement zu der von Mathias Storch und Augo Lynge begonnenen literarischen Verhandlung der grönländischen Nationsbildung zu verstehen. Auch Kirsten Thisted spricht die Autoren der »zweiten Epoche« kolonialer grönländischer Romanliteratur von dem aus Fanons Phasenmodell abzuleitenden Essentialismusverdacht frei, wenn sie etwa zu Hans Lynges Roman – gewohnt pointiert – feststellt, »dass er weit von jener nostalgischen Verehrung der Vergangenheit entfernt ist, die in der späteren Literatur derart minutiöse Beschreibungen entschwundener Traditionen hervorbrachte, dass man Frauenboote [*konebåde*] nach ihnen bauen und Fellbezüge nach ihnen nähen kann.«[407]

---

[406] Das von Pia Arke als Extrembeispiel für Ethnoästhetik kritisierte Buch Kaalund, Bodil: *Grønlands kunst. Skulptur, brugskunst, maleri.* (»Grönlands Kunst. Skulpturen, Gebrauchskunst, Malerei«) København, 1979 etwa widmet sich in erheblichem Umfang den *tupilait*, von Kunsthandwerkern in erster Linie zum Verkauf an Touristen gefertigter Miniaturskulpturen, die der vorchristlichen schamanischen Tradition zugehörige Geister repräsentieren sollen (vgl. Arke 2010, S. 67–72).

[407] »[at han] står […] fjernt fra den nostalgiske dyrkelse af fortiden, som i den senere litteratur skulle skabe beskrivelser af svundne traditioner så minutiøse, at man kan bygge konebåde og sy skindbetræk efter dem.« Thisted 1990b, S. 102.

4.2 Frederik Nielsen: *Tuumarsi* (1934)

Von den in diesem Buch behandelten Autoren ist Frederik Nielsen (1905–1991) der einzige, der mehr als nur einen Roman veröffentlicht hat. Als sein Hauptwerk hat Nielsen selbst seine zwischen 1971 und 1988 erschienene Romantetralogie bezeichnet, in der die Geschichte der Grönländer von der Auswanderung der Inuit-Vorfahren aus Kanada über das Zusammentreffen mit den isländischen Siedlern und die Kolonialzeit bis hin zur Einführung der Selbstverwaltung im Jahr 1979 nachvollzogen wird, und die daher als eine Art nationale Saga bezeichnet werden kann.[408] Wie der Anthropologe Yvon Csonka darlegt, hielten bis in die jüngste Vergangenheit europäische Historiker das Monopol auf die wissenschaftliche Aufarbeitung und Dokumentation der grönländischen Geschichte.[409] Vor diesem Hintergrund kann das Interesse literarischer Schriftsteller an historischen Stoffen, wie etwa im Fall von Frederik Nielsens Tetralogie, als ein Bemühen um die Etablierung eines Gegennarrativs zu den von eurozentristischen Sichtweisen nicht freien Darstellungen professioneller – in erster Linie dänischer – Historiker verstanden werden.

Bereits Nielsens Debütroman offenbart das Interesse des Autors an historischem Material. *Tuumarsi* ist eine literarische Adaption einer realen Begebenheit. Eine Hungersnot, die im Winter 1856 am Wohnplatz Napasoq bei Sukkertoppen (Maniitsoq) herrschte, als Packeis die Siedlung von der Außenwelt abschloss, dient Nielsen als Vorlage für seinen Roman.[410] Mit Blick auf das Gesamtwerk Frederik Nielsens konstatiert Kirsten Thisted, dass »die grönländische Kultur [...] nie als statisch oder rückwärtsgewandt beschrieben [wird].«[411] Vielmehr brächten Austausch und Aufnahme neuer Sitten und Traditionen das Volk weiter, wobei auch die dänische Sprache und Kultur als eine von außen kommende Inspiration für innere Erneuerung dargestellt werde.[412] Negative Repräsentationen der traditionellen grönländischen Kultur, wie wir sie aus Mathias Storchs und Augo Lynges Romanen kennen, sucht man in *Tuumarsi* vergebens. Dennoch ist der Roman, dessen Ausgang mit dem Tod des

---

[408] Vgl. Thisted 2006a, S. 468f.

[409] Vgl. Csonka 2005.

[410] Vgl. Petersen ca. 1980, S. 104.

[411] Thisted 2006a, S. 469.

[412] Vgl. ebd.

Protagonisten als tragisch bezeichnet werden muss, weit davon entfernt, sich der Idyllisierung oder Romantisierung einer verloren gegangenen indigenen Kultur schuldig zu machen. Es ist die unsentimentale, zuweilen fast ethnografisch genaue und um Realitätsnähe bemühte Art des Erzählens, auf die Knud Rasmussen angespielt haben dürfte, als er in seinem eingangs erwähnten Empfehlungsschreiben die Frederik Nielsen eigene Begabung, sein Werk mit »echter grönländischer Farbe« zu versehen, lobend hervorhob.[413]

Der erste Teil der Biografie Frederik Nielsens, der in seinem langen Leben als Autor und erster Leiter der 1958 gegründeten nationalen Rundfunkanstalt *Kalaallit Nunaata Radioa (KNR)* (»Grönlands Radio«) zu einer zentralen Persönlichkeit des grönländischen Kulturlebens avancieren konnte, ähnelt auf vielfache Weise den Werdegängen Mathias Storchs und Augo Lynges. Frederik Nielsen, dessen Vater bei einem Kajakunglück jung ums Leben gekommen war, wuchs in einer kleinen Siedlung nahe Godthåb bei seinen Großeltern auf.[414] Zwischen 1921 und 1927 besuchte er das Godthåber Katechetenseminar und gehörte wie die meisten Angehörigen der neuen grönländischen Kultur- und Bildungselite zu den beiden Absolventen seines Jahrganges, denen die Möglichkeit einer weiterführenden Ausbildung in Dänemark eröffnet wurde. Da in den Zwanziger Jahren noch so gut wie keine literarischen Texte in grönländischer Übersetzung vorlagen, ein Umstand den bereits Augo Lynge als »geistige Isolationskrankheit« problematisiert hatte[415], und die dänische Sprache erst im Zuge der Katechetenausbildung vermittelt wurde, war das Seminar der Ort, an dem die Vertreter der künftigen Bildungselite erstmals mit über Lieder, Psalmen, Mythen und Sagen hinausgehender Literatur in Berührung kamen. Welche Werke dies im Einzelnen waren, bestimmte oftmals der Zufall. Das Bild des jungen Frederik Nielsen, der sich auf seiner Godthåber Internatspritsche mit Mühe und Begeisterung durch Johan Ludvig Runebergs Versepos über die Heldentaten schwedisch-finnischer Soldaten im Krieg von 1809 arbeitet, mutet beinahe grotesk an. Doch wie aus seinen Memoiren hervorgeht, waren *Fänrik Ståls sägner* (»Die Erzählungen des Fähnrich Stål«) (1848/1860) sowie Bjørnstjerne Bjørnsons dem Poetischen Realismus zuzuordnende Bau-

---

413 Vgl. S. 12.

414 Zu den Angaben zu Frederik Nielsens Biografie siehe Lyberth 1985 sowie Petersen ca. 1980, S. 102–113.

415 Vgl. Lynge 1985a.

erngeschichte *Arne* (1858), die Nielsen später ins Grönländische übersetzte, die ersten literarischen Texte europäischer Autoren, die Eindruck auf den Seminarschüler machten.[416] Dass ausgerechnet zwei Autoren nationaler Hymnen[417], deren Werke erheblichen Einfluss auf die Nationsbildungsprozesse Finnlands und Norwegens genommen hatten, dem jungen Frederik Nielsen erste Blicke in die Welt der Literatur eröffneten, dürfte sein Vorhaben, gemeinsam mit Hans Lynge und Pavia Petersen eine grönländische Nationalliteratur zu etablieren, zu der er *Tuumarsi* als seinen ersten Beitrag verstand, befördert haben.[418]

Über seine Eindrücke während seines vierjährigen Aufenthalts am Lehrerseminar im südjütischen Tønder (deutsch: Tondern) schreibt Frederik Nielsen 1975 in seinen Memoiren:

> Sowohl die dänische wie auch die deutsche Sprache wurden im Alltag gesprochen, aber es gab keinerlei Missstimmung zwischen den beiden Völkern. In Tondern lernte ich zu verstehen, dass es in der Tat im selben Reich mehrere unterschiedliche Völker geben kann, ohne dass man einander zu diskriminieren oder missfallen braucht. Nur dann, wenn die eine Gruppe damit anfängt, den eigenen ethnischen Hintergrund so hoch zu schätzen, dass sie über die andere zu herrschen zu versuchen beginnt, wird der Frieden gebrochen.
>
> Både det danske sprog og det tyske sprog blev brugt i hverdagen, men der var ingen misstemning imellem de to folk. I Tønder lærte jeg at forstå, at der sagtens kan eksistere flere forskellige folk i det samme rige, uden at man behøver at diskriminere eller mishage hinanden. [...] Kun når den ene gruppe begynder at sætte sin etniske baggrund så højt, at den begynder at forsøge at herske over den anden, da brydes freden.[419]

Ans Seminar in Tønder, im äußersten Südwesten Jütlands in Sichtweite zur deutschen Grenze gelegen, kam Frederik Nielsen auf Empfehlung des ehemaligen Godthåber Seminarleiters Schultz-Lorentzen im Jahr 1928. Hier begann er mit der Arbeit an *Tuumarsi*. Bei der Volksabstim-

---

416 Vgl. Lyberth 1985, S. 269 sowie Petersen ca. 1980, S. 103.

417 Finnlands Nationalhymne »Maamme/Vårt land« (»Unser Land«) stammt aus dem Prolog von Runebergs *Fänrik Ståls sägner*; Bjørnson schrieb 1859 die norwegische Nationalhymne »Ja, vi elsker dette landet« (»Ja, wir lieben dieses Land«).

418 Vgl. Thisted 2006a, S. 468.

419 Nielsen 1975 (ohne Seitenangabe zitiert in Lyberth 1985, S. 272f.).

mung in Schleswig im Jahr 1920, die zur Wiedervereinigung des im Krieg von 1864 verloren gegangen nördlichen Teils des Herzogtums mit dem dänischen Königreich führte, war die Stadt Tønder einer der Orte gewesen, an denen sich eine deutliche Mehrheit für den Verbleib im Deutschen Reich ausgesprochen hatte. Bis 1937 hielt die deutsche Minderheit, die nach 1920 in Nordschleswig entstanden war, im Stadtrat von Tønder die politische Mehrheit und den Posten des Bürgermeisters.[420] Es erscheint nahe liegend, dass die relativ reibungslose und konfliktfreie Koexistenz zweier Nationalitäten, die die Soziologen Kaare Svalastoga und Preben Wolf der Stadt selbst nach Zweitem Weltkrieg und deutscher Besetzung noch bescheinigen[421], einen jungen Grönländer wie Nielsen, aus dessen Erfahrungshorizont das Zusammentreffen zweier Volksgruppen und Sprachen mit Konflikten und kolonialen Machtasymmetrien verbunden war, fasziniert haben muss. Zudem ist anzunehmen, dass die Erfahrung einer Situation, in der die dänische Kultur im eigenen Land eine mit geringerer Handlungsmacht ausgestattete Minderheitskultur war, Frederik Nielsen die weder von Mathias Storch noch von Augo Lynge infrage gestellte imaginierte Hierarchie der Kulturen mit der dänischen an ihrer Spitze anzweifeln ließ, und er nicht zuletzt aus diesem Grund zu der Überzeugung kam, dass auch die im bisherigen Diskurs der grönländischen Elite als minderwertig konnotierte Inuit-Kultur ihren Anteil am grönländischen Nationsbildungsprojekt haben sollte. So zumindest lässt sich sein größtenteils in Tønder entstandener Roman *Tuumarsi* interpretieren.

Trotz nicht zu übersehender Unterschiede weist Frederik Nielsens Roman auch Gemeinsamkeiten mit Mathias Storchs *En grønlænders drøm* auf. Bei beiden handelt es sich um Bildungsromane, mit deren Handlungsverlauf eine psychologische Entwicklung und Reifung der Protagonisten einhergeht. Nielsens Hauptfigur gibt dem Roman ihren Namen. Der Großjäger (*storfanger*) Tuumarsi lebt mit seiner Familie, von der wir lediglich seine Frau Kaluliit und die Söhne Timuutu und Iisaaq mit Namen kennen lernen, an einem westgrönländischen Wohnplatz zur Mitte des 19. Jahrhunderts. Ein wiederkehrender Konflikt ist die vermeintliche Unvereinbarkeit christlicher Werte mit dem traditionellen Robbenfängerleben, den Tuumarsi schließlich als einzige Figur des Romans zu überwinden vermag. Vom Schicksal immer wieder auf harte Proben

[420] Vgl. Svalastoga u. Wolf 1963, S. 39f.

[421] Vgl. ebd., S. 162.

gestellt, gelangt der zunächst mit dem Glauben hadernde Tuumarsi am Ende zu einer als persönliche Beziehung zu Gott zu bezeichnenden verinnerlichten Religiosität, in der Karen Langgård – ähnlich wie schon im Fall von Mathias Storchs Roman festzustellen war – Parallelen zu den Zielsetzungen der grundtvigianisch geprägten Erweckungsbewegung *Peqatigiinniat* erkennt.[422] An zentraler Stelle des Romans werden Tuumarsis Sinneswandel und seine dadurch erlangte Fähigkeit, ein Leben nach christlichen Werten mit der traditionellen Jägerkultur in Einklang zu bringen, wie folgt beschrieben:

> Auf manche Art war Tuumarsi anders als sein Vater. Er war mannhafter, selbstbewusster und beharrlicher. Er musste offenbar geglaubt haben, dass die mangelnde Beharrlichkeit des Vaters beim Jagen seiner einseitig christlichen Haltung geschuldet war, und er musste der Auffassung gewesen sein, dass eine christliche Einstellung und die volle Hingabe beim Jagen nicht unter einen Hut zu bekommen seien. Tuumarsi hatte sich für letztere entschieden. Aber seither hatte sich dies verändert. Bei ihm schienen die christliche Einstellung und die Jagd einander auf ausgezeichnete Weise zu ergänzen und ein festes Bollwerk gegen von außen kommende zerstörerische Kräfte zu bilden.
>
> På flere måder var Tuumarsi anderledes end sin far. Han var mere mandig, mere selvbevidst og mere ihærdig. Han måtte åbenbart have syntes, at faderens manglende ihærdighed i fangererhverv måtte skyldes hans ensidige kristne holdning, og han måtte have haft den opfattelse, at en kristen indstilling og fuld hengivelse i fangererhvervet ikke kunne gå i spand sammen. Tuumarsi havde valgt det sidste. Men siden var det blevet anderledes. Den kristne indstilling og fangererhvervet var kommet til at supplere hinanden hos ham på en udmærket måde og dannede et fast bolværk mod ødelæggende kræfter udefra.[423]

Tuumarsis erst im Laufe seines inneren Reifeprozesses erlangte Fähigkeit zur Vereinigung des von außen ins Land gebrachten Glaubens mit seinem von der Robbenjagd bestimmten Lebenswandel, die ihn auf gewisse Weise ebenfalls zu einer Art Hybrid macht, wird hier in Abgrenzung von den Eigenschaften seines Vaters beschrieben. Im ersten Teil des Romans, dessen Handlungsverlauf Tuumarsi durch sein gesamtes Erwachsenenleben begleitet, finden mehrere Rückblenden statt. Eine aus-

---

[422] Vgl. Langgård 2000, S. 17.

[423] Nielsen 1980, S. 44f.

führliche Analepse versetzt uns ins Tuumarsis Kindheit, von wo aus ein Erzählstrang einsetzt, der zurück in jene Gegenwart führt, in der die Erzählung beginnt. Tuumarsi wächst in einer Kolonie auf, in der es sowohl einen Katecheten als auch eine Kirche gibt. In seinem Elternhaus wird auf die mit dem Gottesdienst verbundene zeremonielle Ausübung des Christentums besonderen Wert gelegt. Zum Unverständnis der anderen Koloniebewohner verzichtet Tuumarsis Vater sogar darauf, an Sonntagen auf Robbenjagd zu gehen, unabhängig davon, ob sich genug Vorrat im Haus befindet: »Wenn der Sohn morgens vor Hunger weinte, tröstete ihn der Vater, indem er ihm sagte, dass er nur in der Zuversicht warten solle, dass Gott ihnen schon etwas zu essen geben werde.«[424] Nicht zuletzt aufgrund der aus der Frömmigkeit des Vaters resultierenden Erfahrung des Hungers beginnt Tuumarsi bereits als Junge an den streng religiösen Haltungen seiner Eltern zu zweifeln, respektiert aber dennoch die Rolle des Vaters als Familienoberhaupt, »auch wenn er sich größere Selbstständigkeit wünschen konnte.«[425]

Bereits diese Stelle illustriert, dass Tuumarsi keine der Eigenschaften erfüllt, die den Grönländern der vor- und frühkolonialen Gesellschaft sowohl in Teilen des dänischen Diskurses als auch in den Romanen Mathias Storchs und Augo Lynges zugeschrieben werden. Trägheit, Unselbständigkeit und Passivität sind Frederik Nielsens Romanfigur fremd. Ähnlich wie Storchs Pavia, der allerdings einen anderen Lebensentwurf repräsentiert, ist Tuumarsi ein Individualist, der sich selbst und sein Umfeld reflektiert und in der Lage ist, Werte und Normen, die anderen als unverhandelbar erscheinen, infrage zu stellen. So beschließt Tuumarsi, nachdem sein Vater bei einem Kajakunglück ums Leben kommt, und er selbst zum Hauptversorger und Oberhaupt der Familie aufsteigt, gegen den Willen seiner Mutter, die nicht auf den kirchlichen Gottesdienst verzichten möchte, mit der gesamten Familie umzuziehen. Zusammen mit dem älteren Jäger Giitioorsuaq und dessen Familie kehren Tuumarsi und seine Angehörigen der Kolonie mit ihren schlechten Jagdbedingungen den Rücken und gründen an einer bislang unbewohnten Stelle den Wohnplatz Naqerloq. Als der Katechet andeutet, dass Tuumarsi am neuen Wohnplatz, der zu klein ist, um einen eigenen Kate-

---

[424] »Når sønnen græd af sult om morgenen, trøstede faderen ham ved at fortælle, at han bare skulle vente i fortrøstning til, at Gud nok skulle give dem noget at spise.« Ebd., S. 19.

[425] »selv om han kunne ønske sig større selvstændighed.« Ebd., S. 20.

cheten zu rechtfertigen, die Aufgabe des Lesers übernehmen und die sonntägliche Andacht abhalten solle, gerät Tuumarsi dennoch in Selbstzweifel und fühlt sich dieses Amtes nicht würdig.[426] Die ihm plötzlich unchristlich erscheinende Entscheidung, die Kolonie mit ihrer Möglichkeit der an kirchliche Zeremonien gebundenen Form der Glaubensausübung allein wegen der Hoffnung auf bessere Jagderfolge zu verlassen, nagt an seinem Gewissen.

Doch auch Giitioorsuaq, der an Tuumarsis Stelle zum Leser ernannt wird, hadert mit der Vereinbarkeit von Jägerdasein und kirchlichen Verpflichtungen. Am Tag seiner Ablösung durch einen vom dänischen Pastor nach Naqerloq entsandten Leser löst er einen Eklat aus, als er, anstatt seiner eigenen Verabschiedungszeremonie beizuwohnen, lieber mit dem Kajak in See sticht. Als sei eine Last von ihm gefallen, gelingt es dem alternden Giitioorsuaq erstmals seit langer Zeit eine Robbe zu fangen, deren frisches Fleisch beim anschließenden Festessen auch den anlässlich der Amtsübergabe aus der Kolonie angereisten Katecheten versöhnlich stimmt.[427]

Eine Rückblende zu Beginn des Romans führt uns in die Zeit vor der Christianisierung zurück und schlägt ein Kapitel heidnischer grönländischer Tradition auf, an dem die dänischen Missionare besonderen Anstoß nahmen. Da es im vorchristlichen Grönland keine Instanz der Rechtssprechung gab, wurde im Fall eines Mordes von den Söhnen des Getöteten erwartet, den Mord zu rächen und ihrerseits den Mörder des Vaters[428] zur Strecke zu bringen. Auf diese Weise entwickelten sich endlose Blutfehden zwischen einzelnen Familien, da auch ein Rachemord abermals gerächt werden musste. Die einzige Möglichkeit, einer solchen Gewaltspirale zu entkommen, stellte die Flucht der Involvierten an einen weit entlegenen Ort dar. Doch selbst im Exil war man dem Glauben nach nicht vor etwaigen im Rahmen der Fehde ausgesprochenen Flüchen sicher, so dass auch Todesfälle durch Krankheit oder Unglücke in Familien, die in eine Blutfehde verwickelt waren, als Rache der verfeindeten Sippschaft verstanden wurden.[429] Das Wissen über einen solchen auf

---

[426] Vgl. ebd., S. 23.

[427] Vgl. ebd., S. 25f.

[428] In den Erzählungen aus der patriarchalisch organisierten traditionellen grönländischen Gesellschaft ist von Morden an Frauen meinem Kenntnisstand nach nicht die Rede.

[429] Vgl. hierzu Petersen 1993, S. 131f.

ihrer Familie lastenden Fluch beunruhigt Tuumarsis Mutter, deren Vater – wie wir in der Rückblende erfahren – in vorchristlicher Zeit ermordet worden war, woraufhin ihr Bruder den Mord gerächt hatte und aus Angst vor der Vergeltung mit der Familie nach Süden geflüchtet war. Tuumarsi, aus dessen Blickwinkel die Geschichte in der dritten Person erzählt wird, weiß nichts von der gegen ihn und seine Familie gerichteten Verwünschung: »Den Fluch verbarg Großmutter in ihrem Herzen. Sie hatte ihr Herz noch niemandem ausgeschüttet und würde dies auch niemals tun.«[430] Der Tod von Tuumarsis Vater wird daher nicht direkt auf den Fluch zurückgeführt. Es bleibt dem Leser überlassen, eine solche Verbindung herzustellen.

Frederik Nielsens Roman unterteilt sich in zwei etwa gleich lange, klar voneinander getrennte Abschnitte. Der erste Abschnitt umfasst die beiden Analepsen sowie die Schilderung des harten, aber größtenteils glücklichen Alltags am neuen Wohnplatz. Darin sind auch eine aus dem eigentlichen Handlungsverlauf losgelöste Beschreibung einer sommerlichen Rentierjagd sowie eine Episode enthalten, in der sich Tuumarsi nach einem besonders strengen Winter beim dänischen Verwalter der nächstgelegenen Kolonie erfolglos für die Eröffnung einer KGH-Filiale in Naqerloq einsetzt. Von den Einwohnern seines Wohnplatzes, an dem sich nach und nach immer mehr Zuzügler niederlassen, ist Tuumarsi derjenige, dem die Absage des Kolonialverwalters am wenigsten ausmacht. Als tüchtiger, traditionsbewusster Großjäger ist er im Gegensatz zu vielen Nebenfiguren des Romans selbst bei widrigen Wetterbedingungen nicht auf die dänischen Güter aus dem kolonialen Handel angewiesen. Während Giitioorsuaq, der sich sehr darauf gefreut hatte, im Laden Tabak kaufen zu können, über die »verdammten Dänen, die nur an sich selbst denken«[431], schimpft, »war Tuumarsi den ganzen Abend über guter Laune.«[432] Generell beobachtet Tuumarsi Veränderungen, die sich aus dem vermehrten Kontakt mit Repräsentanten der Kolonialmacht ergeben, mit Sorge. So muss er feststellen, dass seine Wohnplatzgenossen Piitrusi und Joorsuaat, die sich stolz damit brüsten, den Pastor bis nach Holsteinsborg (Sisimiut) und den Kolonialverwalter bis nach Godthåb gerudert und dabei große Teile des Landes gesehen zu haben, zu

430 »Forbandelsesordene havde farmor gemt i sit hjerte. Hun havde aldrig udøst sit hjerte for nogen og ville heller ikke gøre det […].« Nielsen 1980, S. 16.

431 »forbandede danskere, som kun tænker på deres eget« ebd., S. 32.

432 »[var] Tuumarsi […] i godt humør hele aftenen« ebd., S. 33.

denjenigen gehören, die es nicht mehr für nötig halten, einen ausreichenden Wintervorrat anzulegen.[433] Während der Rentierjagd fällt ihm die große Anzahl von anderen Jägern zurückgelassener Tierkadaver auf, und er kommt zu dem Schluss, dass eine derartige Verschwendung erst mit der Verbreitung des Gewehrs als Jagdwaffe eingesetzt habe.[434]

Der trotz dieser kritischen Feststellungen Tuumarsis im Großen und Ganzen von Harmonie geprägte erste Abschnitt schließt mit dem Satz: »Ach, Sommertage, Jugendtage, Tage des Wohlstands und ein Dasein ohne Sorgen!«[435] Zusammen mit dem Vorwissen über den auf Tuumarsis Familie lastenden Fluch lässt dieser Erzählerkommentar den Leser erahnen, dass ein Unglück bevorsteht. Die Vorahnung verstärkt sich, als Tuumarsis Mutter auf dem Sterbebett von einem Traum berichtet, in dem ihr Tuumarsi erschienen sei, wie er während einer schweren Hungersnot seine letzten Vorräte mit den ausgemergelten Nachbarn geteilt habe, ein Bild, das bei der bibelfesten zeitgenössischen Leserschaft Assoziationen mit der biblischen Figur des Jakob während der Dürre im Lande Kanaan ausgelöst haben dürfte.[436]

Die Katastrophen lassen nicht lange auf sich warten. Bevor am Ende des Romans tatsächlich eine schwere Hungersnot eintritt, kommt Tuumarsis ältester Sohn Timuutu, der sich inzwischen zu einem virtuosen Ruderer und Jäger entwickelt hatte und seinen alternden Vater hoffnungsvoll in die Zukunft blicken ließ, gemeinsam mit vier anderen Jägern aus Naqerloq bei einem Unwetter ums Leben. Obwohl Tuumarsi als meistgeübter Kajakjäger seines Wohnplatzes eine gewagte und heldenhafte Rettungsaktion unternimmt, kann er nur noch die Leiche seines Sohnes aus den Fluten bergen. Nach Timuutus Bestattung wird Tuumarsi krank und gerät in eine tiefe Krise, die seinen Glauben an Gott herausfordert: »Wenn ihn die Verzweiflung übermannte, verspürte er größte Lust Gott zu verfluchen. Doch so weit war es noch nie gekommen.«[437] Karen Lang-

---

[433] Vgl. ebd., S. 42f.

[434] Vgl. ebd., S, 39.

[435] »Ja, sommerdage, ungdomsdage, dage med velstand og en tilværelse uden bekymringer!« Ebd., S. 41.

[436] Vgl. Genesis 42 u. 43. Diesen Hinweis verdanke ich Karen Langgårds *Tuumarsi*-Interpretation (vgl. Langgård 2000, S. 10).

[437] »Når fortvivelsen overmandede ham, havde han den største lyst til at skælde ud på Gud. Men så langt var det dog aldrig kommet.« Nielsen 1980, S. 58.

gård stellt zu den Tuumarsi treffenden Schicksalsschlägen vor dem Hintergrund seines christlichen Glaubens und des heidnischen Fluchs fest:

> Aus dem Blickwinkel des Aberglaubens von der Verfluchung treffen zwei Unglücke Tuumarsis Familie und ihre Wohnplatzgenossen, um den Fluch in Erfüllung gehen zu lassen: der Sturm und die Hungersnot. Aus einem christlichen Blickwinkel gesehen, werden Tuumarsi und seine Wohnplatzgenossen von Gott hart auf die Probe gestellt; doch die Prüfungen bedeuten eine Reifung Tuumarsis und seines Verhältnisses zu Gott.
>
> Set ud fra overtroen om forbandelsen, rammer to ulykker familien Tuumarsi og deres bopladsfæller for at få forbandelsen til at gå i opfyldelse: stormen og hungersnøden. Set ud fra et kristent syn, rammes Tuumarsi hårdt af Guds prøvelser af ham selv og af hans bopladsfæller [...], men de to prøvelser betyder en modning af Tuumarsi og hans Gudforhold.[438]

Die Entscheidung, welche dieser beiden Auslegungen zu präferieren ist, überlässt Frederik Nielsen seinen Lesern. Gerade im Vergleich mit Mathias Storchs *En grønlænders drøm* fällt im Fall von *Tuumarsi* der äußerst zurückhaltende Erzähler auf, der sich nur selten kommentierend in die Handlung einschaltet und der Leserschaft an keiner Stelle vorschreibt, welche Schlüsse sie aus dem Roman zu ziehen hat. Dass allerdings Nielsens Protagonist mit der Erfahrung persönlichen Unglücks eine psychologische Entwicklung vollzieht, beziehungsweise eine religiöse Erweckung erfährt, dürfte auch den zeitgenössischen Lesern, die in Timuutus Tod eine Konsequenz aus dem auf der Familie lastenden Fluch gesehen haben, kaum entgangen sein. In seiner schwersten Stunde fällt Tuumarsi in einen tiefen Schlaf. Als er am nächsten Tag von seiner Krankheit geheilt erwacht, bricht er in Tränen aus und kann anstelle von Zorn auf seinen Gott erstmals befreiende Trauer um seinen verstorbenen Sohn empfinden. Tuumarsi ist über Nacht endgültig mit sich und seinem Glauben ins Reine gekommen. Im Roman heißt es:

> Es fühlte sich an, als ob das Weinen die Dunkelheit fortgejagt hatte, die über Tuumarsi gebrütet hatte – über seinem Äußeren wie über seinem Inneren. Es hatte eine Klärung gegeben. Tuumarsi dankte Gott dafür, dass er ihn von seiner Krankheit befreit hatte und bat ihn um Vergebung, falls er in seinen Gedanken und Taten etwas getan haben sollte, was vor Gottes Augen

---

[438] Langgård 2000, S. 9.

> unschicklich ist. Er dankte seinem Gott dafür, dass er ihn nicht anders als die anderen behandelt hatte. Und er fühlte sich umso mehr zu dem bescheidenen Dankopfer verpflichtet, den Hinterbliebenen der anderen ums Leben gekommenen zu helfen.
>
> Det føltes, som om gråden havde bortjaget det mørke, der havde ruget over Tuumarsi baade i hans ydre og indre. Der var kommet en klaring. [...] Tuumarsi takkede Gud, fordi han havde befriet ham for hans sygdom, og bad ham om tilgivelse, hvis han i sine tanker og gerninger havde gjort noget, som var usømmeligt for Guds øjne. Han takkede sin Gud for, at han ikke havde behandlet ham anderledes end de andre. Og han følte sig endnu mere forpligtet til at hjælpe de andre omkomnes efterladte som et ringe takoffer.[439]

Als die Hungersnot, die Tuumarsis Mutter in ihrem Traum vorhergesehen hatte, eines Winters, als das Packeis jegliche Möglichkeit der Jagd verhindert, tatsächlich eintritt, hält sich Tuumarsi an sein im Gebet gegebenes Versprechen der christlichen Nächstenliebe. Als vernünftiger Haushälter und besonders versierter Jäger verfügt er über reichlichere Wintervorräte als viele der anderen Dorfbewohner und teilt mit ihnen, bis auch von den Reserven seiner Familie nichts mehr übrig ist. Die letzten kurzen Kapitel des Romans beschreiben Tuumarsis einsamen Kampf gegen die Gewalten der Natur. In der Hoffnung, trotz der der widrigen Bedingungen ein paar Tiere erlegen zu können, bricht er allein auf und trägt sein Kajak bis hin zur Eiskante. Da der Erfolg ausbleibt, macht er sich schließlich auf den weiten Weg in die Kolonie, um dort Hilfe für die zurückgelassenen Bewohner seines Wohnplatzes zu holen. Ein Schneesturm, der sein Kajak wegspült, kostet Tuumarsi am Ende das Leben. Einsam stirbt er des Nachts auf einer Eisscholle, jedoch nicht ohne die Hoffnung, dass der Sturm, der für ihn selbst den Tod bedeutet, das Packeis aus der Bucht von Naqerloq getrieben hat, so dass die Jäger dort wieder Robbenfang betreiben können, und sein Sohn Iisaaq den Fortbestand seiner eigenen Familie sichern kann.[440] Tuumarsis letzte Worte, die niemand – außer möglicherweise sein Gott – zu Gehör bekommt, lauten:

> Ich bin auf dem Weg zu Gott, und Gott nimmt mich in Empfang. Er hat uns dazu geschaffen, vom Meer zu leben, und es ist unsere

[439] Nielsen 1980, S. 59.

[440] Vgl. ebd., S. 72.

> Pflicht, uns danach einzurichten. Und nun ist mein Lebwerk abgeschlossen, und ich ziehe zu meinem Schöpfer in Frieden.
>
> Jeg er på vej til Gud, og Gud tager imod mig. Han har skabt os til at leve af havet og det er vor pligt at indrette os efter det. Og nu er mit livsværk slut, og jeg drager til min skaber i fred.[441]

Vielleicht mit Ausnahme von Augo Lynges *Trehundrede år efter …* ist die individuelle Entwicklung eines persönlichen Glaubensverhältnisses Thema in allen grönländischen Romanen der Kolonialzeit. In keinem der Romane allerdings kommt der Einfluss der zu Beginn des 20. Jahrhunderts auch Grönland erreichenden grundtvigianisch geprägten Erweckungsbewegungen, mit denen sich das gewachsene Selbstbewusstsein und Selbständigkeitsgefühl breiterer Bevölkerungsschichten artikuliert[442], deutlicher zum Ausdruck als in *Tuumarsi*. Erst die noch für seine Eltern undenkbare Abkehr von den Institutionen zeremonieller Glaubensausübung ermöglicht Frederik Nielsens Romanhelden die Entwicklung einer verinnerlichten Religiosität, die sich nach seinen eigenen Bedürfnissen auslegen lässt und daher den existenzsichernden Abläufen des Jägeralltags nicht mehr im Wege steht. Die Furcht vor aus der heidnischen Vergangenheit stammenden Flüchen und Verwünschungen, die seiner sonst so orthodoxen Mutter ein unruhiges Leben bereiten, spielt für den in seiner individuellen Glaubensauffassung gefestigten Tuumarsi keine Rolle. Den Fortbestand seiner Familie gesichert wissend, blickt er im Moment des Todes auf ein erfülltes Leben zurück und stirbt ohne Gram im Frieden mit seinem Glauben und im Reinen mit sich selbst. Die Verweise auf die vorchristliche Vergangenheit dienen in *Tuumarsi* lediglich dazu, um Spannung und schaurige Vorahnungen zu generieren, eine narratologische Technik, die an die orale grönländische Erzähltradition erinnert.

Angesichts der Skizzierung einer in individuelle Glaubensausübung und Selbständigkeit mündenden psychologischen Entwicklung lässt sich in *Tuumarsi* durchaus eine Analogie zu den sich aus *En grønlænders drøm* und *Trehundrede år efter …* ableitenden Handlungsempfehlungen zur Konstitution einer aus mündigen und handlungsmächtigen Individuen bestehenden grönländischen Nation erkennen. Dass bei Nielsen mit Tuumarsi eine den alten Traditionen verpflichtete und dem zivilisatorischen Einwirken der Kolonialmacht skeptisch gegenüberstehende Figur

---

[441] Ebd., S. 73.

[442] Vgl. Henningsen 1977, S. 38.

jenen charakterlichen Reifeprozess durchschreitet, der bei Storch und Augo Lynge den nach vorn blickenden Evolutionisten vorbehalten ist, ist als eine selbstbewusste Abkehr von der im kolonialen Diskurs erzeugten imaginierten Hierarchie der Kulturen zu verstehen. Die traditionelle grönländische Gesellschaftsform erfährt in *Tuumarsi* keine Essentialisierung oder romantisierende Verklärung. Als Botschaft von Nielsens Roman ist somit keineswegs die durch die dänische »Beschützungspolitik« postulierte Rückbesinnung der Grönländer auf den als »nationales Gewerbe« deklarierten Robbenfang zu verstehen. Vielmehr wird durch die Verbindung von Tradition und Selbstbestimmtheit in der Figur des Tuumarsi versucht, das in Storchs und Lynges Romanen generierte Bild der eigenen Vergangenheit als wertlos und unterentwickelt außer Kraft zu setzen. Ohne dass die Rückkehr zu vergangenen Gesellschaftsformen zum Ziel des grönländischen Nationsbildungsprozesses erhoben wird, erfährt die autochthone Kultur – mit Ausnahme des vorchristlichen Glaubens – eine Rehabilitierung zu einem integralen Bestandteil grönländischer Identität.

4.3 Hans Lynge: *Den usynliges vilje* (1938)

Hans Lynge (1906–1988)[443], wie die anderen drei in dieser Arbeit behandelten Autoren Absolvent des Godthåber Seminars und im Anschluss an seine Ausbildung Katechet im südgrönländischen Julianehåb (Qaqortoq), erlangte in erster Linie durch seine Malerei und seine Theaterstücke Berühmtheit. Er gilt bis heute als einer der bedeutendsten grönländischen Künstler.[444] Neben seinem einzigen Roman *Den usynliges vilje* publizierte Hans Lynge zudem das zweibändige Erinnerungswerk *Grønlands Indre Liv* (»Grönlands Innenleben«) (1981/1988), das Anekdoten aus seiner Kindheit und Jugend in Godthåb sowie aus seiner Zeit am Seminar enthält, und dessen Titel, wie schon im Fall von Frederik Nielsens historischen Romanen festzustellen war, ein Verlangen zum Ausdruck bringt,

---

[443] Eine nähere Verwandtschaftsbeziehung zwischen Augo Lynge und Hans Lynge besteht nicht.

[444] Zu Hans Lynges dramatischem Werk siehe Kleivan 1996. Mit dem politischen Hans Lynge befasst sich Jensen 1996. Mit Kaalund u. a. 2006 liegt zudem ein aufwändig gestalteter Sammelband vor, der neben teilweise bislang unveröffentlichten kulturpolitischen Debattenbeiträgen Lynges sowie Abbildungen zahlreicher seiner Kunstwerke auch Sekundärtexte zu Lynges Leben als Künstler, Schriftsteller und engagierter politischer Bürger seines Landes enthält.

der vornehmlich aus dänischer Sicht dokumentierten grönländischen Geschichte ein von innen – aus dem Land selbst – kommendes Korrektiv zur Seite zu stellen.[445] Aus Hans Lynges Zeit in Julianehåb ist eine Anekdote überliefert, die sein weiteres Leben und Werk in besonderem Maße prägen sollte. Als Lynge in jungen Jahren an Tuberkulose erkrankte und eigentlich operiert werden musste – zum damaligen Zeitpunkt noch ein gewagtes Unterfangen – zog er es vor, sich in die Natur zurückzuziehen. Trotz Abraten seines Arztes verbrachte er einen Sommer im Zelt und wurde völlig unerwartet von seiner ernsten Krankheit geheilt. Das Vertrauen auf die Heilkraft der Natur hatte sich in Hans Lynges Fall offenbar ausgezahlt.[446] Kirsten Thisted glaubt, in *Den usynliges vilje* sich auf diese Episode beziehende autobiografische Züge zu erkennen.[447] Auch die Hauptfigur in Hans Lynges Roman, dessen Inhalt nun vorgestellt werden soll, gelangt in der Einsamkeit der grönländischen Natur zu außergewöhnlichen Kräften.

Der Roman spielt zu einem unbekannten Zeitpunkt vor der Verbreitung des Christentums durch die dänische Mission am fiktiven grönländischen Wohnplatz Puiatsi. Nach der Präsentation der Hauptfigur, dem jungen Mann Ulloriaq, und seines ungleichen Bruders Saamik bildet ein Fußballspiel den Auftakt zur eigentlichen Handlung.[448] Als Ulloriaq und Saamik nach gewonnenem Spiel die Unterlegenen verspotten, und sich aus den Hänseleien ein ernsthafter Streit entwickelt, werden die Brüder von ihrem Gegenüber mit einer unangenehmen Wahrheit konfrontiert. Sie erfahren, dass Inoqut, der Mann, den sie zeitlebens für ihren Vater hielten, und in dessen Haus sie eine liebevolle Kindheit und Jugend genossen, in Wahrheit der Mörder ihres leiblichen Vaters ist, ein Umstand, der offenbar allen am Wohnplatz außer den Brüdern selbst seit langem bekannt ist. Das Gebot der Blutrache im vorchristlichen Grönland kennt keine Gnade. Ullioraq und Saamik werden zu Scharfrichtern eines unumstößlichen Urteils. Sie müssen den unbekannten leiblichen

---

[445] Vgl. Lynge 1981 u. 1988.

[446] Vgl. Petersen ca. 1980, S. 115.

[447] Vgl. Thisted 1990b, S. 94f.

[448] Beim traditionellen grönländischen Fußball, der keine Abgrenzung eines Spielfelds kannte, und dessen Kämpfe sich über viele Stunden hinziehen konnten, jagen zwei Mannschaften so lange einem aus Robbenhaut gefertigtem Ball hinterher, bis es einer der Mannschaften gelingt, den Ball ins Meer zu schießen (vgl. Thuesen 2007, S. 143).

Vater rächen. Die Beteuerungen der Mutter, dass der richtige Vater ein Gewalttäter gewesen und Inoquts Mord an ihm ihrer eigenen Rettung gleichgekommen sei, werten die Brüder lediglich als ein Geständnis, das sie in ihrem Beschluss, die Blutrache zu vollstrecken, bestärkt. Der Stiefvater indes ist sich stets über das Schicksal im Klaren gewesen, das ihm eines Tages bevorstehen würde, und folgt Ullioraq und Saamik ohne Widerstand in die Berge, wo diese ihn töten.

»Dem Willen des Unsichtbaren kann keiner sich widersetzen. Aber wie gern hätte ich doch gelebt«[449], sagt Inoqut seiner Frau zum Abschied. Bevor die Blutrache am nächsten Morgen vollstreckt wird, erzählt der Stiefvater den Brüdern seine traurige Lebensgeschichte. Als misshandelter Waisenknabe sei er erstmals dem Glück begegnet, als er seine große Liebe traf. Doch: »Um das Glück zu gewinnen, musste ich erst zum Mörder werden.«[450] Während die Worte des Stiefvaters den mit maskulinen Attributen versehenden Saamik weitgehend unbeeindruckt lassen, beginnt der sensible Ullioraq an der Richtigkeit des Racheakts zu zweifeln.

Als sich die Mutter der Brüder nach Vollstreckung der Blutrache aus Trauer und Verzweiflung selbst das Leben nimmt, gerät Ullioraq in eine tiefe Krise, die einen Entwicklungsprozess in ihm auslöst, der durchaus Parallelen zu Mathias Storchs Pavia und Frederik Nielsens Tuumarsi erkennen lässt. Ullioraq beschließt, den Wohnplatz zu verlassen und als *qivittoq* ein einsames Leben in den Bergen zu führen. In der Abgeschiedenheit hadert er mit seiner Tat und erkennt die egoistischen Beweggründe in seinem Insistieren auf die Vollstreckung der Blutrache:

> Nun kam es ihm vor, als habe er den Willen des Unsichtbaren *außer Acht gelassen*, um sich die Achtung seiner Wohnplatzgenossen zu sichern – um nicht zu risikieren, ihrer Verachtung ausgesetzt zu werden. Aber was waren eigentlich Ehre und Anerkennung gegen heimisches Glück und Frieden?
>
> Nu forekom det ham, at han havde *tilsidesat* den usynliges vilje for at sikre sig sine bopladsfællers agtelse – fremfor at risikere at

---

449 »Den usynliges vilje kan ingen sætte sig op imod. Men hvor ville jeg dog gerne have levet« Lynge 1990, S. 39.

450 »For at opnå lykken måtte jeg først gøre mig til morder.« Ebd., S. 45.

> blive udsat for deres foragt. Men hvad var egentlig ære og anerkendelse regnet mod husfællernes lykke og fred?[451]

Arnannguaq, das Mädchen, das Ullioraq liebt, hält das Leben am Wohnplatz ohne den jungen Mann, von dem sie insgeheim hoffte, dass er eines Tages ihr Verlobter würde, nicht mehr aus und zieht ebenfalls in die Berge, um Ullioraq zu suchen. Als sie ihn tatsächlich in seiner *qivittoq*-Höhle vorfindet, erwidert Ullioraq die Zuneigung Arnannguaqs nicht. Er reagiert unwirsch und undankbar auf die Ankunft des Mädchens, das ihn seiner selbst gewählten Einsamkeit beraubt. Dennoch nimmt er Arnannguaq, die sich aus Liebe für ihn aufopfert und ihm den »Haushalt« macht, in seiner Höhle auf. Gemeinsam gelingt es den beiden, in der unwirtlichen Einöde zu überleben, und doch bleibt ihr Verhältnis distanziert. Erst als Arnannguaq ernsthaft erkrankt, erkennt Ullioraq, dass er ohne seine Gefährtin nicht leben kann und entdeckt seine Liebe zu ihr:

> Und zutiefst verwundert war er, als ihm aufging, dass er die ganze Zeit, ohne es selbst zu wissen, das Glück verfolgt hatte. Nun verstand er, dass er sich ganz im Gegenteil gewünscht hatte, an der Frau festzuhalten, der er zu verstehen gegeben hatte, dass er sie am liebsten los wäre.

> Og dybt forundret blev han, da det gik op for ham, at han hele tiden, uden selv at vide det, havde forfulgt lykken [...]. Nu forstod han, at han tværtimod havde ønsket at holde på kvinden, som han lod som om, han helst var fri for [...].[452]

Dieser Sinneswandel macht ihn empfänglich für übernatürliche Kräfte. Doch handelt es sich dabei nicht um die übermenschlichen Fähigkeiten, die Gebirgsgänger (*qivittut*) dem Glauben nach nach einiger Zeit in der Einsamkeit entwickeln. Nach seiner Metamorphose, die in einer als paranormal zu bezeichnenden Sequenz geschildert wird, begreift Ullioraq, dass unsichtbare Mächte ihn zum *angakkok*, einem vorchristlichen grönländischen Schamanen, gemacht haben, und dass Arnannguaqs Liebe die Kraft ist, die diese Verwandlung ermöglicht hat. Mit übernatürlichen Fähigkeiten ausgestattet, heilt Ullioraq seine Geliebte und kehrt mit ihr zum Wohnplatz zurück. Dort zeigt sich, dass der Verlust seiner gesamten Familie auch Saamik nicht unbeschadet gelassen hat. Er leidet an einer unerklärlichen Geisteskrankheit. Als der tot geglaubte Ullioraq im abschließenden Kapitel als *angakkok* zurückgekehrt und auch seinen

---

[451] Ebd., S. 50 [Hervorhebung im Original].

[452] Ebd., S. 79.

Bruder von dessen Leiden zu befreien vermag, sind alle bösen Kräfte besiegt, und am Wohnplatz herrschen nach den grausamen Begebenheiten der Vergangenheit Versöhnung und Harmonie.

Wie Hans Lynge selbst in seinem Vorwort zur grönländischen Erstausgabe von *Den usynliges vilje* schreibt, hat die mit der Blutrache verbundene Episode, die Auslöser für Ullioraqs spirituellen Entwicklungsprozess ist, eine wahre Begebenheit zur Vorlage.[453] In *Fra Grønland til Stillehavet* (»Von Grönland zum Stillen Ozean«) berichtet Knud Rasmussen über eine Begegnung mit einer ungewöhnlich harmonischen Inuit-Familie im nördlichen Kanada. Als ihm zu Ohren kommt, dass der liebevolle Ehemann den leiblichen Vater der beiden Söhne umgebracht hat, hofft Rasmussen, dass die Gegend christianisiert würde, bevor die Söhne die Wahrheit erführen, und die absehbare Tragödie auf diese Weise abgewendet werden könne. Hans Lynge fragte sich, was wohl geschehen würde, wenn das Christentum den abgelegen Ort nicht rechtzeitig erreichte. Das Resultat dieses Gedankenspiels ist *Den usynliges vilje.*

Wer der oder das Unsichtbare ist, dessen Willen sich die Einwohner des Wohnplatzes Puiatsi zu beugen haben – ob eine heidnische göttliche Instanz oder doch der antizipierte christliche Gott – bleibt in Lynges Roman im Unklaren. Auch worin dieser Wille besteht, erscheint verhandelbar. Als Leser folgen wir Ullioraqs Sichtweise auf den Glauben, die im Laufe des Romans einem Entwicklungsprozess unterworfen ist, der mit Ullioraqs Metamorphose zum *angakkok* zum Abschluss kommt, und der dem grundtvigianisch inspirierten Weg hin zu einer individuellen Glaubensausübung, den Frederik Nielsens Tuumarsi einschlägt, im Grunde genommen nicht unähnlich ist. Allein der vorchristliche Schauplatz verkompliziert die Situation. Kirsten Thisted weist darauf hin, dass die grönländische Sprache nicht zwischen den Artikeln *den* und *det* unterscheide[454], und Hans Lynge somit bewusst mit der doppelten Auslegbarkeit seines Romantitels spiele.[455] Die Übersetzung *Den usynliges vilje* lässt den Unsichtbaren als monotheistische – nahe liegender Weise christliche – Gottheit erscheinen, während grönländische Leser den Titel

---

[453] Diese Information ist zu finden in Petersen 2006, S. 100.

[454] Im Dänischen gibt es nur zwei grammatische Geschlechter. Während der Artikel *det* für das Neutrum steht, steht der Artikel *den* für das Utrum, eine den skandinavischen Sprachen (und dem Niederländischen) eigene gemeinsame Form für Maskulinum und Femininum.

[455] Vgl. Thisted 1990b, S. 96.

ebenso gut als »Det usynliges vilje« verstehen können, was Assoziationen mit den nicht an Gottheiten gebundenen spirituellen Kräften des heidnischen Glaubens im vorchristlichen Grönland hervorruft. Eine denkbare deutsche Übersetzung als »Der Wille des Unsichtbaren« würde Lynges offenbar bewusst gewählter Doppeldeutigkeit gerecht.

So sehr Ullioraq nach der vollstreckten Blutrache an der Richtigkeit der Tat zweifelt, ist er sich zunächst trotz allem sicher, den Willen des Unsichtbaren, erfüllt zu haben:

> Wenn er zurück dachte, an was sie getan hatten, konnte er nicht fassen, dass er dies hatte zu Ende führen können; auch wenn er damals meinte, dass er das Ganze reiflich durchdacht hatte, war er nun dazu geneigt, zu meinen, dass er unüberlegt und ohne Umsicht gehandelt hatte. Obgleich er noch immer der Überzeugung war, dass sie den Willen des Unsichtbaren vollstreckt hatten.
>
> Når han tænkte tilbage til det, de havde gjort, fattede han ikke, at han havde kunnet gennemføre det; selv om han dengang syntes, at han havde tænkt det hele så grundigt igennem, var han nu mest tilbøjelig til at mene, at han havde handlet uoverlagt og uden omtanke. Skønt han stadig var af den overbevisning, at de havde fuldbyrdet den usynliges vilje.[456]

Am Ende seines in den Bergen vollzogenen Reifeprozesses, der ihm nicht nur erlaubt, ein weiser Schamane zu werden, sondern ihn zugleich in ein selbstbestimmtes Individuum verwandelt, das unabhängig von durch die Gesellschaft oder den Glauben vorgegebenen Richtlinien darüber zu urteilen vermag, was richtig und was falsch ist, gewinnt Ullioraq eine andere Sichtweise auf den Willen des Unsichtbaren. Als während seiner mysteriösen Metamorphose hunderte kleiner Lichtkugeln auf ihn zuschießen, kommt er zu der Einsicht, dass sein Leidensweg vom Unsichtbaren vorherbestimmt ist, um seine Wandlung zum *angakkok* überhaupt zu ermöglichen. Hier heißt es:

> Anschließeend spürte er den Willen des Unsichtbaren auf sich ruhen, und er war nicht mehr bloß ein Mensch. Er begann zu begreifen, dass es, indem er/es ihn alles hatte aufgeben lassen, die Absicht des Unsichtbaren war, ihn zum *angakkok* zu machen. Nun erkannte er, dass die vielen Tage tiefer Verzweiflung die einleitende, vorbereitende Phase der Ausbildung gewesen waren.

---

[456] Lynge 1990, S. 49.

> [… B]agefter følte han den usynliges vilje hvilende på sig, og han var ikke længere blot et menneske. […] Han begyndte at forstå, at den usynliges hensigt med at lade ham forlade alting havde været, at gøre ham til angakkok […]. Han så nu at de mange dages dybe fortvivlelese havde været uddannelsens indledende, forberedende fase.[457]

Das Auferlegen von Prüfungen durch eine göttliche Instanz mit der Folge spiritueller Reifung ist ein der Welt des christlichen Glaubens zugehöriges Motiv. Auch die aus dem Zueinanderfinden Ullioraqs und Arnannguaqs abzuleitende Botschaft, dass die Liebe stärker als alles andere sei, ist im Christentum verortet. Die Liebe ist die größte der drei Teilwahrheiten, von denen Apostel Paulus im ersten Brief an die Korinther spricht.[458] In ihrer Analyse von Hans Lynges Roman kommt Lone Fredensborg zu dem Schluss, »dass in den Beschreibungen des menschlichen Problems, zwischen richtig und verkehrt zu unterscheiden, der ursprüngliche eskimoische Glaube der Vergangenheit und der christliche Glaube abwechselnd genutzt werden.«[459] Aus *Den usynliges vilje* lässt sich demnach ein Bemühen um eine ästhetische Vereinigung des vorchristlichen Glaubens mit dem Christentum herauslesen. Gemeinsam repräsentieren sie einen universellen Humanismus. Die durch einen der christlichen Erweckung ähnlichen Prozess ausgelöste Verwandlung Ullioraqs zum heidnischen Schamanen beschreibt ein Paradox und stellt zugleich die These auf, dass sich die religiöse Wertegrundlage der heidnischen grönländischen Gesellschaft nicht wesentlich von der des Christentums unterscheidet. Die Projektion christlicher Werte auf vorchristliche Gesellschaften hat in der europäischen Ideengeschichte Tradition. In den Ausführungen zu Hans Egedes Sicht auf die zu missionierenden Grönländer wurde in Kapitel 2.2 gezeigt, dass bereits die Philosophie des Augustinus von Hippo, einem der einflussreichsten Kirchenlehrer der Spätantike, davon ausging, dass alle Menschen gleichen Ursprungs seien, und es keine Zwischenstufen zwischen Mensch und Tier gebe. Die vermeintlich niedrigere kulturelle Entwicklungsstufe der als »wild« deklarierten Völker lasse sich durch eine aufgrund äußerer Umstände erfolgten Abkehr vom wahren Glauben erklären, hat man später aus

---

[457] Ebd., S. 83–85 (auf S. 84 befindet sich eine Illustration).

[458] Vgl. 1. Korinther 13, 12/13

[459] »[at] fortidens oprindelige eskimoiske tro og den kristne tro bruges skiftevis i beskrivelserne af menneskets problemer med at skelne mellem rigtigt og forkert.« Fredensborg 2002, S. 35.

dieser Weltsicht gefolgert. In der Antizipation des Christentums in *Den usynliges vilje* – an einer Stelle wird der christliche Gott sogar wörtlich erwähnt[460] – erkennen Karen Langgård und Kirsten Thisted grundtvigianische Einflüsse.[461] In *Nordens Mytologi* (»Mythologie des Nordens«) hatte N. F. S. Grundtvig 1832 die mittelalterliche nordische Sagenwelt auf eine Weise interpretiert, die den heidnischen Glauben der skandinavischen Ahnen im Gewand christlicher Werte erscheinen ließ. Wenn Hans Lynge in seinem Roman ein ähnliches Projekt verfolgt, setzt er damit die im kolonialen Diskurs als grausam und barbarisch diskreditierte heidnische Vergangenheit Grönlands auf eine Wertigkeitsstufe mit der den Dänen für die Konstruktion ihrer eigenen Nationalidentität bedeutsamen nordischen Mythologie. Zudem stellt die Anwesenheit christlicher Werte in Lynges Fiktion des vorkolonialen Grönlands die zivilisatorische Arbeit der Mission infrage, da es den Figuren seines Romans offensichtlich auch ohne die Hilfe dänischer Missionare gelingt, christliche Erkenntnis zu erlangen. Kirsten Thisted stellt dazu fest:

> In Lynges Roman glänzen die von außen kommenden Vermittler durch Abwesenheit; hier kann Gott direkt mit dem Grönländer kommunizieren, der es versteht, selbst seine Schlüsse aus der Erfahrung der Begegnung zu ziehen und dementsprechend zu handeln. Auf dise Weise wird mit der gesamten Mutter-Kind-Metaphorik gebrochen, die zu dieser Zeit fortwährend zur Beschreibung des Verhältnisses Dänemark/Grönland angewendet wurde.
>
> I Lynges roman glimrer de udefra kommende formidlere [...] ved deres fravær; her kan Gud kommunikere direkte til grønlænderen, som selv kan finde ud af at konkludere på erfaringerne fra mødet og handle i forhold dertil. Dermed gøres der op med hele den mor/barn-metaforik, der på den tid bestandig anvendtes til at beskrive forholdet mellem Danmark/Grønland.[462]

Nicht nur bei etwaigen Lesern aus den Reihen der Kolonialverwaltung dürfte *Den usynliges vilje* Befremden ausgelöst haben. Auch für die zeitgenössische grönländische Leserschaft hielt Hans Lynges Roman Verwunderungsmomente bereit. Während die Frage nach dem Stellenwert der indigenen Kultur großen Raum innerhalb der lebhaft geführten Iden-

---

[460] Vgl. Lynge 1990, S. 17.

[461] Vgl. Langgård 1998, S. 99 sowie Thisted 1990b, S. 98.

[462] Ebd., S. 106.

titätsdebatten der grönländischen Elite einnahm, herrschte über die Ablehnung der heidnischen Elemente der eigenen Vergangenheit weitgehend Konsens. Schließlich waren die Akteure der Debatten der ersten Hälfte des 20. Jahrhunderts größtenteils ausgebildete Katecheten und somit Vertreter der protestantischen Kirche, die dazu neigten, den Teil der dänischen Repräsentationspraxis zu reproduzieren, im Rahmen dessen der heidnische Glaube der vorkolonialen Inuit als grausam und barbarisch erschien. Beispiele für derartige Darstellungen sind in den Romanen Mathias Storchs, Augo Lynges und Frederik Nielsens zu finden. Das Ausbleiben der übermenschlichen Kräfte im Fall des tragischen *qivittoq* Silas, Erik Hansens Unverständnis für das Interesse seiner Schwester an den Mythen und Sagen und der vorchristliche Fluch, der auf Tuumarsis Familie lastet, sind Belege für eine negativ konnotierte literarische Repräsentation heidnischer Traditionen und Praktiken. Zunächst gewinnt man den Eindruck, als würde sich Hans Lynges *Den usynliges vilje* in diese Galerie einfügen. Das unumstößliche Gebot der Blutrache, dem jegliche Form der Gnade fremd ist, erscheint in Lynges Roman so grausam und herzlos, dass der Leser sofort Sympathien für Ullioraq gewinnt, der als einzige Romanfigur an dieser vorchristlichen gesellschaftlichen Ordnung zu zweifeln beginnt. Als Ullioraq im weiteren Verlauf der Handlung eine durch Selbstreflexion ausgelöste psychologische Entwicklung erfährt, die Assoziationen mit den der zeitgenössischen Leserschaft mittlerweile vertrauten religiösen Erweckungen aus *En grønlænders drøm* und *Tuumarsi* hervorruft, fühlt sich der Rezipient in der Annahme gefestigt, dass sich Ullioraq am Ende seiner Reifung dafür entscheiden wird, in dem Unsichtbaren einen antizipierten christlichen Gott zu erkennen. Umso größer ist das Erstaunen, als der Protagonist nicht als frommer Christ zum Wohnplatz zurückkehrt, sondern als heidnischer Schamane, mit dessen Position der koloniale Diskurs seit Hans Egedes erfolgreichem Kampf gegen die *angakkut* sämtliche Barbareien des vorchristlichen »eskimoischen« Aberglaubens in Verbindung brachte.

Wie schon im Fall von Frederik Nielsens *Tuumarsi* festzustellen war, nutzt auch Hans Lynge den in der indigenen Inuit-Kultur angesiedelten Schauplatz nicht zur Idealisierung oder Romantisierung verloren gegangener Traditionen. *Den usynliges vilje* ist – dies sei als Randnotiz angemerkt – der erste grönländische Roman, in dem keine einzige Robbe vorkommt. Überhaupt verzichtet Lynge auf detaillierte Schilderungen von Alltagspraktiken der traditionellen Gesellschaft, denen in späteren grönländischen Romanen wie etwa Otto Rosings *Taseralik* (1955)[463] erheblicher Raum geboten wird. Anstelle von Handlung überwiegen bei Lynge metaphernreiche Naturbilder und innere Monologe Ullioraqs, die die psychologische Entwicklung des Protagonisten illustrieren. Lone Fredensborg stellt daher fest, dass *Den usynliges vilje* aus narratologischen Gesichtspunkten eher an den bürgerlichen europäischen Roman als an die traditionelle grönländische Erzählkultur erinnere[464], zu der die anderen hier behandelten Romane vielfältige Assoziationen erwecken. Ein weiterer Topos, der *Den usynliges vilje* mit Frederik Nielsens *Tuumarsi* verbindet, ist die individualisierte Glaubensausübung, die am Ende der Erweckungsprozesse steht, die die Protagonisten durchlaufen, und die es dem Einzelnen ermöglicht, seinen Glauben frei von der Enge religiöser Institutionen und Rituale an die persönlichen Bedürfnisse anzupassen. Nach einer solchen Entwicklung lässt das Individuum vermeintlich unumstößliche Normen und Gesetze – wie etwa das Gebot der Blutrache in Lynges Roman und das sonntägliche Jagdverbot in *Tuumarsi* – nicht mehr unhinterfragt, sondern nimmt sich das Recht heraus, selbst darüber zu entscheiden, was richtig und was falsch ist. Die Autonomie des Individuums, die Frederik Stjernfelt in seiner oben zitierten Kulturalismuskritik als eines der wichtigsten Güter der Aufklärung verteidigt[465], setzt sich gegen den Normativitätsdruck eines institutionalisierten Glaubens durch.

Der im Verlauf der ersten Hälfte der Handlung in Arnannguaq reifende Entschluss, Ullioraq in die Berge zu folgen, um ihm ihre Liebe zu gestehen und ihn auf diese Weise von seiner Entscheidung für den *qivittoq*-Gang abzubringen, beschreibt einen ähnlichen Prozess der individuellen Befreiung aus vorgegebenen Normen. Nach Ullioraqs Verschwinden fragt sich das Mädchen, mit sich selbst ringend, ob »eine ehrbare grönländische Frau zu einem fremden Mann gehen und ihm ihre Gefühle gestehen könne«[466], und kommt zunächst zu dem Schluss, dass dies »bestimmt nicht sein dürfe«.[467] Erklärend fügt der Erzähler hinzu: »Da-

---

[463] Vgl. Rosing 2005. Taseralik ist ein Ortsname.

[464] Vgl. Fredensborg 2000, S. 27.

[465] Vgl. Bozic 2010, S. 10

[466] »en ærbar grønlandsk kvinde [kunne] gå til en fremmed mand og erklære sine følelser« Lynge 1990, S. 59.

[467] »bestemt ikke gik an« ebd.

mals kannte man keine Verlobungen, und von den Frauen wurde erwartet, dass sie sich abwartend verhielten.«[468] Erst Arnannguaqs Ignorieren der gesellschaftlichen Erwartungen an eine grönländische Frau und ihre Entscheidung, die Gestaltung der persönlichen Zukunft frei von äußerlichen Zwängen selbst in die Hand zu nehmen, befähigt Ullioraq zu seiner geheimnisvollen Metamorphose und rettet ihm auf diese Weise das Leben.

Die in *Den usynliges vilje* vollzogene Vereinigung von heidnischem und christlichem Glauben, beziehungsweise die von Kirsten Thisted als ketzerisch eingestufte Hypothese, dass antizipierte christliche Werte auch der vorkolonialen Inuit-Kultur inhärent gewesen seien, stellt einen neuen Beitrag innerhalb der literarischen Verhandlung von Identität und Nation dar. Während sich die individualisierte Glaubensausübung im Fall von Frederik Nielsens Tuumarsi innerhalb der Grenzen der christlichen Religion bewegt, verfügt Hans Lynges Ullioraq über zwei Reservoirs, aus denen er bei der Genese seiner persönlichen Auffassung von Religion und Spiritualität schöpfen kann. Ebenso wenig, wie Frederik Nielsen mit seiner Rehabilitierung der traditionellen Jägerkultur zum Bestandteil grönländischer Identität zur von der Kolonialverwaltung forcierten diskursiven Verknüpfung von Nation und »nationalem Gewerbe« beitragen möchte, ist es Hans Lynges Anliegen, mittels der Akzentuierung von positiv konnotierten Werten der vorchristlichen Kultur zum Anführer einer neuheidnischen Bewegung im christianisierten Grönland zu avancieren. Das Christentum als Wertegrundlage der grönländischen Gesellschaft wird durch *Den usynliges vilje* keineswegs infrage gestellt. Vielmehr ist Hans Lynge darum bemüht, aufzuzeigen, dass die Grönländer auch vor dem ersten Kontakt mit der Kolonialmacht bereits über eine eigene Spiritualität verfügten, die einen würdigen Platz im kollektiven Gedächtnis der sich im Entstehen befindlichen grönländischen Nation verdient hat. Durch die Befreiung des vorchristlichen Glaubens aus seiner einseitig negativen Repräsentation eröffnet sich ein »dritter Raum«, den jeder Grönländer – wie es die spirituellen Hybride in *Den usynliges vilje* tun – selbstbestimmt und individuell mit einer persönlichen Glaubensauffassung füllen kann, ohne dabei an das Primat des Christentums gebunden zu sein.

---

[468] »Dengang kendte man ikke til forlovelser, og kvinderne forventedes at forholde sig afventende.« Ebd.

5 Zusammenfassung

Die Entstehung einer von Grönländern verfassten grönländischsprachigen Literatur ist eng mit der aus Europa nach Grönland überführten Katecheteninstitution verbunden, die der dänischen Kolonialverwaltung als Werkzeug bei Missionierung und Kolonialisierung dienen sollte, aus der die jungen Katecheten jedoch noch anderweitigen Nutzen zu ziehen wussten.[469] Insbesondere mit der Formalisierung der Ausbildung durch die Errichtung zweier zentraler Lehranstalten, der Seminare in Godthåb (Nuuk) und Jakobshavn (Ilulissat), konstituierte sich um die Mitte des 19. Jahrhunderts in Grönland erstmals eine intellektuelle Bevölkerungsschicht, die es nicht nur verstand, die von dem ehemaligen Herrnhuter Missionar Samuel Kleinschmidt entwickelte grönländische Schrift zu lesen, sondern zudem in der Lage war, sich dieser Schrift selbst auf eloquente Weise zu bedienen. Der zeitgleiche Beginn grönländischer Mitbestimmung in politischen Gremien und die Etablierung eines Druckerei- und Zeitungswesens führte die vormals lokal orientierte grönländische Bevölkerung als vorgestellte Gemeinschaft auf nationaler Ebene zusammen.[470] Dieser Einigungsprozess wurde zu Beginn des 20. Jahrhunderts durch die Gründung erster landesweit agierender Vereine befördert. Die von Grönländern initiierte Erweckungsbewegung *Peqatigiinniat* manifestierte den grundtvigianisch inspirierten Protestantismus als festes Fundament der zusammenwachsenden grönländischen Nation.[471] Trotz der Zensur durch das Kolonialinspektorat avancierte die Zeitung *Atuagagdliutit* für die neue grönländische Bildungselite zu einem Medium des politischen Austauschs. Wie in vielen kolonialen und postkolonialen Gesellschaften, in denen die (akademische) Geschichtsschreibung aus Gründen des mangelhaften Zugangs zu höherer Bildung und sich in der Kolonialzeit manifestierender wirkmächtiger Machtasymmetrien europäischen Wissenschaftlern vorbehalten war, die bis in die jüngere und jüngste Vergangenheit nicht frei von im kolonialen Diskurs generierten eurozentristischen Sichtweisen waren[472], nutzten auch die grönländi-

---

[469] Vgl. Thuesen 2007, S. 343.

[470] Vgl. Anderson 2006.

[471] Vgl. Thuesen 1988.

[472] Siehe hierzu etwa Csonka 2005 sowie Seiding 2007; die Autorin beschäftigt sich hier mit der einschlägigen dreibändigen Grönlandgeschichte (1967–1976) des dänischen Historikers Finn Gad aus postkolonialer Perspektive.

schen Intellektuellen die Literatur von Beginn an als Medium der diskursiven Verhandlung von Nation und Identität. Damit platzierten sie sich in einem »Third space of enunciation«[473], in dem es ihnen einerseits möglich war, aus Sicht der Kolonialverwaltung als nützliche Handlanger des Missionsvorhabens und als Legitimationsmittel der kolonialen Expansion zu erscheinen, und in dem sie andererseits – dank der von dänischer Seite bereitgestellten Bildungsmöglichkeiten – in die Lage versetzt wurden, die koloniale Logik partiell zu dechiffrieren und mit subtil formulierten Ideen zur Überwindung von Ungleichheit und zur Bildung einer aus handlungsmächtigen Individuen bestehenden selbstbewussten Nation an die Öffentlichkeit zu treten. Mimikry ist der Terminus, den Homi Bhabha zur Beschreibung dieser ambivalenten Position entwickelt hat.

Dass das europäische Genre des Romans erst relativ spät seinen Weg nach Grönland fand, hängt damit zusammen, dass der Seminarunterricht – wohl aus dem paternalistischen, zur Pathologisierung hybrider Zwischenpositionen neigenden Gedanken, die jungen Katecheten nicht ihrer eigenen Kultur zu entfremden[474] – zunächst ausschließlich in grönländischer Sprache abgehalten wurde, und das Dänische, das den Grönländern ein Tor zur europäischen Literatur- und Ideengeschichte öffnete, erst ab den Zwanziger Jahren verstärkt Gegenstand des Seminarkurrikulums wurde. Schon bald nachdem ersten Absolventen des Godthåber Seminars die Möglichkeit zu weiterführenden Ausbildungsaufenthalten in Dänemark eröffnet wurde, während derer sie nicht nur die dänische Sprache erlernten, sondern auch mit der europäischen Literatur und ihren Genres vertraut wurden, hielt auch der Roman Einzug in die sich im Entstehen befindliche grönländische Nationalliteratur und wurde von den ersten grönländischen Romanautoren als ein Medium genutzt, mittels dessen die in nichtfiktionalen Texten sowie in Liedern und Gedichten begonnene (literarische) Verhandlung von Identität und Nation fortgeführt wurde. Auf welche Weise und in welchem Umfang die ersten grönländischen Romane, deren politische Botschaften für den heutigen Rezipienten nicht zu übersehen sind, von zeitgenössischen Lesern, von denen der größte Teil nicht der gebildeten Schicht der Katecheten angehörte, rezipiert worden sind, bleibt bis heute ein Forschungsdesiderat. Zwar lässt sich aus der wissenschaftlich dokumentierten allgemeinen

---

[473] Bhabha 2004, S. 54.

[474] Vgl. Thuesen 2007, S. 343.

Leselust der weitestgehend alphabetisierten Grönländer in Bezug auf die Zeitungen und die von der Kolonialverwaltung herausgegebenen religiösen Schriften[475] die Vermutung ableiten, dass auch die ersten grönländischen Romane auf ein großes Leserpublikum gestoßen sein dürften, doch gibt es – meinem Kenntnisstand nach – bislang kaum Erkenntnisse darüber, wie die in den Romanen angestoßenen Debatten in der breiteren Bevölkerung fortgeführt wurden. Da auch die vorhandenen öffentlichen Medien zu Kolonialzeiten kein Forum für einen unzensierten Meinungsaustausch boten, kann die literarische Rezeptionsforschung nur hoffen, dass nach den zu Beginn des Jahrtausends aufgetauchten privaten Aufzeichnungen Peter Gundels (1895–1931), Autor und Zeitgenosse Mathias Storchs[476], noch weitere nicht für eine Veröffentlichung bestimmte Quellen auffindbar werden, aus denen sich möglicherweise Rückschlüsse auf die tatsächliche zeitgenössische Rezeption und Auslegung der Anfänge der grönländischen Romanliteratur ziehen lassen.

In den Romananalysen in Kapitel 3 wurden Mathias Storchs *En grønlænders drøm* und Augo Lynges *Trehundrede år efter …* in ein Verhältnis zu einer zwischen 1910 und 1920 in Zeitungen und Poesie ausgetragenen Debatte um die Bestimmung von *kalaliussuseq*, der grönländischen Nationalidentität, gesetzt, die im Diskurs der dänischen Kolonialverwaltung und seiner Reproduktion durch Teile der grönländischen Bevölkerung bislang untrennbar mit dem zum »nationalen Gewerbe« erklärten subsistenzwirtschaftlichen Robbenfang verbunden war. Indem sie ihre Protagonisten, beide Figurationen des modernen Grönländers, religiösnationale Erweckungsprozesse durchlaufen lassen beziehungsweise als weltgewandte, selbstbestimmte Individuen in einer von kolonialen Hierarchien befreiten Gesellschaft zeichnen, stellen die Autoren der ersten beiden grönländischen Romane der an die als zivilisatorisch unterlegen konnotierte traditionelle Inuit-Kultur gebundene Auffassung von *grønlandskhed* ein Gegennarrativ zur Seite und entwerfen – unterstützt durch zahlreiche belehrende Passagen – Anleitungen für eine grönländische Nationsbildung, als deren Ziel die Überwindung des kolonialen Abhängigkeitsverhältnisses und der asymmetrischen Verteilung von Handlungsmacht erklärt wird. Während das in dänischen Repräsentationen verbreitete essentialistische Bild der Grönländer als beschützenswertes, da zur Zivilisierung ungeeignetes Naturvolk vehement zu wider-

[475] Vgl. u. a. Frandsen 1999.

[476] Vgl. Tolbøll 2004 sowie Thisted 2004b.

legen versucht wird, reproduzieren die Romane Storchs und Lynges ein evolutionistisches Kulturverständnis, im Rahmen dessen das Erreichen einer der dänischen Gesellschaft ähnlichen kulturellen Entwicklungsstufe als Strategie zur Herstellung von Gleichberechtigung erscheint. Obwohl sich der an Storch und Lynge gerichtete Vorwurf der Befürwortung einer Assimilation an die Kultur der Kolonialmacht nicht gänzlich entkräften lässt, konnte ein kontrapunktisches Lesen ihrer Romane subversive Potentiale sichtbar machen. So entpuppte sich die in *En grønlænders drøm* gegebene Anleitung zur Nutzung der seitens der Kolonialverwaltung eröffneten Handlungsspielräume als Projekt der Mimikry, deren Ziel die Nutzbarmachung kolonialer Institutionen für eigene Belange ist. Die in der Zukunftsvision gezeichnete grönländische Gesellschaft, in der es keine Dänen mehr gibt, ist ein Beleg dafür, dass grönländische Eliten schon zu einer Zeit, als die Zensur jedwede schriftliche offen separatistische Äußerung verhinderte, Vorstellungen von einem unabhängigen grönländischen Staat hatten. Augo Lynges Vision einer zukünftigen Gesellschaft, in der Hybridität zum Werkzeug der Überwindung von an ethnische Kriterien geknüpften Machtasymmetrien erklärt wird, führt gemeinsam mit dem in seinem Roman gezeichneten Bild Grönlands als ein anderen Gesellschaften ebenbürtiger Teil einer global vernetzten Welt zu einer Abstraktion der sozialen Welt von physisch-geographischen Räumlichkeiten und lässt somit den Nationalstaat schon lange vor Abschluss von dessen diskursivem Konstruktionsprozess obsolet erscheinen.[477]

Die Analyse der Romane Frederik Nielsens und Hans Lynges in Kapitel 4 hat ergeben, dass sich *Tuumarsi* und *Den usynliges vilje* weniger deutlich als direkte Beiträge zu einer literarischen Verhandlung von Nationsbildung präsentieren als ihre beiden Vorläufer. Die Kontrastierung mit Mathias Storchs und Augo Lynges Romanen konnte jedoch den dialogischen Charakter der frühen grönländischen Romanliteratur sichtbar machen. Die Wahl der sich innerhalb der traditionellen Inuit-Kultur verortenden Schauplätze ist vor diesem Hintergrund als eine selbstbewusste Rehabilitierung des Teils der grönländischen Identität zu verstehen, der auf der eigenen Vergangenheit der grönländischen Nation beruht, und dem in den evolutionistischen Nationsbildungsvisonen der beiden ersten grönländischen Romane kein Raum gewährt wurde. Dem in *En grønlænders drøm* und *Trehundrede år efter …* reproduzierten Teil

[477] Vgl. Leggewie 2000, S. 883.

dänischer Repräsentationspraxis, der Kultur und Lebensweise der Grönländer vor der Interaktion mit den Europäern und die durch sie ausgelöste zivilisatorische Einflussnahme als brutal und barbarisch erscheinen ließ, wird bei Nielsen und Hans Lynge ein Korrektiv zur Seite gestellt, das als Ausdruck eines gefestigten Nationalbewusstseins interpretiert werden kann, in dessen Rahmen Fortschrittsdenken und eine würdige Platzierung der eigenen Geschichte im kollektiven Gedächtnis einander nicht mehr ausschließen. Die in *Den usynliges vilje* vollzogene Antizipation christlicher Werte im vorkolonialen Grönland räumt zudem der im dänischen wie im zeitgenössischen grönländischen Diskurs allenthalben geschmähten heidnischen Vergangenheit einen Anteil an der einem kontinuierlichen Entwicklungsprozess unterworfenen grönländischen Nationalidentität ein.

Schon die allen vier Romanen gemeinsame Charakterisierung der Protagonisten als selbstreflektierende unabhängige Individuen, die als solche trotz der höchst unterschiedlichen Handlungszeiträume der selbstbestimmten modernen Nation zugehörig sind, sowie die Abwesenheit von romantisierend verklärenden Beschreibungen der traditionellen Jägerkultur dienen als Belege dafür, dass auch den in der Vergangenheit spielenden Werken Frederik Nielsens und Hans Lynges kein essentialistisches Kulturverständnis zugrunde liegt, das verloren gegangene indigene Traditionen in Abgrenzung zur zunehmend verhassten Kultur der Kolonialmacht zelebriert, und das als typisch für eine bestimmte Entwicklungsphase (post-)kolonialer Literaturen angesehen wird.[478] Auch die grönländische Literatur hat eine solche Epoche durchlaufen, allerdings erst nachdem sich nach der auf Drängen der Vereinten Nationen[479] vollzogenen Aufhebung des Kolonialstatus gezeigt hatte, dass die mit der dänischen Verfassungsänderung von 1953 schriftlich fixierte Gleichberechtigung zwischen Dänen und Grönländern allenfalls auf dem Papier Bestand hatte. Als in den Fünfziger und Sechziger Jahren Tausende dänische Handwerker nach Grönland kamen, um die gewaltigen Infrastrukturprojekte der dänischen Modernisierungs- und Zentralisierungspolitik umzusetzen, begegneten die Grönländer einer neuen Form von Ungleichberechtigung, die sie mit dem Ende der kolonialen Ära überwunden zu haben glaubten. Vor allem die Tatsache, dass die dänischen Arbeiter allein ihrer Herkunft wegen um ein Vielfaches höhere Löhne

[478] Vgl. Fanon 1981, S. 188; Thisted 1990b, S. 102 sowie Arke 2010.

[479] Vgl. Petersen 2004, S. 19.

erhielten als ihre grönländischen Kollegen, beflügelte den sich nun offen separatistisch gerierenden Nationalismus[480], der im Jahr 1979 in die Implementierung der *hjemmestyre* mündete, und dessen sukzessive Ausbreitung von einer politischen Literatur begleitet wurde, die erstmals in der Geschichte der literarischen Verhandlung von grönländischer Identität das Kriterium der Ethnizität zum Markeur von *grønlandskhed* erhob und den »edlen Wilden« ein literarisches Comeback feiern ließ.[481]

Auch in Politik und Diskurs der postkolonialen Gesellschaft des selbstverwalteten Grönlands bleibt eine essentialisierte vermeintlich genuin grönländische Kultur wesentlicher Bestimmungsfaktor nationaler Identität. Die Omnipräsens des Ethnischen in gegenwärtigen Identitätsdebatten hat den norwegischen Anthropologen Terje Olsen dazu veranlasst, das von Pierre Bourdieu in *Die feinen Unterschiede* entwickelte Modell verschiedener Kapitalsorten um ein »ethnisches Kapital« zu erweitern, um auf diese Weise gesellschaftsinterne Abgrenzungsmechanismen im heutigen Grönland besser beschreiben zu können.[482] In eine ähnliche Richtung weisen die Untersuchungen des Politikwissenschaftlers Ulrik Pram Gad, der seinem Aufsatz zur postkolonialen Identitätssuche im gegenwärtigen Grönland in Abwandlung des Titels von Ashcrofts, Griffiths und Tiffins einflussreicher Studie *The Empire Writes Back* den pointierten Untertitel »When the empire dichotomizes back« verleiht.[483]

Wie schon einmal vor fast hundert Jahren scheint auch heute die grönländische Literatur, die inzwischen einen *intermedial turn* erfahren hat und Unterstützung durch die bildenden Künste erhält[484], der Ort zu sein, an dem Fragen nach Identität und kultureller Selbstverortung innerhalb eines von Kulturdeterminismen verkrusteten Identitätsdiskurses neu zur Verhandlung gestellt werden. Das seit langer Zeit erfolgreichste Buch auf dem grönländischen Markt ist Julie Edel Hardenbergs dreisprachiger Fotoband *Den stille mangfoldighed* (»Die stille Vielfalt«)[485], der im Jahr

---

[480] Vgl. Thomsen 1998, S. 39–43.

[481] Vgl. Pedersen 1997.

[482] Vgl. Olsen 1997. Bourdieu unterscheidet in seinem Hauptwerk *Die feinen Unterschiede* zwischen ökonomischem, sozialem und kulturellem Kapital, um habituelle Abgrenzungsmechanismen zwischen einzelnen Bevölkerungsschichten zu beschreiben (vgl. Bourdieu 2007).

[483] Vgl. Gad 2009.

[484] Siehe hierzu Trondhjem 2008.

[485] Hardenberg 2005.

2006 als grönländischer Beitrag für den Literaturpreis des Nordischen Rats nominiert war.[486] Zu Hardenbergs Werk, das zu einem großen Teil aus Portraits von Mitgliedern einer durch Heterogenität und Hybridität geprägten postkolonialen Gesellschaft besteht, und das kontinuierlich darum bemüht ist, grönländische Selbst- und Fremdbilder zu bedienen, um sie im nächsten Augenblick zu dekonstruieren und ad absurdum zu führen, stellt die Kunst- und Literaturwissenschaftlerin Lill-Ann Körber treffend fest:

> The Greenland that Hardenberg envisions makes the very best out of the historical coincidence of a decolonising and nation building process with today's wave of globalization. It is a vision of a simultaneously globalized and locally anchored Greenland that is open for anyone as long as there is equality. The highly contested question of who counts as a Greenlander is answered in a seemingly simple manner: anyone is invited.[487]

Diese Antwort auf die Frage nach der Essenz von *kalaliussuseq*, der Summe dessen, was es ausmacht, ein Grönländer zu sein, dürfte den Autoren der Romane, in denen sie zu Beginn des 20. Jahrhunderts erstmals literarisch verhandelt wurde, gefallen haben. Die großen Themen der grönländischen Literatur – Nationsbildung, Identität und Überwindung (post-)kolonialer Machtasymmetrien – sind heute die gleichen wie vor hundert Jahren. Dazu, dass sie im frühen 21. Jahrhundert von Mitgliedern einer selbstverwalteten, weitgehend autonomen und völkerrechtlich anerkannten Nation diskutiert werden können, haben auch die Romane Mathias Storchs, Augo Lynges, Frederik Nielsens und Hans Lynges ihre bescheidenen Beiträge geleistet.

---

[486] Vgl. Körber 2011, S. 187.

[487] Ebd., S. 199.

6 Literaturverzeichnis

Anderson, Benedict (2006) [1983]: *Imagined Communities. Reflections on the Origin and Spread of Nationalism.* London.

Arke, Pia (2010) [1995]: *Ethno-Aesthetics/Etnoæstetik.* København.

Ashcroft, Bill (2001): *Post-Colonial Transformation.* London/New York.

Ashcroft, Bill u. a. (2002) [1989]: *The Empire Writes Back. Theory and practice in post-colonial literatures.* London/New York.

Barth, Fredrik (1998) [1969]: »Introduction.« In: Ders. (Hg.): *Ethnic Groups and Boundaries. The Social Organization of Cultural Difference.* Long Grove, Illinois, S. 9–38.

Bech, Henning u. Anne Scott Sørensen (Hgg.) (2005): *Kulturen på kryds og tværs.* Århus.

Behschnitt, Wolfgang (2006): *Wanderungen mit der Wünschelrute. Landesbeschreibende Literatur und die vorgestellte Geographie Deutschlands und Dänemarks im 19. Jahrhundert.* (= Identitäten und Alteritäten; 23) Würzburg.

Berthelsen, Christian (1976): »Det at være grønlænder. Fra en debat i begyndelsen af det 20. århundrede.« In: *Tidsskriftet Grønland.* (1976:4), S. 117–121.

Berthelsen, Christian (1980): »Forord.« In: Frederik Nielsen: *Tuumarsi. Roman om en vestgrønlandsk fangerfamilie.* København, S. 5–9.

Berthelsen, Christian (1983): *Grønlandsk litteratur. Kommenteret antologi.* København.

Berthelsen, Christian (1986): »Greenlandic Literature: Its Traditions, Changes and Trends.« In: *Arctic Anthropology.* (1986:1/2), S. 339–345.

Berthelsen, Christian (1988): »Main themes in Greenlandic literature.« In: *Folk.* (1988:30), S. 133–148.

Bhabha, Homi K. (2004) [1994]: *The Location of Culture.* London/New York.

Die Bibel mit Erklärungen. Übersetzt von Hans Bruns. (1997) [1962] Gießen.

Bjørnson, Bjørnstjerne (1915) [1858]: »Arne.« In: Ders.: *Fortællinger.* Første Del. Kristiania/København, S. 3–116.

Bjørst, Lill Rastad (2008): *En anden verden. Fordomme og stereotyper om Grønland og Arktis.* København.

Blaagaard, Bolette B. (2010): »Remembering Nordic Colonialism: Danish Cultural Memory in Journalistic Practice.« In: Serena Maurer u. a. (Hgg.): *Nordic Colonial Mind.* Roskilde, S. 101–121.

Boel, Jens u. Søren T. Thuesen (1993): »Grønland og den store verden: 2. verdenskrigs betydning for det dansk-grønlandske forhold.« In: *Grønlandsk Kultur- og Samfundsforskning.* (1993), S. 34–61.

Bohnen, Klaus (Hg.) (1980): *Der Essay als kritischer Spiegel. Georg Brandes und die deutsche Literatur. Eine Aufsatz-Sammlung.* Königstein/Ts.

Bonde, Hans (2008): »Den vitalistiske sport.« In: Gertrud Hvidberg-Hansen u. Gertrud Oelsner (Hgg.): *Livslyst. Sundhed–Skønhed–Styrke i dansk kunst 1890–1940.* Fuglsang Kunstmuseum u. Fyns Kunstmuseum, S. 88–105.

Bourdieu, Pierre (2007) [1979]: *Die feinen Unterschiede. Kritik der gesellschaftlichen Urteilskraft.* [*La Distinction. Critique social du jugement*]. Frankfurt am Main.

Bozic, Ivo (2010): »Der Kulturalismus ist eine reaktionäre Kraft.« [Interview mit Frederik Stjernfelt] In: *Jungle World.* 14 (2010:48), S. 10f.

Brady, Emily (2008): »The Sublime and Contemporary Aesthetics.« In: Æsa Sigurjónsdóttir (Hg.): *Draumar um ægifegurð í islenskri samtímalist.* Reykjavík, S. 49–55.

Brandes, Georg (1900a) [1871]: [Einleitung zu] »Die Emigrantenlitteratur.« In: Ders.: *Die Hauptströmungen der Litteratur des neunzehnten Jahrhunderts. Vorlesungen, gehalten an der Kopenhagener Universität.* Übersetzt und eingeleitet von Adolf Strodtmann. Bd. 1. Charlottenburg, S. 1–16.

Brandes, Georg (1900b) [1871]: »Hovedstrømninger i det 19. Aarhundredes Litteratur.« In: Ders.: *Samlede Skrifter.* Fjerde Bind. Kjøbenhavn, S. 1–13.

Bronfen, Elisabeth u. Benjamin Marius (1997): »Hybride Kulturen. Einleitung zur anglo-amerikanischen Multikulturalismusdebatte.« In: Dies. u. Therese Steffen (Hgg.): *Hybride Kulturen. Beiträge zur anglo-amerikanischen Multikulturalismusdebatte.* Tübingen, S. 1–30.

Burke, Edmund (2008) [1757]: *A Philosophical Enquiry into the Sublime and Beautiful.* London/New York.

Butler, Judith (1997): *Excitable Speech. A Politics of the Performative.* New York.

Campbell, John L. u. a. (Hgg.) (2006): *National Identity and the Varieties of Capitalism. The Danish Experience.* Montreal u. a.

Chrisman, Laura u. Patrick Williams (Hgg.) (1994): *Colonial Discourse and Post-Colonial Theory: A Reader.* New York.

Christiansen, Lene Bull u. a. (Hgg.) (2004): *Assimilationens poler. Grønland og aboriginalt Australien i et postkolonialt perspektiv.* (= Kult; 1) Roskilde.

Christiansen, Lene Bull u. a. (Hgg.) (2006): *Jagten på det eksotiske.* (= Kult; 3) Roskilde.

Conrad, Joseph (1994) [1902]: *Heart of Darkness.* London.

Csonka, Yvon (2005): »Changing Inuit Historicities in West Greenland and Nunavut.« In: *History and Anthropology.* 16 (2005:3), S. 321–334.

Dorestal, Philipp (2005): »Apostel der Gewalt oder revolutionärer Humanist? Zur Aktualität von Frantz Fanon anlässlich seines 80. Geburtstags.« In: *Analyse und Kritik. Zeitung für linke Debatte und Praxis.* 35 (2005:496), S. 3.

Dreyfus, Hubert L. u. Paul Rabinow (Hgg.) (1982): *Michel Foucault. Beyond Structuralism and Hermeneutics.* Chicago.

Duedahl, Poul (2003): »Dansk raceantropologi i Grønland.« In: *Historisk Tidsskrift.* (2003:2), S. 335–358.

Egede, Hans (1984) [1741]: *Det gamle Grønlands ny Perlustration eller Naturel-Historie.* København.

Eglinger, Hanna u. Annegret Heitmann (2010): *Landnahme. Anfangserzählungen in der skandinavischen Literatur um 1900.* Paderborn.

Eriksen, Jens-Martin u. Frederik Stjernfelt (2008): *Adskillelsens politik. Multikulturalisme – ideologi og virkelighed.* København.

Fanon, Frantz (1981) [1961]: *Die Verdammten dieser Erde.* [*Les Damnés de la Terre*]. Frankfurt am Main.

Fanon, Frantz (1985) [1952]: *Schwarze Haut, weiße Masken.* [*Peau noire, masques blancs*]. Frankfurt am Main.

Ferro, Marc (Hg.) (2004): *Le livre noir du colonialisme. XVIe – XXIe siècle: de l'extermination à la repentance.* Paris.

Fienup-Riordan, Ann (2003) [1990]: *Eskimo Essays. Yup'ik Lives and how we See them.* New Brunswick/London.

Fleischer, Jørgen (2003): *A Short History of Greenland.* Copenhagen.

Forchhammer, Ellen (2004): *Kære Knud. Kredsen omkring den unge Knud Rasmussen.* Nuuk.

Foucault, Michel (1981) [1969]: *Archäologie des Wissens.* [*L'Archéologie du savoir.*] Frankfurt am Main.

Foucault, Michel (1982): »Why study Power: The Question of the Subject.« In: Hubert L. Dreyfus u. Paul Rabinow (Hgg.): *Michel Foucault. Beyond Structuralism and Hermeneutics.* Chicago, S. 208–216.

Foucault, Michel (1991) [1971]: *Die Ordnung des Diskurses.* [*Le´Ordre du discours.*] Frankfurt am Main.

Frandsen, Niels (1999): »Lært at læse – og hvad så? Grønlandske bøger i Nordgrønland 1791–1850.« In: *Grønlandsk Kultur- og Samfundsforskning.* (1998/1999), S. 201–215.

Fredensborg, Lone (2000): »Hans Lynges roman Ersinngitsup Piumasaa/Den Usynliges Vilje.« In: *Tidsskriftet Grønland.* (2000:1), S. 24–36.

Frederiksen, Kurt L. (2009): *Knud Rasmussen. Kongen af Thule.* København.

Frello, Birgitta (2010): »Dark Blood.« In: Serena Maurer u. a. (Hgg.): *Nordic Colonial Mind.* Roskilde, S. 69–84.

Gad, Ulrik Pram (2005): *Dansksprogende grønlænderes plads i et Grønland under grønlandisering og modernisering. En diskursanalyse af den grønlandske sprogdebat, læst som identitetspolitisk forhandling.* København.

Gad, Ulrik Pram (2009): »Post-colonial identity in Greenland? When the empire dichotomizes back – bring politics back in.« In: *Journal of Language and Politics.* (2009:1), S. 136–158.

Gellner, Ernest (2006) [1983]: *Nations and Nationalism.* Malden, MA u. a.

Glauser, Jürg (Hg.) (2006): *Skandinavische Literaturgeschichte.* Stuttgart/Weimar.

Gramsci, Antonio (1975): *Quademi del carcere.* Torino.

Gröndahl, Satu (Hg.) (2002): *Litteraturens gränsland. Indvandrar- och minoritetslitteratur i nordisk perspektiv.* Uppsala.

Grundtvig, N. F. S. (1907) [1832]: »Nordens Mythologi eller Sindbilled-Sprog.« In: Ders.: *Udvalgte Skrifter.* 5. Bd. København, S. 378–767.

Habermas, Jürgen (2006) [1961]: *Strukturwandel der Öffentlichkeit. Untersuchungen zu einer Kategorie der bürgerlichen Gesellschaft.* Frankfurt am Main.

Hansen, Thorkild (1967): *Slavernes kyst.* København.

Hansen, Thorkild (1968): *Slavernes skibe.* København.

Hansen, Thorkild (1970): *Slavernes øer.* København.

Harbsmeier, Michael (2001): »Einleitung. Stimmen und Körper aus Ultima Thule.« In: Ders. (Hg.): *Stimmen aus dem äußersten Norden. Wie die Grönländer Europa für sich entdeckten.* Stuttgart, S. 9–104.

Hardenberg, Julie Edel (2005): *Den stille mangfoldighed/Nipaatsumik assigiinngisitaarneq/The quiet diversity.* Nuussuaq.

Hastrup, Kirsten (2010): *Vinterens hjerte. Knud Rasmussen og hans tid.* København.

Hauge, Hans (2005): »Vi havde et fort i Afrika. Forsøg med en nordisk postkolonialisme.« In: *Kritik.* (2005:178), S. 54–65.

Heitmann, Annegret (2006): »Die Moderne im Durchbruch (1870–1910).« In: Jürg Glauser (Hg.): *Skandinavische Literaturgeschichte.* Stuttgart/Weimar, S. 183–229.

Henningsen, Bernd (1977): *Die Politik des Einzelnen. Studien zur Genese der skandinavischen Ziviltheologie. Ludvig Holberg, Søren Kierkegaard, N. F. S. Grundtvig.* Göttingen.

Henningsen, Juliane (2010): *Officiel undskyldning fra Statsminister Lars Løkke Rasmussen.* http://www.dnag.dk/Default.aspx?pageid=10828, 8.11.2010.

Hobsbawm, Eric u. Terence Ranger (Hgg.) (1992) [1983]: *The Invention of Tradition.* Cambridge.

Holm, Gustav und V. Gaarde (1887): *Den danske Konebåds-Expedition til Grønlands Østkyst. Populært beskreven.* København.

Høiris, Ole (1989): »Dansk antropologis vilde og eksotiske folk.« In: Ders. (Hg.): *Dansk mental geografi. Danskernes syn på verden – og på sig selv.* Århus, S. 50–73.

Høiris, Ole (2009): »Indledning.« In: Ders. (Hg.): *Grønland – en refleksiv udfordring.* Århus, S. 9–37.

Ibsen, Aage (1908): *Fjældgænger. Grønlandsk novelle.* København.

Inuk, Lotte (2004): *Sultekunstnerinde.* København.

Jacobsen, Birgitte u. a. (2004): *Grønlænder og global. Grønlandsk sprog, litteratur og medier i 25-året for Hjemmestyrets indførelse.* Nuuk.

Jensen, Einar Lund (1996): »Udvikling, oplysning, kultur. En skitse til Hans Lynges politiske liv.« In: *Tidsskriftet Grønland.* (1996:3), S. 151–162.

Jensen, Lars (2008): »Denmark and its Colonies: Introduction.« In: Prem Poddar u. a. (Hgg.): *A Historical Companion to Postcolonial Literatures – Continental Europe and its Empires.* Edinburgh, S. 59–62.

Kaalund, Bodil (1979): *Grønlands kunst. Skulptur, brugskunst, maleri.* København.

Kaalund, Bodil u. a. (Hgg.) (2006): *Hans Lynge – en grønlandsk kulturpioner.* København.

Keskinen, Suvi u. a. (Hgg.) (2009): *Complying With Colonialism. Gender, Race and Ethnicity in the Nordic Region.* Farnham/Burlington.

Kjærgaard, Kathrine & Thorkild Kjærgaard (2003): *Ny Herrnhut i Nuuk 1733–2003: missionsstation, rævefarm, embedsbolig, museum, universitet.* Nuuk.

Kleemann, Jessie (2010): »Qivittoq, et fænomen og en tilstand.« In: Iben Mondrup (Hg.): *Kuuk. Kunst i omegnen af Grønland.* København, S. 78–81.

Kleivan, Inge (1996): »Hans Lynges rolle i Grønlands teaterhistorie.« In: *Tidsskriftet Grønland.* (1996:3), S. 105–150.

Körber, Lill-Ann (2011): »Figurations of the Hybrid. Julie Edel Hardenberg's Visions for a Post-Postcolonial Greenland.« In: Bodil Marie Stavning Thomsen u. Kristin Ørjasæter (Hgg.): *Globalizing Art. Negotiating Place, Identity and Nation in contemporary Nordic Art.* Aarhus, S. 183–203.

Korsgaard, Ove (2006): »The Danish Way to Establish the Nation in the Hearts of the People.« In: Campbell, John L. u. a. (Hgg.): *National Identity and the Varieties of Capitalism. The Danish Experience.* Montreal u. a., S. 133–158.

Langgård, Karen (1996): »Does Greenlandic Literature Call for a specific Greenlandic Literary Theory?« In: *Grønlandsk Kultur- og Samfundsforskning.* (1995/1996), S. 158–170.

Langgård, Karen (1998): »An examination of Greenlandic awareness of ethnicity and national self-consciousness through texts produced by Greenlanders 1860s–1920s.« In: *Études/Inuit/Studies.* (1998:1), S. 83–107.

Langgård, Karen (2000): *Studier i Frederik Nielsens digte samt en læsning af Frederik Nielsens roman „Tuumarsi".* Nuuk.

Langgård, Karen (2002): »Identity and inter-ethnic relations seen through research in Greenlandic language and Greenlandic literature.« In: Michèle Therrien (Hg.): *Dynamics and Shifting Perspectives. Arctic Societies and Research.* (= Proceedings of the First IPSSAS Seminar, Nuuk 2002). Nuuk, S. 19–35.

Langgård, Karen (2003): »Mellem globalisering, nation building og individuets dagligdag på godt og ondt. Den nyeste grønlandske litteratur i teksthistorisk lys ud fra en postkolonial vinkel.« In: *Nordica.* (2003:20), S. 263–300.

Langgård, Karen (2007): »Greenlanders Seen through the Eyes of Signe Rink.« In: Michael Schmidt u. a. (Hgg.): *Arktiske diskurser.* (= Nordlit; 22) Tromsø, S. 113–142.

Langgård, Karen (2008): »Oral/Past Culture and Modern Technical Means in the Literature of the Twentieth Century in Greenland.« In: *Acta Borealia.* (2008:1), S. 45–57.

Larsen, Astrid (2000): *Min far Augustinus Lynge – samt mine egne erindringer/Ataataga Augustinus Lynge – uangalu eqqaamasakka.* Nuuk.

Larsen, Finn Breinholt (1992): »For meget af en god ting – dansk i Grønland.« In: *Politica.* 24 (1992:2), S. 374–392.

Leerssen, Joep (2003): *National identity and national stereotype.* http://cf.hum.uva.nl/ images/info/leers.html, 5.11.2010.

Leggewie, Claus (2000): »Hybridkulturen.« In: Karl Heinz Bohrer u. Kurt Scheel (Hgg.): *Europa oder Amerika? Zur Zukunft des Westens.* (= Merkur. Deutsche Zeitschrift für europäisches Denken; 54:9/10) Stuttgart, S. 878–889.

Liet, Henk van der u. Astrid Surmatz (Hgg.) (2004): *Postkoloniale tilgange til nordisk rejselitteratur.* (= Tijdschrift voor Skandinavistiek; 25:2) Amsterdam.

Lorentzen, Jørgen u. a. (Hgg.) (1999): *Inuit, kultur og samfund – en grundbog i eskimologi.* Aarhus.

Loukacheva, Natalia (2007): *The Arctic Promise. Legal and Political Autonomy of Greenland and Nunavut.* Toronto u. a.

Lyberth, Juaaka (1985): »"Når livet er så dejligt, vil jeg aldrig bytte det bort."« In: *Tidsskriftet Grønland.* (1985:10), S. 265–288.

Lynge, Arqaluk (1982): *Til hæder og ære. Grønlands-digte.* København.

Lynge, Aviâja Egede (2010): »Den bedste koloni i verden.« In: Iben Mondrup (Hg.): *Kuuk – kunst i omegnen af Grønland.* København, S. 66–73.

Lynge, Avgo (1931): *Ukiut 300-nngornerat.* København.

Lynge, Augo (1989) [1931]: *Trehundrede år efter ...* Nuuk.

Lynge, Augo (1985a) [1945]: »Vore »isolationssygdomme«.« In: Karen Nørregaard u. Kirsten Teglbjærg (Hgg.): *Nunarput. Litteratur og samfundsdebat i Grønland 1945–1985.* Varde, S. 20–22.

Lynge, Augo (1985b) [1945]: »Omkring »det nationale«.« In: Karen Nørregaard u. Kirsten Teglbjærg (Hgg.): *Nunarput. Litteratur og samfundsdebat i Grønland 1945–1985.* Varde, S. 24–27.

Lynge, Hans (1967) [1938]: *erssingitsup piumassâ.* Godthåb.

Lynge, Hans (1981): *Grønlands Indre Liv. Erindringer fra barndomsårene.* Nuuk.

Lynge, Hans (1988): *Grønlands Indre Liv II. Erindringer fra seminarietiden.* Nuuk.

Lynge, Hans (1990) [1938]: *Den usynliges vilje.* Nuuk.

Madsen, Jens Christian (2000): *Nuuk/Godthåb. Glimt fra byens udvikling og forslag til historiske strejfture.* Nuuk.

Marquardt, Ole (1998): »Lønarbejderne som overklasse – om den grønlandske arbejderklasse i 1800-tallet.« In: *Arbejderhistorie.* (1998:2), S. 1–14.

Maurer, Serena u. a. (Hgg.) (2010): *Nordic Colonial Mind.* (= Kult; 7) Roskilde.

McLeod, John (2000): *Beginning Postcolonialism.* Manchester/New York.

Mills, Sara (2007): *Der Diskurs. Begriff, Theorie, Praxis.* Tübingen/Basel.

Mondrup, Iben (Hg.) (2010): *Kuuk – Kunst i omegnen af Grønland.* København.

Nansen, Frithjof (1961a) [1890]: »Paa Ski over Grønland. En Skildring af den Norske Grønlands-Expedition 1888–1889.« In: Ders.: *Verker*. Bd. 4. Oslo, S. 7–111.

Nansen, Frithjof (1961b) [1891]: »Eskimoliv.« In: Ders.: *Verker*. Bd. 4. Oslo, S. 113–224.

Nauerby, Tom (1996): *No Nation is an Island. Language, Culture and National Identity in the Faroe Islands*. Aarhus.

Ngũgĩ wa Thiong'o (1986) [1981]: *Decolonising the Mind. The Politics of Language in African Literature*. London u. a.

Nielsen, Frederik (1934): *Tûmarse*. Nûk.

Nielsen, Frederik (1975): *uvdlùne ingerlavigisavne*. Nuuk.

Nielsen, Frederik (1980) [1934]: *Tuumarsi. Roman om en vestgrønlandsk fangerfamilie*. København.

Nørregaard, Karen u. Kirsten Teglbjærg (Hgg.) (1985): *Nunarput. Litteratur og samfundsdebat i Grønland 1945–1985*. Varde.

o. A. (2010): »Hårdt ramt af tuberkulosebakterier.« In: *Sermitsiaq*. 1.06.2010.

Oldendow, Knud (1957): *Bogtrykkerkunsten i Grønland og mændene bag den. En boghistorisk oversigt*. København.

Olsen, Kristian (aaju) (1978): *Balladen om identiteten. En ubeskrivelig ballade Fra Havets Mor til Halleluja Mor Danmark*. Vedbæk.

Olsen, Terje (1997): *Jeg er grønlender! Om identitetsforvaltning i Nuuk*. Oslo.

Palmberg, Mai (2009): »The Nordic Colonial Mind.« In: Suvi Keskinen u. a. (Hgg.): *Complying With Colonialism. Gender, Race and Ethnicity in the Nordic Region*. Farnham/Burlington, S. 35–50.

Parbøl, Inge (1955): »Qivítut, grønlandske fjeldgangsmænd.« In: *Tidsskriftet Grønland*. (1955:12), S. 452–463.

Pedersen, Birgit Kleist (1997): »Den ædle vilde som projekt. Synet på forfædrene i den grønlandske litteratur i perioden 1970–1990.« In: *Grønlandsk Kultur- og Samfundsforskning*. (1997), S. 153–173.

Pedersen, Birgit Kleist (2004): »Unge og litteratur – 25 år efter.« In: Birgitte Jacobsen u. a.: *Grønlænder og global. Grønlandsk sprog, litteratur og medier i 25-året for Hjemmestyrets indførelse*. Nuuk, S. 63–94.

Pedersen, Birgit Kleist (2010): Gespräch mit Birgit Kleist Pedersen am 2. Juni 2010 in Nuuk.

Petersen, H. C. (Hg.) (1991): *Grønlændernes historie før 1925*. Nuuk.

Petersen, Jonathan (1983) [ca. 1910–1920]: »De ægte grønlændere og de nye grønlændere.« In: Christian Berthelsen: *Grønlandsk litteratur. Kommenteret antologi*. København, S. 78f.

Petersen, Kirsten Holst (2004): »De stjålne børns stjålne fortællinger.« In: Lene Bull Christiansen u. a. (Hgg.): *Assimilationens poler. Grønland og aboriginalt Australien i et postkolonialt perspektiv*. Roskilde, S. 17–28.

Petersen, Pavia (1944): *niuvertorutsip pania*. Ohne Ortsangabe.

Petersen, Robert (ca. 1980): *Den grønlandske litteratur fra Hans Egede til 1970-rne*. Ohne Ortsangabe [unveröffentlichtes Manuskript].

Petersen, Robert (1993): »Samfund uden overhoveder – og med dem. Hvordan det traditionelle grønlandske samfund fungerede og hvordan det bl.a. påvirker nutiden.« In: *Grønlandsk Kultur- og Samfundsforskning*. (1993), S. 121–138.

Petersen, Robert (2006): »Den usynliges vilje.« In: Bodil Kaalund u. a. (Hgg.): *Hans Lynge – en grønlandsk kulturpioner*. København, S. 100–110.

Petersen, Sophie (1928): *Grønland i hverdag og fest*. København.

Poddar, Prem u. a. (Hgg.) (2008): *A Historical Companion to Postcolonial Literatures – Continental Europe and its Empires*. Edinburgh.

Pontoppidan, Henrik (1999) [1887]: »Isbjørnen. Et portræt.« In: Ders.: *Smaa romaner 1885–1890*. København, S. 177–235.

Rajala, Britt und Kirsten Thisted (1997): »De oprindelige folk i Norden. Kvindelige forfattere i Grønland, Kalaallit Nunaat, og Sameland, Sápmi.« In: Elisabeth Møller Jensen u. a. (Hgg.): *Nordisk Kvindelitteraturhistorie*. Bd. 4. *På jorden 1960–1990*. København, S. 548–565.

Rasmussen, Knud (1915a): [Unbetiteltes Vorwort des Übersetzers]. In: Mathias Storch: *En grønlænders drøm*. Kjøbenhavn/Kristiania, S. vii–xviii.

Rasmussen, Knud (1915b): »Forklarende Noter.« In: Mathias Storch: *En grønlænders drøm*. Kjøbenhavn/Kristiania, S. 135–142.

Rasmussen, Knud (1921–1925): *Myter og Sagn fra Grønland*. København.

Rasmussen, Knud (1926–1927): *Fra Grønland til Stillehavet. Rejser og Mennesker fra 5. Thule-Ekspedition*. København.

Renan, Ernest (1993) [1882]: »Was ist eine Nation?« In: Michael Jeismann u. Henning Ritter (Hgg.): *Grenzfälle – Über neuen und alten Nationalismus*. Leipzig, S. 290–310.

Rink, H. J. (1857): *Grønland geographisk og statistisk beskrevet.* Første Bind. *Det nordre Inspectorat.* Kjøbenhavn.

Rink, H. J. (1871): *Eskimoiske Eventyr og Sagn.* København.

Rink, Signe (1888): *Koloni-Idyller fra Grønland.* København.

Rosing, Otto (2005) [1955]: *Taseralik. En roman hvis begivenheder udspiller sig omkring 1845–50.* Nuuk.

Rud, Søren (2006): »Erobringen af Grønland. Opdagelsesrejser, etnologi og forstanderskab i attenhundredetallet.« In: *Historisk Tidsskrift.* 106 (2006:2), S. 488–520.

Rud, Søren (2008): »Ægte grønlænderliv.« In: *Politiken.* 21.02.2008, Sektion 2, S. 7f.

Runeberg, Johan Ludvig (1928) [1848/1860]: *Fänrik Ståls sägner. En samling sånger.* Helsingfors.

Sanders, Hanne u. Ole Vind (Hgg.) (2003): *Grundtvig – Nyckeln till det danska?* Göteborg/Stockholm.

Said, Edward (2003) [1978]: *Orientalism.* London.

Said, Edward (1994): *Culture and Imperialism.* New York.

Schmidt, Michael u. a. (Hgg.) (2003): *Arktiske diskurser.* (= Nordlit; 22) Tromsø.

Schnurbein, Stefanie von (2001): *Krisen der Männlichkeit. Schreiben und Geschlechterdiskurs in skandinavischen Romanen seit 1890.* Göttingen.

Schough, Katarina (2008): *Hyperboré. Föreställningen om Sveriges plats i världen.* Stockholm.

Schramm, Moritz (2005): »Suche nach Identität. Zur grönländischen Gegenwartsliteratur.« In: *Muschelhaufen. Jahresschrift für Literatur und Grafik.* (2005:45), S. 110–117.

Seiding, Inge (2007): *Bag om kilderne Den historiske fremstilling af den tidlige kolonitid i Grønlands Historie I-III læst som colonial discourse i et postkolonialt perspektiv.* Nuuk (Specialeafhandling Ilisimatusarfik, Institut for Kultur- og Samfundshistorie). http://www.ilisimatusarfik.gl/inkClick.aspx?link=Ekstern%2FUddannelse%2FDokumenter%2FBag+om+kilderne.pdf&tabid=136&mid=702&language=nb-NO, 12.12.2010.

Sigurjónsdóttir, Æsa (Hg.) (2008): *Draumar um ægifegurð í islenskri samtímalist/Dreams of the Sublime and Nowhere in Contemporary Icelandic Art.* Reykjavík.

Smith, Anthony D. (1991): *National Identity.* Reno/Las Vegas.

Spivak, Gayatri Chakravorty (1994): »Can the Subaltern Speak?« In: Laura Chrisman u. Patrick Williams (Hgg.): *Colonial Discourse and Post-Colonial Theory: A Reader.* New York, S. 66–111.

Spivak, Gayatri Chakravorty (2009) [1993]: »The Politics of Translation.« In: Dies.: *Outside in the Teaching Machine.* New York/London, S. 200–225.

Stjernfelt, Frederik (2008): »Det skårede krus – fra kulturalisme til multikulturalisme.« In: Ders. u. Jens-Martin Eriksen: *Adskillelsens politik. Multikulturalisme – ideologi og virkelighed.* København, S. 129–233.

Storch, Mathias (1914): *singnagtugaĸ.* København.

Storch, Mathias (1915) [1914]: *En grønlænders drøm.* København/Kristiania.

Storch, Mathias (1930): *Strejflys over Grønland.* København.

Svalastoga, Kaare u. Preben Wolf (1963): *En by ved grænsen.* København.

Thalbitzer, William (1910): »Eskimoisk Nationalitet og dansk Administration i Grønland.« In: *Atlanten. Medlemsblad for Foreningen „De Danske Atlanterhavsøer".* Bd. II, 1907–1910, S. 229–237.

Therrien, Michèle (Hg.) (2002): *Dynamics and Shifting Perspectives. Arctic Societies and Research.* (= Proceedings of the First IPSSAS Seminar, Nuuk 2002) Nuuk.

Thisted, Kirsten (1990a): »Nationalfølelse og skriftsprog – et studie i de første grønlandske romaner.« In: *Danske Studier.* (1990), S. 109–129.

Thisted, Kirsten: (1990b): »Efterord.« In: Hans Lynge: *Den usynliges vilje.* Nuuk, S. 94–107.

Thisted, Kirsten (1992): »Mundlighed/skrift, en teoretisk indkredsning af "det grønlandske" i grønlandsk litteratur.« In: *Grønlandsk Kultur- og Samfundsforskning.* (1992), S. 195–226.

Thisted, Kirsten (1996): »Omkring "Den usynliges vilje".« In: *Tidsskriftet Grønland.* (1996:3/4), S. 95–104.

Thisted, Kirsten (1999): »Grønlandsk litteratur.« In: Jørgen Lorentzen u. a. (Hgg.): *Inuit, kultur og samfund – en grundbog i eskimologi.* Aarhus, S. 55–77.

Thisted, Kirsten (2002a): »Teoretiske indfaldsvinkler til grønlandsk litteratur.« In: *Grønlandsk Kultur- og Samfundsforskning.* (2002), S. 107–126.

Thisted, Kirsten (2002b): »Som spæk og vand. Om forholdet mellem Danmark og Grønland, set fra den grønlandske litteraturs synsvinkel.« In: Satu Gröndahl (Hg.): *Litteraturens gränsland. Indvandrar- och minoritetslitteratur i nordisk perspektiv.* Uppsala, S. 201–223.

Thisted, Kirsten (2003): »Danske Grønlandsfiktioner. Om billedet af Grønland i dansk litteratur.« In: *Kosmorama.* (2003:232), S. 32–67.

Thisted, Kirsten (2004a): »"Hvem går qivittoq?" Kampen om et litterært symbol eller relationen Danmark – Grønland i postkolonial belysning.« In: Henk van der Liet u. Astrid Surmatz (Hgg.): *Postkoloniale tilgange til nordisk rejselitteratur.* Amsterdam, S. 133–159.

Thisted, Kirsten (2004b): »Peter Gundel. Dagbogsbreve til læge Jørgen Hvam 1923–1930.« In: *Tidsskriftet Grønland.* (2004:3/4), S. 81–128.

Thisted, Kirsten (2005a): »Postkolonialisme i nordisk perspektiv: Relationen Danmark–Grønland.« In: Henning Bech/Anne Scott Sørensen (Hgg.): *Kulturen på kryds og tværs.* Århus, S. 16–42.

Thisted, Kirsten (Hg.) (2005b): *Grønlandsforskning. Historie og perspektiver.* København.

Thisted, Kirsten (2005c): »Litteraturvidenskab.« In: Dies. (Hg.): *Grønlandsforskning. Historie og perspektiver.* København, S. 230–250.

Thisted, Kirsten (2005d): »Oversætterens efterskrift.« In: Otto Rosing: *Taseralik. En roman hvis begivenheder udspiller sig omkring 1845–50.* Nuuk, S. 193–211.

Thisted, Kirsten (2006a): »Grönländische Literatur.« In: Jürg Glauser (Hg.): *Skandinavische Literaturgeschichte.* Stuttgart/Weimar, S. 463–477.

Thisted, Kirsten (2006b): »Eskimoeksotisme. Et kritisk essay om repræsentationsanalyse.« In: Lene Bull Christiansen u. a. (Hgg.): *Jagten på det eksotiske.* Roskilde, S. 61–77.

Thisted, Kirsten (2009): »Knud Rasmussen.« In: Ole Høiris (Hg.): *Grønland – en refleksiv udfordring.* Århus, S. 239–280.

Thisted, Kirsten (2010): Gespräch mit Kirsten Thisted am 17. Mai 2010 in Berlin.

Thomsen, Hanne (1998): »Ægte grønlændere og nye grønlændere. Om forskellige opfattelser af grønlandskhed.« In: *Den Jyske Historiker.* (1998:81), S. 21–55.

Thomsen, Bodil Marie Stavning u. Kristin Ørjasæter (Hgg.) (2011): *Globalizing Art. Negotiating Place, Identity and Nation in contemporary Nordic Art.* Aarhus.

Thorleifsen, Daniel (1991): *Politikeren Augo Lynge. Augo Lynges idé om ligestilling mellem danske og grønlændere ca. 1930–1950.* Århus [Speciale (unveröffentlicht), Historisk Institut, Aarhus Universitet, Juni 1991].

Thorslund, Jørgen (1990): »Meningen med selvmord i det gamle Grønland. En undersøgelse af selvmordstraditioner i det grønlandske samfund før 1900.« In: *Tidsskriftet Grønland.* (1990:4), S. 121–133.

Thuesen, Søren T. (1988): *Fremad, opad. Kampen for en moderne grønlandsk identitet.* København.

Thuesen, Søren T. (2007): *Fremmed blandt landsmænd. Grønlandske kateketer i kolonitiden.* Nuuk.

Tolbøll, Gudrun (Hg.) (2004): *Jeg danser af glæde. Peter Gundel dagbogsbreve, 1923–1930.* (= Det Grønlandske Selskabs skrifter; 36) København.

Tróndheim, Gitte (2004): »The Flexibility of Greenlandic Women.« In: *Indigenous Affairs.* (2004:1–2), S. 58–66.

Trondhjem, Jørgen (2008): *Moderne grønlandsk billedkunst. En undersøgelse af den grønlandske kunstinstitution og dens refleksion af lokale og globale processer i værker og praksis.* København.

Tvedt, Terje (2003): *Utviklingshjelp, utenrikspolitikk og makt. Den norske modellen.* Oslo.

Vebæk, Mâliâraq (1981): *Busíme nâpíneĸ.* Nuuk.

Vebæk, Mâliâraq (1982): *Historien om Katrine.* København.

Vebæk, Maliâraq (1990): *Navaranaaq og andre. De grønlandske kvinders historie.* København.

Vind, Ole (2003): »Grundtvig og det danske – Med sideblik til Sverige.« In: Hanne Sanders u. ders. (Hgg.): *Grundtvig – Nyckeln till det danska?* Göteborg/Stockholm, S. 13–37.

Volquardsen, Ebbe (2010): »Die Orange im Turban. Über die Funktionen von Orientrepräsentationen in der dänischen Literatur des 19. Jahrhunderts.« In: *Tijdschrift voor Skandinavistiek.* 31 (2010:2), S. 99–126.

Wilhjelm, Henrik (1997): *De store opdragere. Grønlands seminarier i det 19. århundrede.* (= Det Grønlandske Selskabs skrifter; 33) København.

Wilhjelm, Henrik (2001): *"Af tilbøielighed er jeg grønlandsk". Om Samuel Kleinschmidts liv og værk.* (Det Grønlandske Selskabs skrifter; 34) København.

Wilhjelm, Henrik (2008): *De nye grønlændere. Grønlands seminarier i det 19. århundrede.* (= Det Grønlandske Selskabs skrifter; 40) København.

Witoszek, Nina (2011): *Origins of the "regime of Goodness". Remapping the cultural history of Norway.* Oslo.

Zeitfracht Medien GmbH
Ferdinand-Jühlke-Straße 7
99095 Erfurt, Deutschland
produktsicherheit@kolibri360.de